旗帜的力量

王　健　吴彦杰／主编

長春出版社
国　家　一　级　出　版　社
全国百佳图书出版单位

图书在版编目（CIP）数据

旗帜的力量 / 王健，吴彦杰主编. —长春：长春出版社，2012. 6（2021. 3 重印）
ISBN 978-7-5445-1190-2

Ⅰ. ①旗... Ⅱ. ①王... ②吴... Ⅲ. ①中国共产党—思想建设—成就 Ⅳ. ①D261

中国版本图书馆 CIP 数据核字（2012）第 086115 号

旗帜的力量

主　　编：王　健　吴彦杰
责任编辑：孙振波
封面设计：大　熊　张　伦

出版发行：長春出版社　　总编室电话:0431-88563443
发行部电话:0431-88561180　　邮购零售电话:0431-88561177
地　　址：吉林省长春市南关区长春大街 309 号
邮　　编：130041
网　　址：www. cccbs. net
制　　版：吉林省久慧文化有限公司
印　　刷：吉林省优视印务有限公司
经　　销：新华书店

开　　本：787 毫米×1092 毫米　1/16
字　　数：282 千字
印　　张：18
版　　次：2012 年 6 月第 1 版　2021 年 3 月第 2 版
印　　次：2021 年 3 月第 2 次印刷
定　　价：52. 00 元

序

旗帜就是方向，旗帜就是灵魂，旗帜问题至关重要。百年前的辛亥革命，大批革命党人和无数爱国志士集聚在“振兴中华”的旗帜之下，“内地同志舍命，海外同志舍财”，开启了积贫积弱的旧中国前所未有的社会变革，推翻长达两千年的封建专制统治，民主共和的观念从此深入人心。第二次世界大战的转折点斯大林格勒战役，前苏联军民高举爱国主义伟大旗帜，在极度艰难困苦的环境中顽强拼搏，坚持了六个多月的浴血奋战，终于合围全歼法西斯轴心国部队，并使法西斯从此一蹶不振直至最终溃败。

毛泽东指出，主义譬如一面旗帜。中国共产党自诞生之日起就坚定不移地高举马克思列宁主义旗帜，勇敢担当起民族独立、人民解放和中华民族伟大复兴的重大历史使命。在风云激荡的历史变革中党遇到各种风险挑战，但是高举马克思列宁主义旗帜始终不动摇。有了马克思列宁主义的指导，中国共产党才真正懂得马克思主义必须结合本国实际，实现马克思主义中国化，马克思主义指导中国革命的真谛在于用中国化的马克思主义作指导，在中国高举毛泽东思想和中国特色社会主义理论体系伟大旗帜就是高举马克思列宁主义伟大旗帜。早在民主革命时期的七大，中国共产党就提出在毛泽东的旗帜下胜利前进，从而夺取了新民主主义革命伟大胜利，建立了新中国。进入社会主义建设新时期，十二大提出中国特色社会主义命题，开始把中国带入建设有中国特色的社会主义的新轨道。十三大十四大提出高举建设有中国特色社会主义伟大旗帜，开创中国特色社会主义新局面。而后鉴于邓小平同志逝世，能否正确评价邓小平理论关系到能否继承改革开放伟大事业，十五大、十六大，便强调高举邓小平理论伟大旗帜，从而顺利地把建设中国特色社会主义事业推向新世纪。在改革发展关键阶段，十七大胜利召开，高举中国特色社会主义伟大旗帜，在新的历史起点上，全国人民更加紧密地团结在党中央周围，万众一心，开拓奋进，夺取全面建设小康社会新胜利，谱写人民美好生活新篇章。

有了这面伟大的旗帜，有了马克思列宁主义的指导，中国共产党提高了文化自觉和文化自信。文化是民族凝聚力和创造力的重要源泉，是综合国力竞争的重要因素。中国共产党始终代表中国先进文化的前进方向，始终是中国先进文化的积极倡导者和发起者，中国共产党在中国特色社会主义的伟大实践中不断引领人民进行文化创造，让全体人民共享文化发展成果。有了这面伟大的旗帜，有了马克思列宁主义的指导，中国共产党才真正懂得人民是历史的创造者，是真正的铜墙铁壁。中国共产党始终代表全国各族人民的利益，坚持全心全意为人民服务，保持和群众的血肉联系。有了这面伟大的旗帜，有了马克思列宁主义的指导，中国共产党才真正懂得清正廉洁的力量，把反腐倡廉建设放在更加突出的位置，始终旗帜鲜明地反对腐败。有了这面伟大的旗帜，有了马克思列宁主义的指导，中国共产党才真正懂得团结的力量。在党领导全国人民进行革命、建设和改革创新的各个历史时期，都是广泛团结一切可以团结的力量，分化孤立打击共同的敌人，其中最典型的就是与民主人士和无党派人士的广泛团结。多党合作政治协商制度是我国的基本政治制度，是历史的选择，人民的选择，是最具中国特色的一项政党制度。有了这面伟大的旗帜，有了马克思列宁主义的指导，中国共产党才真正懂得改革创新的力量，改革创新是决定民族发展命运的关键抉择，是发展中国特色社会主义、实现中华民族伟大复兴的必由之路，是战胜各种风险挑战的制胜之道。改革创新符合党心民意、顺应时代潮流。

本书是中共长春市委党校的同志们本着强烈的责任感和使命感，市委党校领导班子紧跟时代精心筹划、从高要求创新发展，为党的十八大奉献上的一份厚礼。本书的特点和优点是立意高，以旗帜的力量为主题，揭示出中国共产党夺取胜利取得成功的根本性经验，这是对广大党员干部和广大人民群众进行党性教育和建党伟业教育的迫切需要，具有重大现实意义。

视角新，以往讲党史的著作，大多数是采取以时间为经、以事件为纬的体例。本书却独辟蹊径，在国内首创了分专题、纵向横向相结合的编写方式。作者们抓住旗帜的力量这个主题思想，从党的理想信念、指导思想、群众观点、清正廉洁、先进文化、改革创新等多个方面理论与实际相结合，通俗地反映出中国共产党的光辉历程和成功经验。读此书，读者会深刻认识到中国共产党取得成功最具规律性的经验在哪里。

可读性强，生动活泼，既有系统的专题论述，又有融知识性、趣味性于一身的延伸阅读。翻开此书，不会给人以刻板说教的印象，也不会使人产生乏味沉闷的感觉。更值得称道的是，本书虽然是通俗性的理论读物，但作者们高度重视材料的准确性与权威性，学术的严肃性与规范性，力求把可读性建立在科学性的基础之上。

适用面广，本书是一部兼具思想性、时代性、科学性、知识性、可读性，集收藏实用与资政育人于一身的作品，它既可以成为党校、行政学院、干部学院的教材，又可以作为党员干部、青年学生和基层群众学习党史、坚定信念、增强信心的一部大众化的优秀理论读物，本书在一定程度上能够满足不同层次读者的理论需求。

中国共产党已经领导全国各族人民风雨兼程地铸就了九十一年浩浩荡荡的辉煌业绩，中华民族伟大复兴展现出前所未有的绚丽光芒，但是实现社会主义现代化和人民共同富裕的任务依然任重道远。一个民族每向前跨越一步，她就一刻也离不开理论思维。相信本书的出版会成为时下理论百花园中又一朵盛开的奇葩，祝愿本书的出版能够为迎接党的十八大胜利召开做出自己应有的贡献。

郑宝荣

2012 年 5 月 7 日于长春

目录

第三章
马克思主义中国化的两次历史性飞跃

第四章 中国共产党的文化自觉和文化自信

第五章 鱼水情深的党群关系

第六章 中国共产党反腐倡廉的光辉历程

第七章 独具特色的政党制度

第八章 与时俱进的不竭动力

第一章 近代“百年战争”与中国共产党的诞生

重温党史，离不开对中国近代百年历史的回顾和总结。中国近代史上的百年，是五千年中国文明史中最不寻常的百年，是一轴跌宕起伏、波澜壮阔的历史长卷。这百年间，中华民族是带着巨大的历史屈辱进入20世纪门槛的，我们经历了最为屈辱的帝国主义列强侵略战争，即两次鸦片战争、中法战争、中日甲午战争、八国联军侵华等战争。屈辱非但没有使中国人屈从，反而迫使人们重新思考，促使人们觉醒而奋发图强。在这期间，我们经历了最为剧烈的社会变革，参与了最为激烈的思想碰撞，在不断的探索和抉择中，中国人民在屈辱中觉醒、奋起、抗争，不屈不挠、前赴后继，开创了中国近代史新的一页。

一 “百年战争”：屈辱与探寻的历史

（一）威仪天朝败于弹丸小国：衰落变奏曲

从整个世界历史范围看，中国曾经是一个很强大的国家，在中国古代历史上出现过三次盛世辉煌。

第一次是西汉，从汉文帝刘恒到汉景帝刘启，再到汉武帝刘彻，将近一百年。这期间的总体特征可以用一个“强”字来概括。因为当时世界上有两个国家最为强大，最具影响力，其中一个是赫赫有名的罗马帝国，另一个就是汉王朝。这两个国家谁更强大呢？电视剧《汉武大帝》对这一问题做了很好的诠释。匈奴是当时西北的一个少数民族，也是一个游牧民族，擅长骑射。西汉时期匈奴的疆土面积很大，向西到今天的哈萨克斯坦，向南越过长城，这让文帝和景帝很头痛。直到汉武帝时，经过大小战争十多次，特别是三次大规模战争，即卫青河南之战、霍去病河西之战、卫青和霍去病漠北之战，才把匈奴打败。后来匈奴分裂，其中南匈奴在呼韩邪单于的率领下，一再向汉王朝请求和亲，同汉王朝友好相处，和睦团聚，最终成为中华民族大家庭中的一员。北匈奴被东汉时期的外戚窦宪所打败，西迁到了东欧，后来建立了强大的匈奴帝国，很长时间，连古罗马角斗士都不敢正眼瞅他们。所以说，中国的汉朝称之为盛世确实是当之无愧的。

第二次盛世是唐朝，从唐太宗贞观初期到唐高宗、武则天再到唐玄宗。这段时期，唐王朝国势强盛，在各方面出现了空前的盛世景况。由于唐玄宗采取了一系列积极的政治经济措施，加上广大人民的辛勤劳动，唐王朝在各方面都达到了极高的水平，国力空前强盛，史称开元盛世。社会繁荣促进了人口的大幅度增长，在开元盛世期间，唐代人口增长到5290万余人。唐代的商业亦十分发达，国内交通四通八达，城市更为繁华，对外贸易不断增长，波斯、大食商人纷至沓来，长安、洛阳、广州等大都市商贾云集，各种肤色、不同语言的商人身着各色服装来来往往，十分热闹。此时，中国封建社会达到了全盛阶段。

第三次盛世是清朝，出现过社会安定、经济繁荣的康乾盛世。康雍乾时的大清帝国当时是世界上国力最强大的。当时世界总人口9亿，中国就有3亿，1820年的经济总量占世界的29%，相当于现在的美国。更重要的是，今天中国的版图虽是历朝积累，但清朝却是最后奠定者，比现在大得多，有1100多万平方千米。在清代前期，社会生产力在封建生产关系范围内仍然有一定的发展，耕地迅速增加，农业经济的发展超过了历史最高水平，中国仍然是世界上先进的国家之一。

但是，在近代，这个盛世之梦开始破碎，中国落伍了。长期领先于世界的中国，为什么在19世纪会落伍并走向衰败？这种落伍，从政治上看，是帝国主义和国内反动派压迫的结果；从文化上看，则是由于旧的传统文化不能应对现代挑战。实际上，17世纪以后的中国，未能赶上世界的先进潮流，越来越落后于西欧，主要原因是清代中叶以后，传统的封建生产方式、高度集权的君主专制制度、以家族宗法制为核心的社会结构、以儒家经学为统治思想的意识形态及文化结构已经成为新的生产力与生产方式产生和发展的桎梏。从18世纪下半叶开始，清王朝已经走上衰败的道路，政治黑暗，国防薄弱，财政拮据，国势日衰。到19世纪以后，嘉庆、道光王朝更呈江河日下之势。

清代中期，即19世纪上半叶，嘉庆、道光年间，封建专制统治制度黑暗，吏治腐败，文恬武嬉，贿赂公行，贪污成风，军备废弛，清朝劲旅八旗和绿营已成为游手好闲之辈，怯于公战，勇于私斗。清政府财政困窘，对广大人民横征暴敛，土地兼并日益严重。国弱民穷，哀鸿遍野，地主阶级与农民阶级的阶级矛盾尖锐，农民起义蜂起，中国封建社会和清朝统治摇摇欲坠。

到19世纪中叶，中国的封建社会和清王朝走到了它的末期。而西方资本主义国家经过资产阶级革命和产业革命，正处在迅速发展的上升时期。西方资产阶级为了寻找原料产地和商品市场，急于打开中国的大门，当时最发达的资本主义国家英国，充当了西方资本主义列强入侵中国的急先锋。

（二）在没有路的地方开始：探索的起点

1840年，英国发动了侵略中国的鸦片战争。中国逐步沦为半殖民地半封建社会。

中英两国的贸易始于17世纪末。中国社会自给自足的自然经济，使英国工业品在中国市场上找不到销路，而中国出产的茶、丝等，却成了欧美市场上的畅销货，这就造成中国在早期的中英贸易中一直处于出超的有利地位。英国商人为了改变这种状况，便贿赂清朝官吏，向中国输入鸦片。1821到1840年间，外流白银在一亿两以上，引起银价上涨，形成银贵钱贱的局面。白银外流，银价上涨，使清政府的财政发生了危机。

据统计，1840年进口鸦片2.0619万箱，1850年增加到5.2925万箱。由于鸦片进口，1843年到1846年四年间，中国总计流出3900万~4700万银元；1847~1848年，每年约计流出1000万银元。上海和广州成为两个最大的鸦片走私输入口岸。鸦片从广州沿西江而上，一直倾销到广西。梧州、平南、桂平、贵县一带烟铺林立。仅桂平的大湟江口，就有烟馆十几家。吸食鸦片的主要是地主、豪绅、官僚等，他们为了购买鸦片，进一步加重对劳动人民的剥削。

烟毒泛滥，朝野沸腾，禁烟成为举国上下的共同要求。道光皇帝从维护清王朝的利益出发，于1838年12月任命湖广总督林则徐为钦差大臣，前往广州查禁鸦片。林则徐于1839年3月到达广州后，郑重宣布："若鸦片一日未绝，本大臣一日不回，誓与此事相始终，断无中止之理。"他会同两广总督邓廷桢整顿海防，缉拿烟贩，惩处不法官兵。同时采取严厉措施，命令外国商人三天内交出全部鸦片并做出今后永不夹带鸦片来华，"如有带来，一经查出，货尽没官，人即正法"的保证。由于爱国军民的共同斗争，英、美鸦片商人被迫交出价值800万两白银的鸦片两万箱，重200多万斤。

1839年6月3日至25日，林则徐率领地方官吏，在广州附近的虎门海滩，将缴获的鸦片全部焚毁，准许居民和外国人到场观看。当时，远乡近邻成千上万的人赶来观看，欢声雷动，无不拍手称快。不到半年时间，除西藏以外的全国所有省区都掀起了查缴烟土、烟具的高潮。中国的禁烟运动给予西方殖民主义者沉重的打击，它向全世界表明了中华民族反抗外国侵略和维护民族尊严的决心和勇气。

中国禁烟的消息传到英国后，英国资产阶级诬蔑中国严厉禁烟是对英国的侵略，叫嚷中国禁烟给了英国一个发动战争的机会。

1839 年 10 月 1 日，英国内阁会议决定对中国出兵。1840 年 2 月，英国政府任命海军上将乔治·懿律和驻中国商务监督查理·义律为对华交涉的正、副全权代表。乔治·懿律为侵华英军总司令，组成 4000 人的东方远征军向中国进犯。6 月 21 日，到达中国广东海面。6 月 28 日，封锁珠江海面，发动了鸦片战争。1842 年英军侵入长江口，逆江而上，8 月底，英军兵临南京城下，清政府派耆英、伊里布赶赴南京求降，鸦片战争结束。

在英军炮舰威迫下，清政府的钦差大臣耆英、伊里布于 1842 年 8 月在英国军舰“康华利”号上与英国全权代表璞鼎查签订了中国近代史上第一个不平等条约——《南京条约》。为了议定关税税率等问题，英国又强迫清政府先后于 1843 年 7 月、11 月签订了中英《五口通商章程》和《五口通商附粘善后条款》，即《虎门条约》，作为《南京条约》的补充。

《南京条约》签订后，欧美列强接踵而至。美国和法国迫使清政府于 1844 年 7 月和 10 月，分别订立中美《望厦条约》、中法《黄埔条约》，取得在五口地区通商贸易和建立教堂的权益。订约后，法国又迫使清政府取消对天主教的禁令，准许外国人在通商口岸自由传教。尔后，腐朽的清朝政府又“一视同仁”地相继与沙俄、比利时、葡萄牙、意大利、瑞典、挪威等国签订了不平等条约。中国的大门为资本主义国家的坚船利炮所打开。

鸦片战争的失败和《南京条约》等卖国条约的签订，是中华民族的奇耻大辱，它使中国社会发生了重大变化。毛泽东说，自从 1840 年鸦片战争以后，中国一步一步地变成了一个半殖民地半封建的社会。战前，中国是一个领土完整、主权独立的国家；战后，中国的领土与主权均遭到破坏，中国已经丧失了独立自主的地位，开始沦为半殖民地国家。战前，中国封建社会中自给自足的自然经济占主导地位；战后，资本主义国家凭借五口通商和关税协定等特权，向中国市场倾销商品，使中国自然经济趋于解体，开始向半封建经济转变。

鸦片战争是中国遭受资本主义列强奴役和蹂躏的起点。随着中国的大门被西方列强用武力强迫打开，中国的社会性质开始发生变化。随着社会主要矛盾的变化，中国逐渐开始了反帝反封建的民主革命。因此，鸦片战争就成为中国近代史的起点，同时也成为中国人民抗争的起点。

此后，帝国主义列强侵略的步伐不但没有停止，反而进一步加剧了。1883 年 12 月至 1885 年 4 月，由于法国武装入侵越南，并企图以之为基地，进而入侵中国，引发了中法战争。战争第一阶段在越南北部，第二阶段扩大到中国东南沿海。战争双方在军事上互有胜负。由于清朝统治者的腐朽昏聩，最后法国强迫清政府签订了丧权辱国的不平等条约。当时人称“法国不胜而胜，中国不败而败”。

可以说，中国军民为阻止法国吞并越南和保卫祖国安全而进行的反侵略战争，完全是正义的战争。就军事而言，中国军民在此次远比两次鸦片战争规模还大的战争中显示了自己的决心和力量，并取得了最后的胜利。只是由于清政府的腐败无能，才出现了不败而败的可悲结局，从而在中国近代史上产生了极为严重的后果。一是清政府的怯懦表现，进一步刺激了西方列强的侵华胃口，以致边疆危机愈益加重，十年后便发生了后果更为惨重的中日甲午战争。二是随着外国资本主义势力侵略的扩大和深入，中国社会进一步向半殖民地化方向沉沦。

通过中法战争，中国人民进一步意识到民族危机的加剧和清王朝的无能，自觉、不自觉地为改变自己国家的命运而寻找新的出路。于是，资产阶级改良主义逐步汇合成为一种新的社会潮流，为后来的维新变法进行了必要的思想准备。同时，清政府总结中法战争的经验教训，认识到海军力量薄弱是法军得以横行东南沿海的重要原因，从而得出了“当此事定之时，惩前毖后，自以大治水师为主”的结论，于是成立总理海军事务衙门，大力加速海军建设，于 1888 年正式建成北洋舰队，军事实力有所加强。

1894 年 8 月至 1895 年 4 月爆发了中日甲午战争。1894 年春，朝鲜爆发东学党起义。朝鲜政府请求清政府派兵协助镇压，清政府派出了一支2500人的军队进驻牙山，并根据《中日天津条约》规定，知照了日本外务省。而意图吞并朝鲜的日本政府立即派兵入朝，占据了汉城附近的军事要地。此时朝鲜政府与东学党人达成协议，双方已休战，朝鲜政府要求中日两国军队撤出朝鲜。清军准备撤兵的同时，清政府同时也要求日本军队撤离朝鲜，然而心怀鬼胎的日本政府不仅不撤兵，反而增兵朝鲜，并于7月23日攻占朝鲜王宫，拘禁国王李熙，成立了以李应为首的傀儡政府。7月25日，日本军队假借朝鲜政府授权，驱逐中国军队，开始向中国军队进攻。8月1日，中国向日本宣战，甲午战争开始。事实上，此时的日本海军力量并不比中国北洋水师更具明显的优势，虽重创北洋水师，却未能实现“聚歼清舰于黄海”的计划。

在海上和陆上的几场战役失败后，清政府中主降派占据上风，与日本签署了《马关条约》。辽东半岛、台湾岛、澎湖列岛被割让，战争赔款达两亿两白银，中国政府还被要求不得惩治间谍和汉奸。

在19世纪末，帝国主义列强掀起了瓜分中国的狂潮，激起了义和团反帝爱国运动。为了镇压义和团运动，扩大对华侵略，英、法、德、奥、意、日、俄、美八个帝国主义国家借口清政府排外，联合进兵中国。1900年6月，八国联军攻占大沽炮台，7月攻陷天津，8月占领北京。侵略军在华屠杀平民，掠夺财物，践踏中国主权。慈禧等人逃往西安，派李鸿章等人乞和。11月，侵略军增至10万，分别入侵山海关、保定、正定等地，并进兵山西。沙俄还单独出兵17万，分六路入侵中国东北。

八国联军侵华，给中国人民带来了深重的灾难。侵略军所到之处，杀人放火，奸淫抢劫，无数村镇化为废墟，天津被烧毁三分之一，北京一片残垣断壁。八国联军在北京公开大肆抢劫，清宫无数文物珍宝被洗劫一空，大批群众惨遭杀戮。八国联军占领北京后，特许军队公开抢劫三天。俄国记者扬契维茨基在他的战地日记中这样描述当时北京的悲惨情景：“帝王的伟大京都一半已被破坏和焚毁，已被蹂躏糟蹋得不像样子了，简直像一切都死绝了一样。使馆街两旁残存着一垛垛废墟，一堆堆石头，灰烬、垃圾和脏物遍地皆是。中国人的尸体，一个挨一个地杂陈在马路上。到处乱丢着各种各样的东西。”“法国兵焚烧了北堂周围的房屋和商店。烧焦的尸体暴露在废墟、瓦砾和灰烬堆里。被枪杀和刺死的中国人，一堆一堆地陈尸在大街上。被击毙的不只是中国兵，还有被中国教民告发的全部肇事者。”

八国联军侵华战争，导致了在1901年9月7日由奕匡和李鸿章为代表的清廷与帝国主义签订了卖国投降的《辛丑条约》。条约规定：中国赔偿白银4.5亿两，北京使馆区及北京至山海关铁路沿线交由外国驻军，禁止中国人民组织反帝组织等。《辛丑条约》保住了清政府的权位，加强了帝国主义对中国人民的统治，清政府由此成为帝国主义的傀儡。

两次鸦片战争、中法战争、甲午战争、八国联军侵华……从1840年到1905年，中国一直被笼罩在列强侵华的战争硝烟中，先后与22个国家签订了745个不平等条约，而换来的却是侵略者更加疯狂的掠夺。此时，近代中国半殖民地半封建社会的矛盾，呈现出错综复杂的状况。其中有中华民族与外国侵略者的矛盾，农民与地主阶级的矛盾，资产阶级与地主阶级的矛盾，无产阶级与资产阶级的矛盾，封建统治阶级内部各集团派系的矛盾，各帝国主义国家在中国争夺、竞争的矛盾等等。在这些矛盾中，基本矛盾是帝国主义和中华民族的矛盾、封建主义和人民大众的矛盾。这两对基本矛盾及其斗争贯穿整个中国半殖民地半封建社会的始终，并对中国近代社会的发展变化起着决定性的作用。中国近代社会的两大基本矛盾是互相交织在一起的，而帝国主义和中华民族的矛盾，是最主要的矛盾。中国近代社会的发展和演变，也正是上述两对基本矛盾互相交织和交替作用的结果。近代以来伟大的中国革命，是在这些基本矛盾的基础之上发生和发展起来的。

（三）时代大幕开启：救国救民的众生相

中国近代社会的性质和主要矛盾，不仅成为中国革命发生和发展的根本原因，同时也决定了近代中国革命的任务和性质。此时的中华民族面对着两大历史任务：一是求得民族独立和人民解放，二是实现国家繁荣富强和人民共同富裕。

争取民族独立、人民解放和实现国家富强、人民富裕这两大任务，是互相区别又互相紧密联系的。不首先争取民族独立和人民解放，就不可能扫除影响生产力发展和实现现代化的严重障碍，实现国家的强大，民族的团结，社会的稳定；就不可能集中力量进行经济、文化、教育等各方面的现代化建设，以实现国家的繁荣富强和人民的幸福富裕。为了挽救民族危机，争取民族的独立和人民的解放，中国人民开始探索实现国家独立富强的道路。

1. 救国思潮的兴起

近代以来，不少人提出过实业救国、教育救国、科学救国等主张，并为此做出过努力。他们的努力，对中国近代社会的进步做出了一些贡献。鸦片战争以后，帝国主义的侵略，使得中华民族面临着亡国灭种的严重危机。许多仁人志士踏上了探索救国救民真理的道路，提出了种种思想主张。林则徐是近代中国睁眼看世界的第一人，主张“师敌之长技以制敌”。魏源提出了“师夷之长技以制夷”的思想。洪秀全提出了建立“有田同耕，有饭同食，有衣同穿，有钱同使，无处不均匀，无人不饱暖”的社会理想。康有为、梁启超提出了变法图强的思想。孙中山提出了三民主义学说。但是，由于历史的局限，上述思想主张并没改变中国的面貌。可以说，在民族不独立、国家不统一、人民无权力的半殖民地半封建社会里，这些主张并不能给濒临危亡的中国指明正确的出路。由于这些良好的愿望在实践中不断碰壁，许多爱国者终于抛弃了这些幻想，不惜做出最大的自我牺牲，来拯救祖国于危急之中，毅然走上了争取民族独立和人民解放的斗争道路。

2. 救国道路的探寻

怎样才能争得民族独立和人民解放？近代以来的历史表明，必须首先进行反帝反封建的民主革命。因为帝国主义列强绝不会自动放弃在中国攫取的特权，封建主义势力也绝不肯自动放弃自己控制的政权。

帝国主义和中国封建主义勾结起来，变中国为半殖民地半封建社会的过程中，中国社会各阶级、各集团中的先进分子为了拯救国家于危难，争取民族振兴，曾做出过各种各样的探索。

第一种探索是旧式的农民抗争。早在鸦片战争期间，广州一带的农民就建立社学组织，参加这种组织的除一般农民以外，还有手工业者和商业店员以及爱国乡绅。他们无事则从事农耕，闻警则操戈御侮。这种社学组织，可视为近代中国政党的萌芽。鸦片战争以后，深受外国资本主义和本国封建主义双重压迫的中国农民，更是饥寒交迫，无奈走上起义反抗的道路。中国历史上的农民起义，从大到小无法统计。例如，秦末爆发的陈胜、吴广农民起义，唐末的黄巢起义等都曾一度攻入当时的京都，也曾一度建立一个新的政权。明末李自成领导的农民起义，其规模也曾达到百万大军。1644 年正月初，李自成在西安称王，正式宣布建国，国号大顺。三月，他亲率大军，攻破北京。1843 年，洪秀全援引基督教义创立了拜上帝教（会），组织农民革命求生存。太平天国革命洪流以摧枯拉朽之势、雷霆万钧之力横扫十八省，攻克六百城，立国建号，定都南京，世界震惊，清廷撼动，皇帝贵族急如热锅蚂蚁，土豪劣绅似丧家之犬；无数穷苦百姓以为太平梦想今日成真，天国仙境明朝降临。然而，天国大厦轰然崩塌，百万义军血流成河，十余年宏图大业转瞬化为泡影。

以太平天国为代表的旧式农民起义失败的原因可归结为以下几点。第一，政治上没有科学的革命纲领。义军领袖在举事之初，往往不会制定具体的革命纲领，只是着眼于眼前的利益，而没有长远的打算；又不注重收服人心，不能将敌方人才为己所用，不明智地和读书人以及地方实力派结怨，不能最大限度地团结全社会的力量为新政权服务。第二，军事上缺乏战略思想。农民起义军在军事策略上往往都会犯同样的错误，未能集中优势兵力消灭敌方的有生军事力量，最后反而被其各个击破。第三，组织上没有建立坚强的领导核心。第四，农民起义军内部通常有着错综复杂的人际关系，首领们势力的强弱、能力的高低以及外部的挑拨离间大大削弱了起义的锋芒，或直接导致起义失败。

正如毛泽东所说，在中国封建社会里，只有农民的阶级斗争、农民起义和农民的战争，才是历史发展的真正动力。因为每一次较大的农民起义和农民战争的结果，都打击了当时的封建统治，因而也就或多或少推动社会生产力的发展。只是当时没有新的生产力和新的生产关系，没有新的阶级力量，没有先进的政党。这样，就使当时的农民革命总是陷于失败，总是在革命中和革命后被地主和贵族利用，当做他们改朝换代的工具。这样，就在每一次大规模的农民革命斗争停息以后，虽然社会多少有些进步，但是封建的经济关系和封建的政治制度基本上保留下来。

第二种探索是民族资产阶级的改良。19 世纪 70 年代以后，随着中国民族资本主义经济的出现，中国民族资产阶级产生并登上政治舞台，他们要求反对帝国主义的侵略，反对本国封建主义的束缚，进而发展资本主义。为此，他们组织起来，救国救民。在戊戌维新运动时期，变法图强的志士们纷纷成立团体学会，组织宣传变法的主张。1895 年 8 月，文廷式出面组织强学会，推陈炽为会长，梁启超为书记员。同年 10 月，康有为在上海成立强学会分会。1897 年康有为在桂林发起组织圣学会。1898 年春，谭嗣同、唐才常在长沙创立南学会，并在各县设分会。据不完全统计，1895 到 1898 年全国各地维新派所设立的学会、学堂等达 300 多所，广泛地传播了资产阶级改良主义思想，推动了维新变法运动的发展。然而，随着维新变法的失败，这些学会组织旋即分崩离析。

因此，以改良的方式是不可能改变帝国主义和封建主义联合统治中国的半殖民地半封建社会制度的。近代中国曾有不少人希望通过改良的途径挽救中国，如进行维新变法运动以及立宪运动等等，但是都行不通。民主革命的先行者孙中山等人，也是在改良的努力归于失败、对当权者幻想破灭的情况下，才走上革命道路的。以孙中山为代表的资产阶级中下层力量，在严酷的现实面前，抛弃改良主义幻想，毅然选择了革命道路。

第三种探索是资产阶级革命之路。1894 年 11 月，孙中山在檀香山联络二十几个小厂主成立了中国第一个资产阶级革命团体兴中会，准备回国发动反清起义。随后，在会员入会的秘密誓词中提出了“驱除鞑虏、恢复中华、创立合众政府”的革命纲领，决心推翻清政府，建立资产阶级共和国，由此掀起了强劲的革命风暴。进入 20 世纪以后，资产阶级革命团体纷纷建立。1904 年，内地的各种革命团体如雨后春笋般建立起来，它们中最重要的有：黄兴、宋教仁、刘揆一、陈天华等人在湖南建立的华兴会，吕大森、胡瑛、曹亚伯等人在湖北建立的科学补习所，蔡元培、陶成章、龚宝铨等人在上海成立的光复会，柏文蔚、陈独秀等人在芜湖成立的岳王会，杨庶堪等人在四川成立的公强会等。这些革命团体的成立，为中国同盟会的创立做了组织上的准备。

在此社会条件下，广大民众日益倾向激进。随着许多分散的革命小团体的出现，自然产生一个问题：需要建立一个全国性的革命团体，把大家的目标和行动进一步统一起来。联合，已成为革命形势发展到这个阶段的必然趋势，成为当时最迫切需要解决的中心问题。革命力量进一步集结的最重要标志是中国同盟会的成立。1905 年夏，孙中山在日本倡导联合兴中会、华兴会、光复会以及其他革命团体成立一个全国规模的、统一的革命组织，以便领导一场全国范围的革命运动。1905 年年底前加入同盟会的早期会员，从保存下来的名册看，共 452 人，当时所称本部十八省中除甘肃外都有人参加，以湖南、广东、湖北三省最多。8 月 20 日，中国同盟会在东京召开成立大会，决定以“驱除鞑虏、恢复中华、创立民国、平均地权”为纲领，总部设于东京，孙中山为总理。同盟会的主要成员是中国资产阶级及其知识分子。中国同盟会是中国第一个资产阶级革命政党，领导了一场声势浩大的反清革命，并取得了推翻清政府、建立中华民国、促进资产阶级民主思想深入人心的历史功绩。它以新的面貌和新的姿态走上中国历史舞台。但是，辛亥革命最终还是失败了。辛亥革命后，同盟会处于分裂瓦解状态。当时，资产阶级各派系、各政治集团为争夺政治权力，组织了许多政治团体，数量达300多个，最终形成了统一党、共和党、国民党和民主党四党并立的局面。其中影响比较大的是宋教仁于1912年8月25日在北京以同盟会为基础建立的国民党，名义上推孙中山为总理事长。1913年由宋案引发的二次革命失败后，国民党深受打击。1914年7月8日，孙中山在东京重整旗鼓，成立中华革命党。1916年护国战争和1917年护法运动的失败证明，中华革命党仍然是一个软弱无力的政党。于是，1919年10月10日，孙中山在上海改组中华革命党为中国国民党。然而，在随后发动的第二次护法战争中，国民党仍然处于败局，革命目标没有实现。

推翻了清王朝的统治，结束了中国两千多年的封建君主专制制度，开启了民主共和的新纪元，在中国革命史册上谱写下了光辉的篇章。胡锦涛在2011年“七一”重要讲话中指出：“孙中山先生领导的辛亥革命，结束了统治中国几千年的君主专制制度，对推动中国社会进步具有重大意义。”虽然从某种意义上讲推动了中国历史的发展进程，但这种进步仍是有限的，更没能从根本上改变中国的面貌。这种局限性主要体现在以下三个方面：

第一，未能提出一个彻底的明确的反帝反封建的革命纲领。他们中许多人并未认清帝国主义的真面目，甚至天真地认为，他们既然以西方为学习榜样，就一定能得到西方国家的援助，并且总害怕革命的猛烈发展会招致帝国主义列强的干涉，所以在革命起来后小心翼翼地避免触动列强在中国的既得利益。他们对封建主义也没有多少认识，大多数人把清政府视为唯一的敌人，不但看不到旧社会制度的基础是地主阶级土地所有制，而且把一切赞成或被迫同意推翻清朝统治者的汉族地方官僚视为自己人，不惜向他们做出重大让步。因此，当清朝的统治一旦被推倒，建立了民国，许多人便以为革命已经成功，失去继续前进的方向和动力，妥协心理上升为主流，导致革命半途而废。

第二，未能大规模地发动群众。革命党人不仅在会党和新军中做了许多工作，并且开展了有力的革命宣传，举行了多次武装起义，在社会上博得了相当广泛的同情。这是武昌起义能够很快得到多数省响应的重要原因。可是，依靠并发动群众的严重不足，尤其是没有深入到社会底层去，同占中国人口绝大多数的劳动人民相脱离，这是导致革命党人不能把革命进行到底的重要原因。帝国主义和封建势力在中国的统治根深蒂固，要推倒它们，不充分发动广大民众是办不到的。当时的革命党人恰恰做不到这一点，特别是没有一场农村的大变动，不可能吸引广大农民积极参与革命。这样一来，他们在强大的帝国主义和封建势力面前深感自己缺乏实力而处于孤立无援的境地，从而走向妥协。

第三，领导这场革命的中国同盟会是一个松散的组织，成员复杂。当革命开始取得胜利时，革命阵营内部便呈现出一派分崩离析的混乱局面。内部意见分歧，不少人为转眼间成为享有权势的新贵而心满意足，开始争权夺利。吴玉章回忆道，在南京临时政府中，不仅原来的官僚政客毫无生气，并且有些革命党人也在他们的影响下，开始蜕化，逐渐地丧失革命意志，而一味追求个人的官职和利禄去了。没有一个坚强有力的革命政党作为团结群众的核心，也无法使革命进行到底。辛亥革命既是旧民主主义革命的终结，也是新民主主义革命的前奏。无论是辛亥革命成功的一面还是失败的一面，都为中国共产党的创立埋下了种子。

从历史上看，自1840年鸦片战争后，帝国主义开始了对中国的疯狂侵略，中国的民族危机与社会危机日益加深，但中国人民反对帝国主义的抗争从来没有停止过，各阶级都对国家的出路感到迷茫，不断进行着探索，并提出了各种不同的方案。从农民阶级发起的太平天国运动到洋务派发起的洋务运动，再到资产阶级的维新运动，都没有使中国找到切实可行的发展道路，都没找到中国的出路。辛亥革命结束了中国漫长的封建君主专制制度，建立了资产阶级性质的民主共和国，但是辛亥革命的果实被袁世凯窃取后，建立了北洋军阀的专制统治。资产阶级民主革命的失败，以及资产阶级革命派的软弱性和妥协性说明了资产阶级不能领导中国人民完成反帝反封建的任务，资本主义道路在中国走不通。这些运动无一例外都失败了。但是这一次次的探索与失败却为寻找中国出路的有志之士提供了借鉴，让人们逐渐地认识到中国必须走的道路。

事实上，只有通过革命争得民族独立、人民解放以后，中国人民才有可能集中力量进行现代化建设，逐步改变贫穷落后的面貌，实现国家的富强和人民的富裕，从而使中华民族自立于世界民族之林，使无数爱国志士和革命先驱为之献身的理想真正成为现实。历史召唤着新的阶级和政党为彻底改变中国的命运而奋斗。在这样的历史条件下，中国共产党诞生了。

二　历史的必然：中国共产党的诞生

纵观中国近代史，从鸦片战争到五四运动的七十多年间，中国人民前仆后继，向帝国主义、封建主义展开了一次又一次的英勇斗争。许多先进的有识之士提出过种种振兴中华的方案。有的人历尽艰辛向西方寻求真理，试图用欧美资产阶级民主来改造中国。但是，一次次的英勇斗争，包括像辛亥革命那样的伟大斗争，也都失败了；一个个的救国方案、“良谋妙策”都破产了，国家依旧一天天地衰落下去。沉痛的教训使中国人对学习西方资本主义怀疑了、失望了，不得不探求新的出路。

（一）民主和科学的旗帜灿然如炬：一个民族的觉醒

总结救亡图强运动失败的原因，可以说是多方面的，但关键的原因是没有一个用先进思想武装起来的政党。俄国十月革命一声炮响，震撼了全世界，也给中国送来了马列主义。在黑暗中摸索的中国先进知识分子终于见到了光明，他们如饥似渴地研究十月革命，学习马列主义，开始探寻中国人民解放斗争的新道路。十月革命的胜利唤醒了中国人民，给中国人民送来了马克思列宁主义，使中国人民找到了解放自己的真理。

马克思和恩格斯非常关心中国人民的革命事业，对中华民族的解放和崛起寄予热切的期望。在评论中国的鸦片战争和太平天国革命时，他们曾经预言：过不了多少年，我们就会看到世界上最古老的帝国做垂死的挣扎，同时我们也会看到整个亚洲新纪元的曙光。而中国和亚洲的觉醒，又将对欧洲革命发生深刻的影响。历史证实了马克思和恩格斯的科学预见。中国共产党领导的新民主主义革命适时地登上了历史舞台，中国共产党把马列主义原理同中国革命具体实际创造性地结合起来，成功缔造了新中国。这就验证了“只有中国共产党才能救中国”这句话。

五四运动前后，马克思列宁主义开始传入中国，使长期在黑暗中摸索、徘徊和斗争的中国人民看到了解放的曙光，中国革命踏上了新的征程。从此，中国的先进分子开始研究十月革命的经验，研究马克思主义，产生了一批具有初步共产主义思想的知识分子，如李大钊、陈独秀、毛泽东、周恩来、瞿秋白、蔡和森等。从此，中国先进分子开始用无产阶级的世界观观察国家的命运。

1918 年 7 月、11 月，李大钊在《法俄革命之比较观》《庶民的胜利》和《布尔什维主义的胜利》等文章中，论述了俄国十月社会主义革命与法国资产阶级革命的区别，论述了十月革命的伟大历史意义，为中国人民指出了新的革命斗争方向。1918 年 12 月，陈独秀、李大钊创办《每周评论》，初步介绍了社会主义思想。1919 年爆发了伟大的五四爱国运动。中国工人阶级积极地投入到这场运动中，并发挥了重要作用。以五四运动为标志，中国工人阶级迅速成为觉悟了的独立的政治群体，显示了自己巨大的力量。一批具有初步共产主义思想的知识分子认识到工人力量的伟大，开始到工人中去进行马克思主义的宣传和组织工作，从而促进了马克思主义同中国工人运动的结合，为中国共产党的成立做了思想上和干部上的准备。马克思主义与工人运动相结合产生共产党，这是马克思列宁主义建党学说的一条基本原理，是共产党产生的普遍规律。只有把马克思主义的科学理论灌输到工人群众中去，才能使工人阶级由自在阶级变为自为阶级，才能形成自觉的工人运动，才能组织成为真正有战斗力的无产阶级的战斗司令部。而马克思主义在中国的传播也需要从工人运动中寻找自己的物质力量。如果马克思主义的科学社会主义理论不同工人运动相结合，就失去了自己存在的基础，丧失了自己的生命力。所以，只有把马克思主义和工人运动相结合，才能产生工人阶级的政党。五四运动后，中国工人运动进一步发展，马克思主义得到广泛的传播，形势朝着建立马克思主义的无产阶级政党方向发展。

从社会文化状态看，20 世纪初的中国社会文化是一个混合体，既有封建主义的传统文化，也有帝国主义的殖民文化，同时也有符合现代化发展的新兴文化。在这个混合体中，代表先进文化的当然是新兴文化。1915 年 9 月，以陈独秀在上海创办的《新青年》杂志为标志，新兴文化作为一场运动正式兴起。在此当中，提倡民主，反对专制；提倡科学，反对迷信；提倡新文学，反对旧文学；提倡白话文，反对文言文；提倡新道德，反对旧礼教等内容，不仅大大解放了中国人的思想，为接受新事物清除了障碍，而且，它们与代表无产阶级利益的先进文化思想——马克思主义是相一致的，因而新文化运动有着较强的发展潜力，得到人们的拥护与支持。有大量的新兴知识分子参与到运动中来，并在运动中受到教育，进而成为新文化运动的闯将。五四运动以后，新文化运动逐步发展成为以宣传马克思主义为主流的思想文化运动，一大批先进分子成长为马克思主义者，并与当时正在发展起来的工人运动相结合。这时，马克思主义的唯物史观、剩余价值学说、阶级斗争理论等被中国人接受，并日益深入人心。这一切，为中国历史上最进步的工人阶级的先锋队组织——中国共产党的诞生准备了条件。

（二）势不可挡的潮流：国际共产主义运动的勃兴

国际共产主义运动的推动以及当时世界潮流的发展，使中国共产党的诞生成为顺乎自然的事情。就中国共产党的诞生而言，共产国际给予诸多指导和帮助。在中国共产党诞生之前，共产国际做了许多对中国共产党诞生具有重大意义的工作。1920 年 4 月，共产国际派代表维经斯基来中国，帮助中国的先进分子建立共产党组织。在他的指导帮助下，同年 8 月和 10 月，陈独秀和李大钊分别在上海、北京先后建立共产党组织。在上海、北京的共产党组织的帮助影响下，从 1920 年秋至 1921 年春，国内又相继建立了四个共产党组织。与此同时，海外的中国留学生也着手建立共产党组织。中国共产党成立之时，共产国际也专门派马林和尼克尔斯基来华给予指导和帮助。这不仅增强了中国共产党同共产国际的革命友谊，而且也加快了中国共产党建立的步伐。在共产国际的指导帮助下，中国共产党明确了自己的历史责任和奋斗目标。

就中国当时所处的国际环境而言，世界上各个国家的民族解放、国家独立运动和无产阶级革命运动，不断加剧世界殖民体系的崩溃。伴随着这种革命浪潮的出现，无产阶级革命在世界范围内的影响力不断扩大，无产阶级的政党组织相继建立，不断发展。从国际共产主义运动史和中国共产党诞生的历史过程来看，先于中国共产党建立的其他国家的共产党有俄国共产党（诞生于 1903 年 7 月）、美国共产党（诞生于 1919 年 9 月）、伊朗共产党（诞生于 1920 年 6 月）、英国共产党（诞生于 1920 年 8 月）、土耳其共产党（诞生于 1920 年 9 月）、德国共产党（诞生于 1921 年初）、法国共产党（诞生于 1921

年1月)、意大利共产党（诞生于1921年1月)、卢森堡共产党（诞生于1921年1月)、南非共产党（诞生于1921年7月）等。在中国共产党建立后不久，又有许多国家的共产党相继建立，如智利共产党、埃及共产党和巴西共产党皆诞生于1922年初，日本共产党诞生于1922年7月。受此影响，厄瓜多尔共产党（诞生于1926年5月）和秘鲁共产党（诞生于1928年10月）也相继建立。这些国家共产党组织的建立，表明世界历史已经进入无产阶级革命的新时代。由此可以看出，中国共产党的诞生并非历史的偶然，它的诞生具有历史必然性，是适应近代国际环境和世界潮流发展的必然结果。就当时中国共产党的建立和发展而言，已经构成世界争取民族解放、国家独立运动潮流的一个不可分割的组成部分。中国当时的无产阶级逐步走上了历史舞台，在其他阶级和政党不能改变中国命运，不能领导民族解放，不能争取国家独立的关键时刻，只有建立起无产阶级政党——中国共产党，才能从根本上解决中国的现实问题，也只有中国共产党的诞生才能使中国不至于再次落后于世界各国独立解放斗争的步伐。同时，中国共产党的诞生和发展也为世界上其他渴望民族解放和国家独立的国家树立了典范，为这些国家争取自由解放带来了曙光。

（三）开天辟地的大事件：中国共产党的诞生

在国际潮流的推动下，在马克思主义旗帜引导下，中国先进分子看到了中华民族的新希望，他们要求尽快把志同道合的同志集合起来，投身于改造中国社会的实际行动中来。

五四运动后，马克思主义在中国传播并日益同中国工人运动相结合的过程，也就是酝酿、准备和建立中国共产党的过程。最早酝酿在中国建立共产党的是陈独秀和李大钊，史称“南陈北李”。1920年2月，为躲避北洋军阀政府的迫害，陈独秀从北京秘密前往上海。在护送陈独秀离京途中，李大钊同他商讨了在中国建立共产党组织的问题。随后，两人分别在北方和南方展开建党活动。

中国共产党的建立，得到了列宁领导的第三国际（即共产国际，成立于1919年3月）的帮助。1920年4月，经共产国际批准，俄共（布）远东局派维经斯基等人来华。他们先后在北京、上海会见李大钊和陈独秀，讨论建立共产党的问题，并帮助进行建党的准备工作。

中国共产党的早期组织是在工人最密集的中心城市上海首先建立起来的。1920年6月，陈独秀同李汉俊、俞秀松、施存统、陈公培等人开会商议，决定成立共产党组织，并起草了党的纲领。7月，一批来自各地的社会主义者在上海举行会议，商讨建党问题。关于党的名称叫社会党还是共产党，陈独秀在征求李大钊的意见后，决定叫共产党。8月，上海共产党组织正式成立，并定名为“中国共产党”，陈独秀任书记。它起到了在全国范围内建党的发起和联络作用。10月，北京共产党组织成立，李大钊为书记。在此前后，董必武、陈潭秋、包惠僧等在武汉，毛泽东、何叔衡等在长沙，王尽美、邓恩铭等在济南，陈独秀、谭平山、谭植棠等在广州，也分别建立了共产党早期组织。这样，到1921年春，国内先后有6个城市建立起共产党早期组织。与此同时，在旅日、旅法的华人中也成立了共产党早期组织。旅日华人中国共产党早期组织的成员有施存统和周佛海等，旅法华人中共产党早期组织的成员有张申府、赵世炎、刘清扬和周恩来等。

由于中国共产党的创建活动是在秘密状态下进行的，各地党的早期组织没有统一的名称，有的称“共产党支部”，有的称“共产党小组”，有的称“共产党”。从性质和特征来看，它们都是后来组成全国统一的中国共产党的地方组织。各地共产党早期组织成立以后，主要开展了几个方面的活动。一是宣传马克思主义，组织进步青年学习马克思主义，研究中国的实际问题。二是同反马克思主义的思潮展开论战，帮助一批进步分子划清科学社会主义同其他社会主义派别的界限，最终走上马克思主义的道路。三是通过在工人中进行宣传和组织工会的工作，使工人开始接受马克思主义的教育，阶级觉悟有所提高。四是建立青年团组织，组织团员学习马克思主义，参加实际斗争，为党培养后备力量。

各地共产党早期组织所进行的这些活动，有力地促进了马克思主义的进一步传播及其同中国工人运动的结合，使中国建立共产党的条件基本具备。

1921 年 6 月初，共产国际代表马林和共产国际远东书记处代表尼克尔斯基先后到达上海，并与上海的共产党早期组织成员李达、李汉俊建立了联系。经过商议，他们一致认为应尽快召开全国代表大会，正式成立中国共产党。李达、李汉俊同在广州的陈独秀、北京的李大钊有过书信往来，商定在上海召开中国共产党第一次全国代表大会。随后又通知北京、武汉、长沙、济南、广州和旅日的党组织，各派两名代表到上海出席会议。

国内各地的党组织和旅日的党组织共派出 13 名代表赴上海出席党的第一次全国代表大会。参加会议的各地代表是：上海的李达、李汉俊，北京的张国焘、刘仁静，长沙的毛泽东、何叔衡，武汉的董必武、陈潭秋，济南的王尽美、邓恩铭，广州的陈公博，旅日代表周佛海。包惠僧受在广州的陈独秀派遣，也参加了会议。他们代表着全国 50 多名党员，共产国际代表马林和尼科尔斯基列席会议。陈独秀和李大钊均因有事未能出席大会。

1921 年 7 月 23 日，中国共产党第一次全国代表大会在上海召开。由于代表们的活动已受到监视，会议无法继续在上海举行。于是，代表们分批转移到浙江嘉兴南湖，在一艘游船上召开了最后一天的会议。大会确定党的名称为中国共产党。党的纲领是：革命军队必须与无产阶级一起推翻资产阶级的政权；承认无产阶级专政，直到阶级斗争结束，即直到消灭社会的阶级区分；消灭资本家私有制，没收机器、土地、厂房和半成品等生产资料，归社会公有；联合第三国际（即共产国际）。大会选举产生了党的领导机构——中央局，陈独秀为书记，李达、张国焘分管宣传和组织工作。纲领明确提出要把工人、农民和士兵组织起来，并确定党的根本政治目的是实行社会革命。这一纲领表明，中国共产党建立时起就旗帜鲜明地把实现社会主义、共产主义作为自己的奋斗目标，并坚持用革命的手段来实现这个目标，从而同崇拜资产阶级民主制度、主张走议会道路的第二国际社会民主主义划清了界限。

党的一大正式宣告了中国共产党的成立。这次大会是在反动统治的白色恐怖下秘密举行的，除了会场一度遭到暗探和巡捕的骚扰外，在社会上没有引起任何注意。但是，从此，一个新的革命火种已在沉沉黑夜中点燃起来，在古老的中国大地上出现了完全新式的、以马克思主义为行动指南的、统一的和唯一的中国工人阶级的政党。

中国共产党的成立，适应了近代以来中国社会进步和革命发展的客观要求，是开天辟地的大事。中国共产党作为中国最先进的阶级——工人阶级的政党，不仅代表着工人阶级的利益，而且代表着整个中华民族的利益。中国共产党从一开始就拥有马克思主义这个最先进的思想武器，因而能够为中国革命指明前进的方向。正是这个党，给灾难深重的中国人民带来光明和希望。虽然这时它的力量还很弱小，但它满怀信心地以改造中国为己任，为争取民族独立和人民解放，实现国家的繁荣富强和人民的共同富裕，开始了艰苦卓绝的斗争历程。自从有了中国共产党，中国革命的面貌焕然一新。

正如胡锦涛在2011年“七一”讲话中所说的：“中国共产党的诞生，是近现代中国历史发展的必然产物，是中国人民在救亡图存斗争中顽强求索的必然产物。从此，中国革命有了正确的前进方向，中国人民有了强大的精神力量，中国命运有了光明的发展前景。”

[延伸阅读]

太平天国运动的发展轨迹

19世纪中叶，太平天国的革命洪流以摧枯拉朽之势、雷霆万钧之力横扫十八省，攻克六百城，立国建号，定都南京，世界震惊，清廷撼动，皇帝贵族急如热锅上的蚂蚁，土豪劣绅逃似丧家之犬；无数穷苦百姓以为太平梦想今日成真，天国仙境明天降临……然而，天国大厦却轰然崩塌，百万义军血流成河，十余年宏图大业转瞬化为泡影，让我们共同追寻太平天国的轨迹，重温那段金戈铁马的峥嵘岁月。

初创时期：从金田起义到建都天京

1851 年 1 月 11 日，洪秀全在广西桂平县金田村率众起义，建国号太平天国，军队称作太平军。3 月，太平军转战武宣东乡，洪秀全正式称“天王”。9 月，太平军攻占永安州。在永安滞留期间，进行休整补充和制度建设，初步奠定了太平天国政治制度的雏形。1852 年 4 月太平军从永安突围，北上围桂林，克全州，入湖南。同年 9 月攻长沙，81 天未下，主动撤围北上。在益阳、岳州一带，获得了大批船只炮械，建立了水师。大军沿长沙水陆并进，势如破竹。1853 年 3 月 19 日，太平军占领南京，洪秀全进入南京城，宣布改南京为天京，定都天京。太平天国建立了与清王朝相对峙的农民革命政权。

全盛时期：军事与政治的全面推进

太平天国定都天京后，为了巩固和发展胜利成果，进行了北伐和西征。1853 年 5 月，林凤祥、李开芳率军进兵北京。北伐军出江苏，过安徽，进河南，渡黄河，入山西，直捣直隶，逼近天津。由于孤军远征，终于失败。洪秀全为了控制长江中游，确保天京安全，又派兵西征。1853 年 5 月，赖汉英、胡以晃、曾天养率军溯长江西上，攻占了安徽、江西、湖南、湖北的广大地区。1856 年上半年，太平军又在天京外围展开了激烈的破围战，先后击破了江北大营和江南大营，在军事上达到全盛。1853 年冬，制定并颁布了《天朝田亩制度》。《天朝田亩制度》是在小农经济基础上维持绝对平均主义的农民乌托邦，不可能付诸实施。但是，它表达了广大农民要求得到土地的强烈愿望。太平天国还实行男女平等制度，改革考试制度，对外关系上坚持独立自主。

天国惊变：天京事变

正当太平军在西征战场取得胜利之时，1856 年 8 月，天京城内发生了杨秀清假借“天父下凡”，逼迫洪秀全封他为“万岁”的事件。洪秀全密召在前线的韦昌辉、石达开、秦日纲回京救驾。9 月 2 日凌晨，韦昌辉在秦日纲的配合下，包围了东王府，杀了杨秀清和他全家及部下、士兵两万多人。天京城内一片恐怖。韦昌辉的行为，引起太平军全体官兵和百姓的愤慨。11 月 2 日，洪秀全诛杀了韦昌辉及其心腹 200 余人，平息了这场自相残杀的内乱。天京事变成为太平天国由盛到衰的转折点。

落日余晖：军事反攻与《资政新篇》的提出

天京变乱和石达开出走，使太平军被迫由战略进攻转向防御。清军乘机反扑，攻占了长江中下游许多地方，重建江南、江北大营，围困天京。洪秀全为了挽救颓势，提拔陈玉成、李秀成等青年将领，委以重任。1858 年 8 月，陈玉成、李秀成汇集各路将领，在安徽枞阳召开军事会议。各路大军协同作战，一举攻破浦口，歼敌万余，再次击溃江北大营。11 月，在安徽三河镇全歼湘军精锐 6000 余人，迫使清军从安庆撤围，稳定了天京上游的局势。

1859 年，洪仁玕提出《资政新篇》。主张“权归于一”，反对“结党联盟”；广开言路，“上下情通”；效法西方，兴办工矿交通和金融事业；准许私人投资，雇佣劳动；奖励民间制造器皿技艺，准其专利自售；中外自由通商，平等往来；兴办学馆，建立医院，设立社会福利机构。《资政新篇》作为太平天国后期的政治纲领，具有明显的资本主义倾向。1860 年上半年，李秀成、陈玉成部捣毁江南大营，并开辟了苏南根据地。1861 年 9 月，安庆失陷。次年 5 月，陈玉成败走寿州，被俘就义。太平天国西线陷入无法挽救的危境。

大厦倾覆：天京陷落与太平天国败亡

第二次鸦片战争后，外国侵略者同清政府互相勾结，共同镇压太平天国。太平天国坚决同侵略者进行英勇斗争，先后重创“常胜军”、“常安军”、“常捷军”，并将华尔打死，给侵略者以沉重打击。安庆失陷之后，太平军在江苏、浙江的根据地也相继失守，只剩下天京及其周围的小块地区。此时，天京城内无粮草外无援兵，形势日益危急。李秀成提出“让城别走”，另辟根据地的主张，被洪秀全拒绝。

1863年12月，在面临覆灭时，洪秀全断然否决了李秀成“让城别走”的苦求，死也不愿离开他的“小天堂”、安乐窝，并痛斥、诅咒李秀成说，朕铁桶江山，尔不扶，有人扶。尔说无兵，朕之天兵多过于水。南京被重重围困，城中即将断粮，他号召军民以“甘露”（百草）为食，战斗到底。

1864年7月19日天京陷落。大部分太平军将士壮烈牺牲，突围余部转战大江南北，一直奋战到1868年。

中国历史上这场空前规模的太平天国农民战争，前后奋战14年，纵横18省，威震全中国，最后在清政府和外国侵略势力的联合绞杀下失败了。

辛亥：从帝制走向共和

一百年前，在伟大的革命家孙中山先生的领导下，辛亥革命推翻了清王朝的统治，结束了中国两千多年的封建君主专制制度，开启了民主共和的新纪元，在中国革命史册上谱写下了光辉的篇章。

封建帝制的覆灭

孙中山领导的同盟会不仅提出了革命纲领，而且从事实际的革命活动，他们先后发动了多次武装起义。这些起义虽然相继失败，但是产生了广泛的影响。其中影响最大的是1911年4月27日（辛亥年三月二十九日）举行的广州起义。黄兴率敢死队120余人在广州举行起义，革命党人大部分牺牲。七十二烈士的遗骸被葬于黄花岗，故是役史称“黄花岗起义”。

1911年5月，清政府宣布“铁路干线收归国有”，并与四国银行团订立粤汉、川汉铁路借款合同，借“国有”名义把铁路利权出卖给帝国主义，同时借此“劫夺”商股。这激起了湖北、湖南、广东、四川四省的保路风潮，其中以四川反对最强烈。清政府在铁路利权问题上采取的政策，进一步激起了民众的愤慨和反抗，加速了革命的爆发。立宪派本来主张把保路运动限制在“文明争路”的范围之内，但四川总督赵尔丰竟下令军警向手无寸铁的请愿群众开枪，造成“成都血案”。广大群众忍无可忍，在同盟会会员的参与下，掀起了全四川的武装起义。

由于革命形势已经成熟，湖北新军中的共进会和文学社两个革命团体决定联合行动，在武昌举行武装起义。1911年10月10日晚，驻武昌的新军工程第八营的革命党人打响了起义的第一枪。起义军一夜之间就占领武昌，革命军在三天之内就光复了武汉三镇，成立了湖北军政府。

武昌起义掀起了辛亥革命的高潮，打开了清王朝统治的缺口。在一个月内，就有南方14个省及其他省的许多州县宣布起义，脱离清政府的统治。腐朽的清王朝迅速土崩瓦解。1912年2月12日，清帝被迫退位，在中国延续了两千多年的封建帝制终于覆灭。

中华民国的建立

1911年底，孙中山从海外回到上海。“独立”的各省代表在南京选举孙中山为临时大总统。1912年1月1日，孙中山在南京宣誓就职，改国号为“中华民国”，定1912年为民国元年，并成立中华民国临时政府。孙中山在誓词中说：“倾覆满洲专制政府，巩固中华民国，图谋民生幸福，此国民之公意，文实遵之，以忠于国，为众服务。至专制政府既倒，国内无变乱，民国卓立于世界，为列邦公认，斯时文当解临时大总统之职。谨以此誓于国民。”同时发布了

《中华民国临时大总统宣言书》和《告全国同胞书》，规定对内方针是实现民族统一，领土统一，军政统一，内政统一，财政统一，“合汉满蒙回藏诸地为一国”，“合汉满蒙回藏诸族为一人”，奠定中华民国的牢固基础；对外方针是洗清政府“辱国之举措”。1 月 2 日，孙中山通告各省改用阳历，以中华民国纪年。1912 年 3 月，临时参议院颁布《中华民国临时约法》，这是中国历史上第一部具有资产阶级共和国宪法性质的法典。《临时约法》规定，“中华民国之主权，属于国民全体”，而“以参议院、临时大总统、国务院、法院行使其统治权”。《临时约法》以根本大法的形式废除了两千年来的封建君主专制制度，确立了资产阶级共和政治制度。

第二章　中国共产党从苦难走向辉煌的内动力

2011年，我们迎来了中国共产党的第九十个生日。90年来，党团结带领全国各族人民战胜各种艰难险阻，取得了新民主主义革命和社会主义革命、建设、改革的伟大胜利，同时也在这3.2万多个平凡但伟大的日子里，谱写了中华民族自强不息、实现复兴的奋斗凯歌。

何以在90年间，取得如此巨大的成就呢?

有人说这是凭借上天的恩赐，是中共的命运好，是历史的巧合，也有人说是靠苏联的支持。对此，如果说是机遇、命运的话，可以拿中共和苏共对比。苏共在夺权过程中，也遭到过沙皇政府的迫害，但最严酷的惩罚也就是流放到西伯利亚。列宁被流放两次，斯大林被流放七次，托洛茨基被流放三次。而中共有两位总书记被杀。国民党反动派把封建社会最野蛮、最血腥的杀戮手段——株连九族、满门抄斩——用于中共，徐海东大将27个近亲，39个远亲，男女老少全家66口包括婴儿都被杀死，贺龙元帅全家80多口被杀。不仅如此，敌人还发明各种残酷的刑法来对付中共党员，如三绞处决法等。李大钊被捕后，为了延长他的痛苦，别人的绞刑都是20分钟，却把他的绞刑时间延长了一倍，整整40分钟时间，目的就是震慑群众，让人们唯恐沾“红”而大祸临头。

中国共产党之所以能够在短短九十年的时间里取得革命的胜利和建设的伟大成就，固然是由各种复杂的因素综合而成的，但其中最重要、起主导作用的关键点则是信仰力量的有效发挥。中国共产党九十年光辉的历程告诉人们一个颠扑不破的真理：我们之所以从苦难走向辉煌——最深层的内动力是始终保持着崇高的信仰和高昂的革命热情。

一　弦歌不辍：注解生命信仰

信仰是古往今来人们苦苦思索的问题。诚如心理学家荣格所描述的那样：尽管大多数人并不知道身体为什么需要盐，但每个人都出于一种本能的需求而摄取着盐分……人们从记忆难及的洪荒时代起就感受到了一种信仰的需要。需要信仰而又能够有所信仰，是人之为人的一个本质特点，信仰是人类特有的一种精神活动，这一点毋庸置疑。

（一）理性的选择：信仰之辩

什么是信仰？目前学术界由于强调的重点不同，对信仰的内涵理解也不尽相同，颇具代表性的观点主要有三种。一是侧重于本体论角度的阐释，认为信仰作为人类精神世界的深层结构，体现着人之为人的特征以及对社会和人生的终极关怀。二是侧重于认识论角度的阐释，认为信仰是人类最基本、最深刻的精神活动和精神现象，又是人类最古老、最繁杂的社会活动和文化现象，是人对精神层面追求的坚定与执著，是人能动地认识世界、掌握世界的一种特殊方式。三是侧重于价值论角度的阐释，认为信仰是指特定社会文化群体和生活于该社群文化条件下的个体，在共同价值目标期待基础上共同分享或选择的价值理想或价值承诺。

虽然以上界定各有其合理成分，但都未能对信仰的本质作出明确回答。其实信仰首先是一种理性的选择，是人对人生观、价值观和世界观等的选择和持有，是对某种主张、主义、宗教或某人极其相信和尊敬，并把它奉为自己的行为准则。从本质上看，从物质和意识的领域来理解，就是一种意识，是精神生活的重要方面，是贯穿在人的世界观之中的一种意识规范。

信仰在日常生活中经常与信念、理想等词汇交替使用，但实际上这三者是既有联系又有区别的，不能完全等同。信念从字面上释义，就是自己认为可以确信的看法，或对某人、某物的信任和信心，甚至是依赖的一种思想状态，即人们对现存的或可能的事物、观念等的正确性和正义性的坚定不移的确认和笃信。因此，凡是信念，它所揭示的内容总是同人们应当持有的态度和应当采取的行动有关。理想从词义上理解有两层意思：一是指对未来事物的希望、想象，二是指符合希望的、使人满意的。进一步可以引申为理想是对未来事物的美好想象和希望，是人生的奋斗目标，是超越现实、超越自我，追求未来远大价值目标的高度自觉的自我意识，是经过预测而设计的人们为之奋斗的未来最完美的远大价值目标体系。它既不同于幻想，也不同于空想和妄想，而是一种理性的想象，具有不同于幻想、空想和妄想的特点，即客观必然性、社会性和阶级性，是客观实际的正确反映，由社会制约和决定，并烙有阶级的烙印。因而，社会地位和经济利益不同的阶级之间，追求的理想也各不相同。

信仰属于信念，是信念的一部分，是信念最集中、最高的表现形式。信念、信仰决定理想，有什么样的信念、信仰就有什么样的社会理想。而理想以信念、信仰为基础。信仰与理想的不同主要表现在两个方面：一是从内涵来看，信仰表现了主体的最高价值追求，而理想侧重揭示主体最高价值追求中的最高价值目标，理想比信仰更明确、更具体；二是信仰主要是一种精神寄托和景仰、崇拜，而理想则是人们行动的纲领、奋斗的目标。前者为一种精神状态，后者为一种实践力量，一种行动指南。理想较之信仰是更高层次的范畴。

（二）中国共产党的信仰：马克思主义

中国共产党从成立之初就提出“中国共产党以马克思主义作为

指导自己行动的理论基础”（1921 年党的一大《纲领》），这就明确了中国共产党人的崇高信仰就是马克思主义。同时，从一大到十七大党的历届党代会和党章都明确指出，党的理想就是实现共产主义社会，这是我党的最高理想。具体到现阶段，中国共产党的共同理想就是建设中国特色社会主义。

西方有的马克思主义研究者认为，马克思主义是一种新宗教，中共把马克思主义作为自己的信仰，等同于宗教崇拜。这种观点是完全错误的。因为马克思主义作为中国共产党的信仰对象，具有与宗教信仰不同的四种特性。第一，信仰的现实性。与宗教信仰的虚幻性、超验性直接对立，马克思主义的诞生是资本主义矛盾尖锐化和阶级斗争激烈化的产物。马克思主义源于现实矛盾又指导解决现实矛盾，马克思主义信仰是一种现实的信仰。第二，信仰的科学性。马克思主义是科学，不是想象的产物，是以现代科学成果为基础的一种科学的信仰。第三，信仰的崇高性。马克思主义揭示了无产阶级伟大的历史使命，指明了全人类最美好的共产主义理想，鼓舞人们进入最高精神境界，是一种崇高而伟大的信仰。第四，信仰的革命性。马克思主义具有鲜明的阶级性，是无产阶级奋斗求解放的学说。马克思主义的世界观是历史唯物主义的，崇尚无神论，而宗教世界观主张有神论，是典型的唯心主义。

因此，中国共产党把马克思主义作为自身崇高的信仰，与通常的宗教信仰具有完全不同的性质。并且，从我国近现代一百多年来的历史来看，马克思主义也是历史选择的必然结果。马克思主义的科学真理，不是出自痛恨资本主义的道德，也不是源于对共产主义的善良愿望，而是基于对资本主义运动规律的科学认识。马克思主义在十月革命后传入中国之时，与之并列存在的还有许多思潮和主张，如无政府主义、工团主义、新村主义等。虽然其中有些思潮和主张甚至在当时颇具影响力，但最终都成为过眼云烟，化为历史的陈迹，只有马克思主义没有消失，并逐步确立了在中国政治思想领域的主体地位，成为中共的指导思想。也正是在这一思想的引导下，全党才有明确的斗争方向，才有内在的持久动力，最终前赴后继，克服各种困难险阻，取得革命、建设和改革的伟大胜利。所以，邓小平在《建设有中国特色社会主义的讲话》中郑重指出：“对马克思主义的信仰，是中国革命胜利的一种精神动力。”

二　信仰的力量：中国共产党成功之道

中国共产党90多年的光辉历史，就是马克思主义与中国实际相结合的发展史。坚持把马克思主义作为崇高信仰，是党始终沿着正确方向前进的根本思想保证。而这90多年的历史也证明：什么时候真正坚持并信仰马克思主义，党就能够更有效地凝聚理想，保障团结，革命就胜利，社会就发展；相反，什么时候动摇马克思主义的信仰，党就可能面临分裂的危险，进而革命遭遇损失挫折，社会倒退。对此，毛泽东在《反对本本主义》中指出：“我们说马克思主义是对的，绝不是因为马克思这个人是什么‘先哲’，而是因为他的理论，在我们的实践中，在我们的斗争中，证明了是对的。我们的斗争需要马克思主义。”

（一）何谓信仰：暗夜里的灯，催人奋进的鼓

90年前，13位中国青年，怀抱着探求如何实现中国独立富强的救国热情来到上海，召开了中国共产党第一次全国代表大会。但会后，他们的人生际遇却因为信仰的坚定程度不一样而各不相同。

参加中共第一次代表大会的13位代表，其最终结局可归为三类。第一类是革命到底的终身奋斗者，如毛泽东、董必武、王尽美，还有英勇牺牲的何叔衡、邓恩铭和陈潭秋。第二类是彷徨、动摇、脱党者，包括李达和李汉俊，信仰没有发生改变，只是因为和陈独秀意见不合而脱党。刘仁静和包惠僧，则是曾经误入歧途，后又迷途知返，但只在党外做工作。第三类是投敌叛党者，包括陈公博、

周佛海和张国焘。

1. **革命到底者**

毛泽东和董必武是从建党以来革命到底的杰出代表人物。毛泽东1921年夏天与湖南的另一位年长的代表何叔衡乘船赴沪。对毛泽东参加一大的表现有两种说法：一种是比较活跃，善于思辨；一种是比较沉稳，勤于思考。他的确沉稳，善于听取大家意见，但在一些重大问题上，他则颇具见解，胜过他人。毛泽东没有参加党的二大。在党的三大之后，毛泽东进入中央局，担任相当于中央秘书长的职务。此后，毛泽东和他的战友们一起探索中国革命的发展道路，为共产主义事业奋斗了一辈子，成为当代中国最杰出的共产主义战士。1976年9月，毛泽东走完了他83年的奋斗人生。

董必武是另一位和毛泽东一起同时参加党的一大，又同时登上天安门城楼参加开国大典的中共领导人。1920年，曾为晚清秀才的董必武在武汉创办私立中学。就在这年夏天，他接到李汉俊从上海的来信，告诉他上海已成立共产主义小组，请他在武汉成立类似的地方组织。1921年6月，董必武再次收到上海来信，他与武汉小组另一负责人陈潭秋被大家公举赴会。在这次大会上，他成为中国共产党组织成立的发起人与见证人之一。作为一位忠厚长者，董必武历任党和国家多个重要领导职务，他一生信仰马列，正如他在90岁生日时题诗总结自己的一生："遵从马列无不胜，深信前途会伐柯。"（《董必武诗选·九十初度》）1975年4月2日，董必武逝世，享年90岁。

王尽美是济南代表，1921年6月，王尽美接到通知后，乘轮船到上海。一大结束后，他与瞿秋白、邓恩铭等一起代表中共参加了共产国际在莫斯科召开的远东会议，并受到列宁的会见。回国后，王尽美协助罗章龙组织了京奉铁路、开滦煤矿等地政治大罢工，亲自指导了山海关铁路工人大罢工。从1923年至1925年5月，王尽美担任山东省委书记，他积极发展组织，办报写文章，还经常组织民众演讲。1925年1月11日至22日，王尽美带病到上海参加了中国共产党第四次全国代表大会。1925 年 8 月 19 日，年仅 27 岁的王尽美因肺病逝世。

还有何叔衡、邓恩铭、陈潭秋，他们虽“血洒疆场志未酬”，未能看到新中国的成立，但他们用生命捍卫着共产党人的信仰。何叔衡生于 1877 年，是参加党的一大代表中最年长者，也是一位晚清秀才。1918 年参加新民学会，而且是这个团体的领导人之一。一大召开那年，何叔衡 44 岁。一大闭幕后，何叔衡与毛泽东回到长沙，着手湖南党组织的建立和发展工作。不久，中共湖南支部成立，他利用捐资办起了湖南自修大学，培养党的干部。1927 年 5 月，长沙发生“马日事变”，正在指导农运的何叔衡被捕，但他很快机智逃脱。后经组织安排，到莫斯科中山大学学习。三年后，何叔衡返回上海，被组织分配去中国互济总会，担任总会主任的工作。1935 年 2 月 24 日，何叔衡、瞿秋白、邓子恢等一批中央领导人从江西转移到福建长汀县，不料与敌“义勇队”遭遇。何叔衡落崖受伤，被两个匪兵发现，结果被匪兵连击两枪，壮烈牺牲。

邓恩铭从研究马克思主义到领导党的运动只有 11 年，但这 11 年的生命却十分壮观。1918 年，邓恩铭在亲戚帮助下考上济南省立第一中学，也就是在这里，他开始了革命。在 1920 年末，山东共产主义小组秘密诞生，邓恩铭和王尽美成为负责人。中共一大召开时，正值邓恩铭放暑假，他接信后迅速从青岛赴沪，是到会较早的代表之一。在这次会议上，他是较活跃的青年。一大之后，他又作为中国的代表之一出席了在莫斯科召开的共产国际远东各国共产党及民族革命团体第一次代表大会。1928 年底，当邓恩铭在济南深入进行革命活动时，由于叛徒告密，被捕入狱。1931 年 4 月 5 日黎明，30 岁的邓恩铭从容整装，与难友们一一告别，然后高唱《国际歌》昂首阔步走向济南纬八路刑场，英勇就义。

陈潭秋在 1921 年 7 月出席中共一大时，不仅是武汉共产主义小组的负责人，同时已经是著名的学生领袖。大革命失败后，陈潭秋在江西、东北、江苏等地做党的工作，曾被捕入狱。1933 年春，陈潭秋与谢觉哉化装同行，秘密进入中央苏区，出任中华苏维埃粮食部长。1935 年 7 月，陈潭秋回到上海。不久，被中央派往莫斯科参加共产国际第七次代表大会。1939 年 5 月，陈潭秋奉命回国。中央电示他留在新疆接替邓发任中共中央驻新疆办事处代表和八路军驻新疆办事处负责人，并肩负中共与“新疆王”盛世才建立统一战线的重要任务。1943 年 9 月 27 日，陈潭秋和毛泽民、林基路等同志被与蒋介石暗中勾结的盛世才秘密杀害于乌鲁木齐。

2. 革命半途而废者

还有一些代表虽然在后期脱党，但从未放弃信仰。李汉俊是中共一大代表，后来血染刑场，被敌人所害，但此时他已不是中共党员。一大召开时，李汉俊把自己在上海法租界望志路 106 号与兄居住的厅堂做会场，终日备烟沏水准备会务，同时阐述了大量建党主张。会议后期，他从容应对特务的骚扰，保护了与会代表。二大后李汉俊与张国焘、陈独秀发生矛盾，渐渐脱离了党的活动。然而，李汉俊虽不在党组织中活动，却并没有放弃马克思主义信仰和革命工作。大革命失败后，他利用“合法”职位，掩护了一批尚未暴露的共产党员、共青团员和进步人士，为革命做了大量工作。1927 年 12 月 17 日下午，李汉俊在寓所被新上台的桂系军阀胡宗铎抓走，在未审讯的情况下，当晚被枪决。桂系军阀在刑场贴出告示，称李汉俊为共产党首要分子。所以，尽管李汉俊当时没在党的花名册上，却死在“罪”为共产党首要分子的布告下。

李达与陈独秀、李汉俊等人共同成立共产党上海小组。李达在一大提出许多见解，并被党内接受，因为当时国内马克思主义理论水平超过他的人并不多。一大结束后，李达在上海机关做了一年的实际工作。但不久，他便携家返湘，同毛泽东等合作创办湖南自修大学。而他的这次返湘，既有毛泽东所邀之故，也因与陈独秀和张国焘的矛盾所致。这一年，李达愤然宣布脱党。1949 年 12 月，毛泽东作为历史见证人，刘少奇作为介绍人，李达重新加入了中国共产党。新中国成立后，李达奉命改造湖南大学，很快取得成效，接着又去改造武汉大学，同样成果甚丰。这一期间，他主要是办校和从事党的理论研究。他是毛泽东在晚年少有的几个能够与之理论对话的人。毛泽东称李达：真正的人！但“文革”一开始，他就被迫害致死，终年78岁。

在探寻信仰的征途中难免有人会迷路，刘仁静、包惠僧在追求信仰的道路上历经曲折最后迷途知返。在一大会议上，刘仁静极力反对西欧社会党的议会政策以及改良派思想。他认为中国共产党应积极从事工人运动，为共产革命作准备。他的这些观点与另一位代表毛泽东有许多相同之处。1926年，受中央派遣，刘仁静赴莫斯科国际马列学院学习。在学习过程中他看过托洛茨基的文章，并同意其观点。1929年，刘仁静在苏学习结束，回国途中突然转道土耳其，拜见托洛茨基。由于受托派思想影响，刘仁静回到中国便投入陈独秀门下。此间，刘仁静自命为“中国托派天字第一号”人物和“特等理论家”。1939年随国民党三青团机关撤离武汉至重庆。抗战胜利后，刘仁静回到上海，进入特务刊物《和平与统一》担任主编。刊物停办后，又辗转于国民党各个机关。1951年下半年，组织上安排他到人民出版社任编辑直到退休。1987年8月5日凌晨，一位司机因刹车不及，撞死一名老人，这位老人就是最后一位健在的一大代表刘仁静。

包慧僧是武汉党组领导人，也是陈独秀指派代表他参加会议、并负责向其汇报会议情况的代表。革命低潮时期，包慧僧回到上海。当时上海一片白色恐怖，苦闷、灰心、失望跃上心头，加上党内有张国焘的处处责难，他决定退出中国共产党。1931年，包惠僧任蒋介石陆海空军总司令部参谋。1936年转任国民党政府内政部参事至1944年。1944年夏，国民政府缩编时，包惠僧看透黑暗，加上终不得志，便自动申请遣散，获批准，携家眷到澳门谋生。1957年，包惠僧被任命为国务院参事室参事。从此之后，他就笔耕不辍，写下大量历史回忆，最后结集《包惠僧回忆录》。1979年7月2日，包惠僧因病久治无效去世。

3. 背叛革命者

还有一些背信弃义最后叛党投敌者，他们的命运也令人不齿与惋惜。陈公博是广州代表，是一大代表中最先脱党的。1921 年 7 月 30 日，一大会场遭敌探骚扰，次日会议移至南湖，惊魂未定的陈公博脱离集体而逃，返回了广州。此时，正赶上广东军阀陈炯明叛变，中国共产党特别会议决定联孙反陈，但陈公博却拒不执行。此后，他又在党的会议上明确宣布：不再履行党的任务。在汪精卫的支持下，陈公博赴美国哥伦比亚大学留学。1925 年回国任国民党广东省党部书记长。一年之后，当选国民党第二届中央执行委员。1931 年 9 月 18 日，日本帝国主义发动九一八事变，蒋汪再次联合，汪精卫出任行政院长后，陈公博出任国民党中央民众训练部长、行政院实业部长。1940 年 3 月 20 日，他在南京就任汪伪中央政治委员会委员、立法院长及军事委员会训练部长要职。然而，就在汪陈联手、多行不义之时，汪精卫在日本名古屋帝国大学附属医院结束了罪恶的一生。陈公博由汉奸中的二号人物升为一号魁首。1945 年 8 月 15 日，日本侵略者投降，陈公博仓皇逃到日本。随后，国内掀起惩罚汉奸的浪潮，陈被送回南京。1946 年 4 月 5 日，江苏高等法院审理陈公博案。6 月 3 日，将陈公博移往苏州狮子口江苏第三监狱，判处死刑，时年 54 岁。

1921 年，周佛海在鹿儿岛接到赴上海参加中国共产党成立大会的信件，成为唯一从境外赶回来的一大代表。11 月初，周佛海返日，改入京都大学。在错误理论指导下，他逐渐与共产主义背道而驰，并为生活所困而沉沦。1924 年 9 月，周佛海给中共广州执行委员写信要求脱党。 脱党他马上踏上反共道路，成为蒋介石翼下一个得力谋士。然而，蒋介石的重用未能满足周佛海对权力的追求和欲望。九一八事变后，周佛海、汪精卫一见如故，共谋“和平”。1938 年 12 月 15 日，周佛海以视察宣传为名，先期到达昆明等待汪精卫等人逃往河内。此事最后取得成功，周立了头功。继而周佛海出谋划策，建议汪精卫开展“和平运动”，建立和平政府。与此同时，周佛海非常重视特务工作，他采用种种特务手段，使自己成为伪政权起事人和“开国元勋”。1945 年 8 月日本投降，汪伪政府作鸟兽散。周佛海故伎重演，迅速给蒋介石发电，利用他担任上海市长一职表示将沪完整交给中央。蒋介石收电后，任命周佛海为行动总队司令。1946 年 3 月，蒋迫于全国压力，把周佛海押往南京，以“通谋敌国、图谋反抗本国”之罪判处死刑。周佛海的夫人杨淑慧以公布蒋周往来密电为由，要挟蒋介石特赦周佛海。1947 年 3 月 26 日，国民政府下达主席令，特赦周为无期徒刑。1948 年 2 月 28 日，周口鼻流血死于南京老虎桥监狱一囚室之中。

张国焘是北京代表，党的一大会议主持者，中途叛党。1921 年 6 月，张国焘和刘仁静作为北京党组织的代表到上海参加一大，他同时也是中国早期工人运动的领袖之一。中国共产党成立之后，为了发展全国工人运动，于 1921 年 8 月在上海成立了“中国劳动组合书记部”，张国焘受命此任，并与同仁一道发表了《中国劳动组合书记部宣言》，揭开了中共正式成立后领导全国工人运动的序幕。1924 年 5 月 21 日，张国焘及夫人杨子烈被捕，由于大量文件落入敌手，张国焘被迫投降自首。出狱后张国焘隐瞒变节行为，参与中共驻国际代表团留在苏联。客居苏联三年的张国焘一回国，立即撰文拥护王明。不久，张国焘以中央代表身份被派往鄂豫皖苏区主持工作。1935 年夏，长征途中的中央红军与红四方面军在川西会师，张国焘自恃人多枪好马壮，先是要夺红军总政委一职，继而在中委、中央政治局委员中要官要位，并发展到对抗中央路线，对中央北上的决议拒不执行，直至最后抛出一个非法成立的第二中央。1938 年初，张国焘利用离开延安到陕西中部黄帝陵祭祖的机会，只身投靠国民党，并面见蒋介石，决意叛党。张国焘叛党后，立即投奔到戴笠门下，从事反共活动。他在上海办过宣传反共的《创进报》。1949 年张国焘逃往香港，同第三势力一起办起《中国之声》杂志。1966 年，张国焘匆匆离开香港，移居加拿大，十几年后，客死他乡。

可见，信仰的坚定程度不同，人的最终结局也不一样，信仰坚定、理想明确，才有前进的方向，才能谱写出人生最伟大的诗篇，受世人和后人敬仰。而理想错失，青春之花便凋零，前进便迷失方向，人生之路就是灰暗的，甚至被万世唾弃。而之所以会有如此巨大的反差，原因就在于有了信仰之后，必须始终如一，并始终确信、践诺。

（二）信仰与精神：绝非空中楼阁

理想既是一个思想问题，更是一个实践问题。驻足回望党的奋斗历程，马克思主义并不是作为空中楼阁而高高在上不可触及的，相反，我们将对马克思主义的崇高信仰，对社会主义的坚定信念，对共产主义理想的不懈追求，具体化为在不同的历史时期大力倡导过的各种不同的精神和作风。它们既体现了中国共产党人的信仰，又显现了中国共产党一贯的理想和信念追求。

1. 民主革命时期的代表性精神及其历史作用

井冈山精神

井冈山精神是党在革命前景不明的创业时期，无数革命前辈和先烈在井冈山血与火的拼搏中用生命和鲜血凝聚而成的一种无产阶级革命精神，是毛泽东等老一辈革命家倡导和培育起来的中国共产党的宝贵精神财富。其内涵有以下五个方面：一是勇于开拓的革命胆略。1927 年大革命失败后，全国处于白色恐怖的形势下，中共发动了三大起义，其中包括毛泽东领导的湘赣边秋收起义。但秋收起义没打到长沙，三路部队先后失利，到浏阳就失败了，并面临全军覆没的危险。这时候毛泽东果断决策，决定放弃原来攻打长沙的计划，而主张引兵井冈山。显然这是抗命的，因此，当时党的临时负责人瞿秋白下令开除毛泽东在中央政治局的职务。在当时的条件下不能直接发文，交通员在传递过程中错记成“开除党籍”，所以，毛泽东当了几天师长。后来下山之后，看到文件才知道没有被开除出党，重新当了红四军前委书记。如今看来，当时抗命是对了，否则也不可能开拓农村包围城市的新道路。二是顽强拼搏的奉献精神。

现在到井冈山参观的第一个景点就是英雄纪念碑。当时在井冈山期间牺牲的英雄有4.8万人，其中有名有姓的1.5744万人，不过也仅是进入党的烈士英名录，既无尸骨也无遗物。而其余的3万多人都没有姓名，因此立了无字碑。所以，井冈山有两个纪念碑，一个有名，一个无名，用一块汉白玉无名碑缅怀无名烈士。杨开慧的哥哥杨开明也牺牲于这一时期，还有朱德的第三任妻子武若兰。井冈山时期的革命先辈之所以能够忍受常人所不能想象的痛苦，做到不怕牺牲，原因就在于以内心坚定的信仰作为支撑，就是一种顽强拼搏的奉献精神。三是艰苦创业的优良作风。四是实事求是的科学态度。五是坚定不移的崇高信念。

在井冈山革命根据地艰难创建的近三年时间里，正是凭借着井冈山精神的支撑和引导，广大指战员才能够在战事失利、部队严重减员的险恶局势面前，没有一蹶不振、偃旗息鼓，而是百折不挠、重整旗鼓、勇往直前，踏出一条崭新的农村包围城市的中国式革命道路；才能在保卫革命根据地的战斗岁月中，同仇敌忾、英勇不屈，在党的领导下，在一年多的时间里，先后粉碎敌人的三次大规模“会剿”，保存并发展了革命力量；才能在敌人的严密封锁下，自力更生、艰苦创业、因陋就简、白手起家，克服严重的经济困难，渡过难关，巩固了红色政权。

井冈山精神告诉人们一个真理，物质和精神是建构于生命过程的两个相互依存但又处于完全不同空间的因素。前者是暂时的，后者是永恒的；前者是脆弱的，后者是坚定的；前者是杂色的，后者是纯净的。支撑生命最可靠的力量不是物质的，而是精神的。一个没有精神的人，心灵是悲凉的，一个没有精神的民族是前景暗淡的民族。精神的质量是可以改变个人和世界命运的。同时，井冈山精神也奠定了中国革命精神的基础，成为之后形成的苏区精神、长征精神、延安精神、西柏坡精神等的源头，即“源”与“流”的关系。

长征精神

中国工农红军长征的胜利，是人类历史上的伟大奇迹。而在此过程中所形成和铸就的长征精神，成为党的历史上在遭遇挫折的生死攸关时刻保证成员对组织忠诚的重要理论结晶。长征精神的内涵主要包括不怕牺牲、前赴后继、百折不挠、勇往直前、坚韧不拔、甘于奉献、众志成城、团结互助。长征精神，是理想坚定性的最有力表现，没有坚定的追求，难以完成这样史诗性的远征。

正是有长征精神的有力支撑，红军跨越了中国十五个省份，转战地域面积总和超过许多欧洲国家的整个国土面积，翻越 20 多座巨大的山脉，其中 5 座位于世界屋脊之上且终年积雪，跨过 30 多条河流，包括世界上最汹涌险峻的峪谷大江，并在数倍于己的敌人的追击、堵截与合围中，平均每三天就发生一次激烈的战斗，成就了人类历史上罕见的不畏艰难险阻的远征；正是有长征精神的有力支撑，才能支持着红一方面军由出发时的 8.6 万人，到陕北吴起镇时仅存 8000 人，却仍革命信念不改，成就了人类历史上罕见的不畏牺牲的远征；正是有长征精神的有力支撑，才能支持着红军转战大半个中国，唤醒了中国千百万民众，给予他们世代从未有过的向往和希望，成就了人类历史上罕见的传播理想的远征，由此也使长征成为党的信念不朽的象征。

而在长征期间，有很多人也是没有参加的，有的留在敌后，有的则在白区坚持工作，如瞿秋白。长征开始后，博古让瞿秋白留在江西，而且他近视 400 度，身体也很不好。1935 年，瞿秋白在福建准备转移时被捕，敌人采取各种手段对他利诱劝降，他受尽酷刑而坚贞不屈。“我不会出卖我的灵魂和信仰”，正是这个坚定的革命者用灵魂向这个世界做出的最深沉告白。瞿秋白最后英勇就义，时年 36 岁。

另一位当时表现比较突出的同志是罗明。罗明 1925 年入党，长期在福建西部地区从事建党和组织农民斗争工作，1928 年任中共福建省委（代理）书记。1933 年初，罗明呈交了《对工作的几点意见》，分析斗争形势和任务。报告是根据毛泽东的指示写的，与当时王明的“左”倾路线格格不入。中央局随之发动了所谓反对“罗明路线”的斗争。一夜之间，罗明从声名赫赫的福建省委代理书记，跌落成党内批斗的对象。当中央即将进入贵州时，中央安排他和夫人谢小梅留下做地方工作，从此与组织失去联系，直到上世纪80年代初才恢复党籍。当年夫妇二人在北盘江边目送红军远去，到他们重新恢复党籍时已经过去了整整46年。罗明的夫人谢小梅更是一位传奇式的女共产党员。这位来自福建客家山区的普通女人，走过了一段艰苦卓绝的长征路，忍受着反“罗明路线”的错误批斗，毕生追随丈夫罗明，矢志不渝地献身于革命。她用自己的生命，诠释了坚忍与忠贞。这两位历经磨难的共产党人，虽然没有走在长征队伍中，但是在漫长的岁月里，他们始终没有停止寻找革命队伍的脚步。

中国工农红军西路军独立团团长王泉媛的人生经历也足以证明信仰的力量。有人用九个数字概括王泉媛的一生：一生坎坷，两袖清风，三过草地，四爬雪山，五次婚姻，六个孤儿，七次遇难，八陷暗算，九死一生。磨难几乎是她人生的全部，但对党的信念始终不动摇。至今93岁高龄的老人，还在江西泰和县给党员干部群众讲保持党的先进性。

延安精神

从中央红军1935年到达陕北开始到1948年3月毛泽东撤离陕北，党在延安局部执政的13年，带领边区人民，引导全国人民，进行了艰苦卓绝的八年抗战。在此期间，中国共产党铸就了著名的延安精神，它是一种政治坚定、方向执著的理想信念，反映了党在困难时期，自力更生、艰苦奋斗的极端重要性。延安精神既包括自力更生、艰苦奋斗的创业精神，全心全意为人民服务的精神，理论联系实际、不断开拓的创新精神，也包括实事求是的思想路线。但自力更生、艰苦奋斗、实事求是的精神是其最主要的内涵所在。

在延安精神的感召之下，延安成了中国革命的大本营，全国人民抗战的指导中心。也正是凭借着这种精神作为内在的动力支撑，才会有根据地军民的团结一心，即使在敌人不让一粒粮、一尺布进入边区，断绝对边区一切外来援助的叫嚣声中，仍然能够克服重重困难，打破日军囚笼政策，粉碎经济封锁和军事围攻，解决根据地军需民用。今天的人们重新面对这段历史时，提出了著名的延安三问，即“一问：清贫的延安为何令人神往？二问：艰难的岁月为什么斗志昂扬？三问：星罗棋布的根据地，为何无人割地称王？”我们无论怎样回答这些问题，都离不开其中最深层也是最主要的原因，就是内在的延安精神的感召。用现在的话来说，就是有共同的思想基础，即共同的愿景。

西柏坡精神

西柏坡精神是从1948年3月到1949年3月间中共中央领导人提炼而成的一种革命精神，反映了在即将取得重大成功时刻，保持清醒头脑和谨慎作风的重要性。这一精神的主题是“两个务必”，即“务必保持谦虚、谨慎、不骄不躁的作风；务必保持艰苦奋斗的作风”，其中包含着继续革命、再创大业的深邃思想。其内涵主要是敢于斗争、敢于胜利，实事求是、艰苦奋斗，依靠群众、为民创业和守业。西柏坡精神与以往的革命精神是一脉相承的，但有一个突出的特征，就是其中蕴含的在革命即将取得全国胜利之际，所需要的冷静和清醒，以及一种未雨绸缪的忧患意识。也正是凭着这种远见卓识，共产党人才能够正视从农村到城市的转变，从革命战争到和平建设的转变，从新民主主义向社会主义的转变，并顺利接受了这一巨大转变的挑战。因此，西柏坡精神既是这一历史转折的产物，也是体现这一历史性伟大转折的革命精神，是顺利实现转变的内在稳定器。

胡锦涛到西柏坡视察的时候，再次强调新时期仍然要坚持“两个务必”，特别是艰苦奋斗。这里要注意的一点是，艰苦奋斗并不是要让大家过苦日子，重点是要处理好党群关系、干群关系。这是和平时期巩固党的执政地位、维护政府形象的重要途径。而要解决干群问题，必须时刻关注老百姓的切身利益，这就要求党员干部要转变作风。

曾志是陶铸的夫人，写了《一个革命的幸存者》一书，其中就讲到她的第一任丈夫夏明震。1928 年，夏明震担任郴州特委书记。那时，中国共产党还不够成熟，上级党特派员提出一些“左”的政策，为了狙击敌人，党组织命令地方实行坚壁清野的焦土政策，要求 400 公里长的公路两侧 5 里内的村镇人畜、财物一律撤走，然后把房子烧光。结果引起农民公愤，数千人起来暴动，很多同志被杀害，其中郴州特委书记夏明震也在内。直到陈毅接任后，向群众承认烧房子是错误的，才重新把农民发动起来。所以，处理好党与群众的关系，只有好的动机还不够，还要有好的方法，要树立好的形象。

2. 社会主义建设和改革时期的代表性精神及其历史作用

信仰是中国共产党人在战争时期取得胜利、克服困难的重要精神动力，进入和平年代，共产党人依然需要这种精神力量的支撑。从 1949 年新中国成立到 20 世纪 60 年代，中国共产党人在社会主义革命和建设的新征程中先后形成了一系列重要的体现共产党人崇高信仰、坚定信念、正确力量的精神，如大庆精神、抗美援朝精神、两弹一星精神、大寨精神、红旗渠精神、雷锋精神以及焦裕禄精神等，其中突出的是大庆精神和两弹一星精神。

大庆精神

大庆精神是社会主义建设时期中国共产党信仰力量的集中体现。其内涵主要包括：为国争光、为民族争气的爱国主义精神，独立自主、自力更生的艰苦创业精神，讲求科学、“三老、四严、四个一样”的科学求实精神，胸怀全局、为国分忧的奉献精神。概括地说就是“爱国、创业、求实、奉献”。

“三老、四严、四个一样”分别是：当老实人、说老实话、做老实事；严格的要求、严密的组织、严肃的态度、严明的纪律；黑夜白天工作一个样、坏天气和好天气工作一个样、领导不在场和领导在场工作一个样、没人检查和有人检查工作一个样。

在 20 世纪的中国历史上，让中华民族扬眉吐气的有两大事件：一个是天上的“两弹一星”，另一个是地下的“大庆油田”。20 世纪

50 年代初，年轻的共和国百废待兴，国民经济建设急需石油，而摆在我们国人面前的现实情况却不容乐观。在新中国成立之初，全国只有甘肃玉门老君庙、独山子等 5 个小油田以及四川石油沟、圣灯山等 7 个小气田，年产石油仅 12 万吨。这么一点原油产量远远满足不了国民经济建设的需要，那个时候我们国家只能靠洋油过日子。1953 年，著名地质学家李四光基于他创立的地质力学理论和对中国地质的深入考察，指出我国是有丰富油气资源的国家，他建议从华北平原和松辽平原开始寻找油田。经过 3 年的普查，发现了许多在松辽盆地蕴藏着油气的有利证据。根据这些情况，党中央、国务院立即做出了“石油勘探重点由西部向东部大转移”的战略决策，大举进军松辽盆地。1959 年 9 月 26 日 16 时许，在松嫩平原上一个叫“大同”的小镇附近，从一座名为“松基三井”油井里喷射出了黑色的油流，向世界宣告了大庆油田的发现，也由此改写了中国石油工业的历史。

从 1959 年 9 月 26 日松基三井喷出原油，大庆油田诞生，到 1963 年年底三年石油会战结束，再到 1964 年 2 月毛主席向全国发出“工业学大庆”的号召，大庆油田的开发让中国人从此告别了使用“洋油”的时代，把“贫油”的帽子甩进了太平洋。可以说，如果没有大庆的石油流进中国工业的血脉，“一穷二白”的新中国将无法架构国民经济的支柱。大庆油田作为中国最大的油田已走过 50 年的发展历程，它创造了我国石油工业“三个第一”的辉煌。

辉煌成绩的取得离不开伟大精神力量的支撑。大庆油田的开发不仅为我国创造了巨大的物质财富，更创造了巨大的精神财富——举世闻名的大庆精神。大庆精神伴随着大庆油田的开发建设不断丰富完善。在这一精神的鼓舞和激励下，大庆油田顺利开发。这不仅为中国经济建设奠定了重要的物质基础，而且也为中国人民战胜困难，奋发图强建设祖国提供了宝贵的思想激励，留下了一份宝贵的精神财富。因此，才会出现以王进喜为代表的大庆石油工人、科学技术人员和干部，在油田开发最艰苦时期，喊出的“宁肯少活 20

年，拼命也要拿下大油田”的响彻云霄的雄壮口号，才会激发出“有条件要上，没有条件创造条件也要上”的奋斗决心。敢于吃大苦、耐大劳，公而忘私，奋勇拼搏，表现了60年代中国工人阶级的时代风貌，创造了世界石油开发史上的奇迹，并感动和教育了几代人。正因为大庆人所创造的光辉业绩和表现出的伟大奉献精神，毛泽东在1964年提出了“全国工业学大庆”的号召。

两弹一星精神

20世纪60年代初期，在调整国民经济的同时，我国以研制原子弹和氢弹以及人造地球卫星为核心的国防尖端科学技术，取得了长足的进步和举世瞩目的成就。在此过程中也铸就了著名的两弹一星精神。中共中央1999年9月18日表彰为“两弹一星”做出贡献的专家时，高度赞扬了这种精神，指出其内涵是“热爱祖国、无私奉献、自力更生、艰苦奋斗、大力协同、勇于登攀”。

在两弹一星精神的引领和感召下，迅速汇集了我国一大批杰出的科学家和科研人员、工程技术人员与管理人员。出于保密的需要，他们隐姓埋名，断绝与外界有关工作的任何往来，在戈壁荒滩、深山峪谷建立基地，风餐露宿，披星戴月，艰苦创业，有的甚至为此献出了宝贵的生命。比如两弹一星元勋郭永怀，死于飞机失事。当找到他的尸体时发现他和另外一名工作人员紧紧地抱在一起，后来终于将两人分开，才发现中间竟是装着重要文件的公文包，他们在用生命保护文件。

正因为有了这些人，才有了以“两弹一星”为核心的国防尖端科技的辉煌成就，极大带动了中国现代化科学技术的发展，为我国实现科技发展的跨越积累了宝贵的经验，成为中国科学技术事业发展的重要标志。所以，邓小平后来在南巡讲话中说：“如果60年代以来，我国没有原子弹、氢弹，没有发射卫星，中国就不能叫有影响的大国，就没有现在这样的国际地位。这些东西反映一个民族的能力，也是一个民族、一个国家兴旺发达的标志。”这期间，两弹一星精神作为内在的动力支持起到了重要的作用。

进入改革开放新的历史时期，中国共产党在团结带领全国人民进行社会主义现代化建设的伟大进程中，同样总结出了一系列的精神，从“万众一心、众志成城、不怕困难、顽强拼搏、坚韧不拔、敢于胜利”的抗洪精神，到弘扬解放思想实事求是的精神，紧跟时代勇于创新的精神，知难而进一往无前的精神，艰苦奋斗务求实效的精神，淡泊名利无私奉献的精神；从抗非典精神，航天人精神到汶川抗震精神等，成为新世纪新阶段，全党和全国人民团结一致进行社会主义现代化建设，为构建社会主义和谐社会而努力奋斗的重要精神支柱和动力。

可以看出，党90余年的历史走到今天，不是靠外部条件，而是靠着坚强的理想信念作为支撑和内在动力。信仰的力量是中国共产党从苦难走向辉煌的内动力。

三　时代交响：信仰的当代价值

尽管时代发生巨大变化，但信仰依然有它的时代价值，这是一个永恒的话题。每一名党员干部无论何时何地都始终要有坚定的信仰。不仅如此，还应把这种坚定的信仰体现到工作和人生的实践道路上。

（一）根基恢拓：树人生具体理想

共产主义是共产党人历来所主张和坚持的远大理想，这一根本点绝对不容动摇和否定，但与此同时，共产主义也不能远离生活现实，成为空中楼阁。这就要求它必须和具体的个人精神需要结合起来。这不仅有利于远大理想的最终实现，同时，更加有利于提高人的整体思想素质，为实现远期理想奠基。因此，要在马克思主义的指导下，将远大理想具体化为近期的人格理想、职业理想、生活理想等。这些理想是个体为自身所设定的，是一生为之奋斗的长远目标和憧憬的美好愿望。因而内容也就相对具体，有层次高低和远近的不同，是社会生活现实提供的可能性与个体自觉性的统一。由于目标由个人依据不同的个体现实而设定，更易于激发个体为之奋斗的信心，也更易于为目标的实现而制定因人因时而异的具体规划，因而更易于实现。所以，在马克思主义的指导下，树立正确的具体理想是在新的历史时期弘扬信仰力量的重要途径之一。

（二）教育灌溉理想之花：引导努力方向

理想是精神的东西，是经济基础的反映。物质需要和精神需要是相互影响、相互促进的。物质需要是精神需要的基础，只有在必要的物质需要得到一定满足之后，才能产生一定的精神需要，物质需要的满足和发展促使新的精神需要的产生。同时，精神需要的满足和发展也刺激物质需要的发展。同样的道理，社会主义的信念作为一种精神也是不可能自发产生的，它必须经过有计划的教育和个人的自觉修养才能形成。也就是说，要经过教育灌输才能使广大的人民群众获得，以此引导他们充分发挥自身的劳动和智慧去创造美好的明天。

（三）东方欲晓，莫道君行早：坚定远大理想

社会主义信念教育是当前思想政治工作的核心内容，因为思想政治工作是塑造人的灵魂，帮助人们树立正确的世界观、人生观和价值观的系统工程。而社会主义信念是人们政治立场和世界观在奋斗目标中的集中体现，是确立人生价值取向的最高准则，它能使人们自觉投身于建设中国特色社会主义的伟大事业中来，从而最大限度地实现自身的人生价值。

[延伸阅读]

红岩精神与歌乐英烈

自1962年罗广斌、杨益言的《红岩》出版以来，我们感动于革命烈士的坚强勇敢、坚贞不屈、临危不惧以及视死如归的精神，更感叹于那看不到也摸不着的信仰的力量，它支撑起了一个时代的脊梁。正是这种力量，让歌乐山的烈士们不畏艰险利诱、威胁牺牲，让他们的生命在巍巍红岩上像红梅般绽放。今天，我们已经远离了炮火与硝烟，舒适的生活也让我们淡化了心中的信仰。现代社会的政治危机、金融危机归根结底就是信仰危机的一种体现。人没有了信仰，就有误入歧途的危险；社会没有了信仰，就会出现全面的危机；一个国家没有了信仰，也就会变得毫无希望。因此，从这个角度来看，重新对红岩精神进行挖掘，从歌乐英烈的事迹之中寻找信仰的力量，具有非常重要的现实意义。

红岩精神

红岩精神是革命烈士对于共产主义信念执著追求的高度概括，它是革命先烈坚持真理，改造社会实践的伟大精神支撑，是革命先辈们为了国家以及人民无私奉献的一种最为真实的写照。

红岩精神首先表现为对目标锲而不舍的追求，以及担当历史使命的大义。在风雨如晦的革命战斗岁月里，没有共产党人对于自己的信仰的执著，没有对于建设共产主义社会目标的追求与担当历史使命的大义，也就没有新中国建立的基础。红岩精神还表现为一种刚柔相济的政治智慧，南方局在险恶的政治环境之中创造性地对党主张的各项方针、政策以及策略的贯彻执行，就是红岩精神的最好体现。红岩精神最后变现为“出淤泥不染，同流不合污”的政治品格，长期在国统区险恶的政治环境下的各项工作的开展是非常艰难的，而南方局的同志们却都能够保持“六月风荷”的政治品格，这同样是红岩精神的体现。

红岩精神的形成是与抗战时期特殊的历史形势分不开的，在国共两党长达八年的抗战合作之中，以周恩来等人为代表的中共中央南方局共产党人的思想、品行塑造了伟大的红岩精神。而在解放战争时期，中共南方局又有无数的共产党员为了新中国的成立，甘愿抛头颅、洒热血，愿意把牢底坐穿的革命气节则是对红岩精神的弘扬。

红岩精神的价值和意义不仅仅在革命时期具有鼓舞人心、坚定意志、团结人民的作用，同时也具有非常重要的现实意义。

首先，红岩精神是我们倡导的崇高的思想境界，同时也是我们民族追求的一种精神支柱。精神支柱不仅仅是一个民族的凝聚力的根本，同时也是一个国家的综合国力的重要组成部分。一个国家物质贫乏可以通过精神力量的支撑来改变，但是精神上的贫乏却可能导致整个民族的溃败。实现中华民族的伟大复兴，全面建设小康社会，就需要人们真正地树立高尚的精神以及对共产主义的崇高信仰。红岩精神是精神世界的一盏明灯，能够指引我们克服困难，从一个胜利走向另一个胜利。

其次，红岩精神是一面信念的旗帜。南方局共产党人的舍生取义的浩然正气，其根源都来自这一信念旗帜之下取之不尽、用之不竭的力量源泉。在新时期的中国特色社会主义事业建设过程中，红岩精神同样是帮助我们树立共产主义世界观、价值观、人生观的力量源泉。

红岩精神的浩然正气是建设社会主义政治文明以及社会主义精神文明的内在需求。南方局的共产党人就是在红岩精神蕴含的这股浩然正气之下，在危险的国统区站稳了脚跟，并且一步步取得了对敌斗争的胜利。今天，在我们建设社会主义小康社会的过程中，政治文明的建设和精神文明的建设还有较大的困难，社会风气不正，人民精神空虚，一些人的道德发生偏差，只讲索取，不讲奉献。在这种情况下，红岩精神中蕴含的浩然正气是党风建设和社会风气得到根本好转的重要根基。

红岩精神的宏观映像

红岩精神是一个时代的闪光面，在那个战祸连绵的年代，我们看到一个个模糊而又坚定的身影，在黑暗之中，用鲜血绽放出最后的光芒，一如红岩之上绽放的梅花，傲骨铮铮，风霜不惧。许云峰的英勇果敢、舍己为人，江姐的视死如归、坚强不屈，陈然的临危不惧、不畏艰险……

这一帧帧、一幅幅的历史画卷，让我们明白，信仰的力量原来是这样的坚不可摧。困难、敌人或许能给我们的革命战士带来肉体上的伤害甚至是毁灭，但同时也淬炼了他们的脊梁和风骨。白公馆内的刑具已经刻上了历史的烙印，小萝卜头用黑炭笔写下来的作业还依稀可见，渣滓洞内的牢房依然阴森，一个个没有生命力的场景，却将信仰二字诠释得如此分明，是这些场景告诉了我们，什么才是真正的信仰，那是一种能够为之付出生命也在所不惜的大无畏。

叶挺将军说，“人不能低下高贵的头，只有怕死者才会乞求‘自由’”；何敬平烈士留下了“今天，我们坐牢了，坐牢又有什么稀罕？为了免除下一代的苦难，我们愿，愿把这牢底坐穿”的宣言；白深富烈士发出了“不怕严寒，不怕黑暗，最美丽的花在漆黑的冬夜开放，我爱花，我愿为祖国开一朵绚丽的血红的花”的不屈心声。信仰原来就是可以抛却自由，宁可坐穿牢底，也要为祖国开出一朵绚丽的血红之花。

红岩很小，它只能容纳几株瘦梅，三两野草；而红岩又很大，它能容下无数铮铮傲骨构建起来的信仰之塔。信仰是一个人的灵魂深处的追求，它同时也是一个人的价值观、世界观以及人生观的直接体现，它不分贫富、无论老少，看不见摸不着，却有着强烈的独立性，同时也能够决定人们的许多行为。

信仰就是暮色之中的歌乐山，青山肃穆，群塑庄严，是那一阵阵缥缈而又清晰的歌声，“红岩上红梅开，千里冰霜脚下踩，三九严寒何所惧，一片丹心向阳开……”

红岩精神的微观映像

红岩精神是一个时代的精神，同时也是由一个个鲜活的生命演绎出来的不朽传奇。

陈然在残酷的斗争之中，与组织之间的关系被无情地隔断，然而他对自己的信仰却从来没有过任何动摇，相信党，相信组织从来没有忘记自己。守得云开见月明，陈然最终成了许云峰同志的交通员。在被捕之后，酷刑没能撬开他的嘴巴，利诱没有让他交代任何信息，即使是采用麻醉剂，也被陈然在千钧一发之际紧咬牙关，挺了过去。“心信其可行，则移山填海之难，终有成功之日；心信其不可行，则反掌折枝之易，亦无收效之期。”这就是红岩精神，这就是信仰的力量。

蔡梦慰在白公馆和渣滓洞经历了我们难以想象的酷刑，他在监狱之中奋笔疾书，写下了《黑牢诗篇》。在他被杀害之后，人民解放军战士清理他的尸体之时才发现诗中对于监狱刑罚的记录：“可以使皮肉烧焦，可以使筋骨折断，铁的棍子，木的杠子，撬不开紧咬着的嘴唇，那是千万个战士的安全线啊，用刺刀来切剖胸腹吧，挖得出的也只有那又热又红的心肝。”这就是红岩精神，这就是信仰的力量。

张露萍16岁脱离家庭前去延安，17岁加入中国共产党，18岁便开始到重庆去执行秘密任务，而不到23岁便不幸遇害。她在被捕之后承受了一个女人所能够承受的所有摧残。同时，由于在沟通方面存在一些问题，张露萍等人与监狱内的其他共产党员还存在一定的误会，她甚至还要忍受来自自己人的歧视和刁难。在张露萍的一张照片中，她曾经写过这样一段话：“前程似锦。前程是对人的一种引诱，是对目标的一种追求。”我们不知道张露萍心中的前程是什么，但是我们知道她对共产主义信仰的目标的追求，从来没有中断，哪怕是慷慨赴死之时。这就是红岩精神，这就是信仰的力量。

在红岩的烈士当中，有很多人都出生在富有的家庭，从小过着优越的生活，然而在人生道路的选择中，他们选择了革命，认同了共产主义。刘国鋕就是其中的典型代表。刘国鋕出生在四川泸州的一个封建地主家庭，家中办有瓷器厂，有银行的股份。刘国鋕读书期间，三次写了入党申请书，要求加入中国共产党。他利用自己的工作收入为开展宣传活动、反内战活动提供笔墨纸张，而且把家里寄给他的生活费，投入到地下党的组织工作中，为疏散人员提供经费保证。他由于遭到了叛徒的出卖而不幸被捕入狱，在最后的时刻，刘国鋕发出了高昂的声音："同志们，听吧，像春雷爆炸的，是人民解放军的炮声！人民解放了，人民胜利了，我们没有玷污党的荣誉，我们死而无愧！"

傲干奇枝斗霜雪，只因心中有信仰。高墙、电网、酷刑，死亡都不能阻止红岩烈士对党和祖国的忠诚、热爱，都不能动摇他们崇高的信仰。正是由于信仰的力量，使他们骨头硬、不怕死，戴着镣铐舞蹈在敌人的刺刀尖上。正是由于信仰的力量，使他们不畏艰险、不畏利诱、不畏威胁，更不畏牺牲。他们就是一块燧石，敌人越是敲打，就越能迸发出明亮的火花。正是由于信仰的力量，使生命在巍巍红岩上怒放出红梅般傲然的绚烂！正如资料中所说的，在《红岩》里面没有一个是穷人，他们都有自己的信仰，他们不辱使命，他们最大的力量和信仰就是捍卫祖国和党的荣誉。

红岩精神是革命先烈留给我们的宝贵遗产，歌乐英烈的事迹告诉我们，有了信仰，就会有愚公移山的锲而不舍；有了信仰，就会有精卫填海的滔天气势。我们要铭记历史，弘扬红岩精神，坚定理想信念，才能够从先烈的手中接过民族复兴的接力棒，为中国特色社会主义现代化建设贡献出自己的力量。

信仰迷失

——苏共亡党的教训

1991年，拥有93年历史的苏联共产党宣布解散，具有74年历史的苏维埃社会主义联盟顷刻间瓦解，世界为之震惊。一个建立了社会主义制度的世界超级大国，在国际舞台上叱咤风云数十年，为什么却在突发的政治剧变和独立浪潮中转瞬解体呢？这仿佛成为令人深思难解的“历史之谜”。二十多年来，学者在探讨苏联解体的原因时形成很多观点，可谓“仁者见仁，智者见智”。苏共是列宁缔造的百年老党，在革命年代经过了艰苦卓绝的斗争，于1917年取得十月革命的胜利，成为世界上第一个执政的共产党。苏共曾经是一个朝气蓬勃、充满生机活力和创新精神的革命党，但在长期的执政中逐渐演变为一个思想混乱、组织瘫痪、官僚气息重、脱离群众的执政党。苏共的败亡，绝不是单一原因引起的，比如说党内民主遭到破坏，监督机制形同虚设，个人集权，党政不分，特权阶层的形成，脱离群众，等等。当然，这些都是导致苏共败亡的因素，但是信仰迷失，主动放弃马克思主义的指导地位是苏共丧失政权的一个最根本的原因。

苏共亡党原因之一是思想逐步僵化，缺乏创新，造成马克思主义教条化。苏共曾经由于坚持了马克思主义在全党的指导地位，坚持共产党在社会生活中的领导地位而取得了社会主义革命和建设的伟大成就。但是在斯大林时期，对意识形态管理过严、过死、过于集中，造成思想僵化，主流意识形态不能随着时代和形势任务的变化不断更新，致使马克思列宁主义严重教条化。斯大林当政时期，苏共党内的教条主义气息日渐严重，一种僵化、封闭、保守的思想文化模式在苏联形成。一是党的最高领导人垄断真理，垄断马克思主义解释权，成为各个学科的最高权威和真理的最后仲裁者，党和社会丧失了寻求探索真理的权利和自由。苏共领导人对马克思主义的理解和解释往往被奉为经典，不容置疑，任何怀疑、探讨都被指责为异端邪说，进行政治性的打击、迫害。二是片面强调文化的阶级性和对立性，忽视了文化的继承性，将现代西方文化不加分析，一概斥为资产阶级文化，完全予以否定。这种片面、狭隘的文化观使人们故步自封，画地为牢，缺乏对整个世界的真实认识，缺乏抵御西方思想侵蚀的免疫力。1938 年由斯大林亲自审定的《联共（布）党史简明教程》一出版，就被奉为马克思列宁主义基础的百科全书，规定为所有干部和党员的必读书。这就禁锢了千百万人的头脑，扼杀了无数创新思维，使全党上下处于思想僵化半僵化状态，思想学术界陷于万马齐喑、一潭死水之中。

赫鲁晓夫上台后，掀起了一场批判和否定斯大林的运动，却没有对斯大林作出全面公正的评价，而是极力诋毁和攻击，由此在苏共党内和苏联民众中造成了严重的思想混乱。西方资本主义势力借此大肆诬蔑和攻击共产主义运动，更是雪上加霜。由于全面否定斯大林，否定苏共执政的历史，导致了从根本上否定马克思列宁主义思潮的泛滥。同时，长期形成的思想理论模式在这个时期没有改变，教条习气仍然弥漫在整个思想理论界。

勃列日涅夫上台后，这个问题更加严峻。20 世纪 60 年代后期，国家安全委员会在一份内部报告中说，大学生对政治理论课感到“索然无味”，他们对“列宁和马克思的著作不感兴趣，反对强制的心理导致马克思主义经典作家的著作无人问津”。校方又不敢开设西方现代哲学等社会科学流派的课程，从而使大学生对尼采、弗洛伊德、萨特等人“一无所知”。不仅如此，青年人对党和共产主义的理想信念普遍失落，他们认为，党“已不是最光明、最先进的东西的化身”，而是“升官发财的跳板”。〔沈志华：《苏联历史档案选编》（第 31 卷），社会科学文献出版社，2002 年版，第 144 ~ 201 页〕青年一代中存在的这些问题，是民众对执政党失去政治信任的表现，勃列日涅夫对此也深感不安，但除了重新编写《苏共党史》、大量印行马恩列著作及勃列日涅夫著作外，也别无他法。在执政的条件下，如何对理想信念和科学价值观失落的人们进行思想教育，并使这种教育真正有效，苏共未能找到正确的途径和方法。

苏共亡党原因之二是意识形态多元化，丧失了对马克思列宁主义的信仰。1985 年戈尔巴乔夫上台后推行新思维，提出民主化、公开性、多元化的主张，淡化共产党的领导，主张意识形态的多元化，纵容各种错误思潮泛滥，其实是舍弃马克思列宁主义的思想旗帜。戈尔巴乔夫最后竟然打出“民主的人道的社会主义”等旗帜，造成严重的思想混乱，使改革走入迷途，苏共的败亡也就在意料之中了。1988 年苏共第十九次全国代表会议提出了“人道的、民主的社会主义”的改革目标，意味着戈尔巴乔夫抛弃了“完善社会主义”的加速战略总路线，走向彻底背叛马克思主义基本原理的思想路线。1990 年初，苏共中央理论刊物《共产党》就载文指出“马克思主义学说只是社会主义学说之一”（沙赫纳扎罗夫著《思想更新和更新思想》，载《共产党人》1990 年第 4 期第 60 页），否定了把马克思主义作为无产阶级政党的唯一思想基础。1991 年 7 月在苏共中央审议新党纲时提出“过去只承认马列主义是自己的思想源泉”，“现在必须使我们的思想库包括国内外的社会主义和民主思想的一切财富”。这就取消了马列主义是党的指导思想这一提法，导致了共产主义意识形态作为国家意识形态的传统被打破，马克思主义在社会上失去了主导地位。1991 年前后，在政治领域，反共、反社会主义、反马列主义思潮已经“合法化”，气焰嚣张。有 500 多个形形色色的政党和大量“非官方组织和运动”登上政治舞台。其中多数打着反共旗号。当时苏共党内的改革派代表人物叶利钦不失时机地打出了“反对特权、反对苏共剥夺人权”这张牌，得到人民群众的广泛响应。苏共内部急剧分化，共产党已经丧失了应有的先锋作用和战斗性，威信和影响大大下降。在这一年多时间里，有 400 多万党员退出苏共。苏共变成了一个思想混杂、失去了政治灵魂的队伍，丧失了凝聚力和战斗力。

列宁曾经指出，没有革命的理论，就不会有革命运动，“只有以先进理论为指南的党，才能实现先进战士的作用”。（《列宁选集》第一卷，人民出版社，1995年版，第311～312页）虽然我们承认马列主义产生的时代背景已经发生了巨大的变化，也承认马列主义对于个别问题的看法已经不再适用，但我们不能因此而否定马列主义原理的普遍性，不能对马列主义采取简单的全盘否定的态度。戈尔巴乔夫公然放弃马克思列宁主义的指导思想地位，信仰迷失之后，导致非正统意识形态的出现并对正统的意识形态形成冲击和挑战，在苏共党内和人民群众中则造成了广泛的信仰危机，严重动摇了马克思列宁主义对党的指导地位和作用。当西方国家加大其“和平演变”的攻势时，在咄咄逼人的各种非马克思主义面前失去了思想理论阵地，政局走向动荡和混乱，苏共的威信急剧下降，核心地位迅速瓦解，社会失衡，局面无法收拾，最终葬送了社会主义。

马克思主义的教条化、意识形态的多元化使苏共失去了对时代、国情的正确判断，失去了马克思主义的信仰，丧失了以科学的指导思想引领国家和社会前进的能力。从此，苏共走上了一条不归路。信仰是一个国家前进道路上的一面旗帜。旗帜就是方向，前进的旗帜没有了，方向自然一片模糊，在行动上定会误入歧途。

前车之辙，后车之鉴。苏共败亡，警钟长鸣。我们有必要认真研究和吸取苏共的教训，居安思危，思则有备，有备无患。无产阶级夺取政权不容易，执掌好政权尤其是长期执掌好政权更不容易。党的执政地位不是与生俱来的，也不是一劳永逸的。在改革开放的新形势下，我们党面临着更加严峻的考验，必须增强忧患意识，坚定信念，把党的建设搞好，只有这样，党的事业才有前途和希望。

第三章　马克思主义中国化的两次历史性飞跃

在党的历史上，有个独特的现象，就是旗帜和路线问题。历史上有过多次“路线斗争”，但从未否定过马克思主义这面旗帜，即使是王明那样的左倾机会主义者，也一直以“马克思主义理论家”自居，标榜自己是“百分之百的布尔什维克主义”。“文革”期间，党内两条路线斗争十分激烈，但各派都承认马克思列宁主义的旗帜，尤其是毛泽东思想旗帜，各派都极力标榜自己是最捍卫毛泽东思想伟大旗帜的。这说明，旗帜更具有根本性，是统一全党思想的根本。旗帜不出问题，路线斗争再激烈，仍可通过旗帜的力量达成全党的科学共识，形成团结奋斗、开拓发展的局面。

从词源上看，“旗帜”是个构成性概念。“旗”是做旗面的布底，而“帜”则是旗面上的附属物，往往具有特定符号意义。狭义的旗帜，表现于具体的、物质的形态，如党旗、军旗、国旗等；广义的旗帜，表现为抽象的精神形态，是一种统一思想行动、凝聚人心力量的形而上的精神象征。这里特指后一种。旗帜具有表达意愿、凝聚人心的象征标志作用，代表着党派、军队、国家和团体组织，对其成员而言往往具有生命的意义。党的旗帜问题，就是党用什么统领各级组织和全体党员的灵魂和精神，形成团结一体的强大力量的问题，也是党的指导思想和纲领问题。恩格斯说：“一个纲领就是一面公开竖起的旗帜。而外界就根据它来判断这个党。”毛泽东指出：“主义譬如一面旗子，旗子立起了，大家才有指望，才知所趋赴。”中国共产党举什么旗，就是党坚持以什么作为指导思想，就是国家坚持走什么样的道路问题，是关系党和国家前途命运的根本问题。

旗帜问题关系马克思主义执政党的生死存亡。苏联在赫鲁晓夫上台后，彻底否定斯大林，改变了苏联的社会主义方向，戈尔巴乔夫上台后，提出新思维，彻底丢弃马克思主义旗帜，主张走民主社会主义道路，一个成立93年、执政74年的拥有2000多万党员的马克思主义执政党，丧失了执政地位，最终导致苏联解体。东欧社会主义国家搞多党制，导致共产党下台，国家企图走资本主义道路，却无一成功。相反，中国共产党自从找到马克思主义，便从未怀疑和动摇对这一伟大旗帜的信念。在树立旗帜的问题上，中国共产党在历史上有过四次重大举动。第一次是中共一大，树起马克思列宁主义旗帜；第二次是中共七大，树起毛泽东思想旗帜；第三次是中共十五大，树立起邓小平理论旗帜；第四次是中共十七大，树立起中国特色社会主义的旗帜。这四面旗帜既反映着中国共产党人在时代发展中不断拓展的实践主题，同时更反映着马克思主义中国化的内在思想逻辑发展的一脉相承性，是中国共产党人伟大精神力量铸就的旗帜，对不断推进党的事业发展，保持党的生机与活力，具有特别重要的意义。

一 第一次历史性飞跃：毛泽东思想的诞生

（一）马克思主义中国化：一个崭新原理的诞生

马克思主义中国化，就是将马克思主义的基本原理同中国革命与建设的实际情况相结合，从而找出适合中国国情的社会主义革命和建设道路。这种结合无疑造就了我们的成功。把一个普通的真理，同具体的实际相结合，即把普遍规律与特殊规律相结合，这是一个可以推广应用的基本原理，而发明这一原理的是毛泽东。

毛泽东最早提出了马克思主义中国化的思想。1938年10月，毛泽东在中共六届六中全会的政治报告《论新阶段》中指出："离开中国特点来谈马克思主义，只是抽象的空洞的马克思主义。因此，马克思主义的中国化，使之在每一表现中带着必须有的中国的特性，即是说，按照中国的特点去应用它，成为全党急待了解并急待解决的问题。"

马克思主义诞生于1848年，标志性理论成果是《共产党宣言》的发表。此后，经过各经典作家的发展，形成三大组成部分：马克思主义哲学、政治经济学和科学社会主义。

我们说"飞跃"，不仅因为中国共产党跨越了并不久远的历史，更因为使马克思主义的真理在中国的土地上得以生根、开花，并结出最为灿烂的果实。我们有理由不厌其烦地并骄傲地概说这段历史。当中国的大门开始被西方列强用坚船利炮强盗般打开时，西方产生了两位伟大人物——马克思、恩格斯。他们在欧洲的大地上开展艰苦的调查研究，批判地吸收着人类优秀的思想文化成果，探索着人类社会的发展规律，创立科学的思想体系——马克思主义。之后，经过几十年，列宁又根据俄国的实际，研究并创立了关于帝国主义时代的科学理论，领导俄国取得了十月革命的胜利，开辟了人类历史的一个新纪元。他的学说和成功实践也形成新的理论——列宁主义。

列宁领导俄国十月革命在城市取得胜利，十月革命的炮声惊醒了古老的中国，一些觉醒的知识分子、仁人志士纷纷行动，时势造就英雄。不久伟大的东方中国，也出现一个响彻世界的名字——毛泽东。有了毛泽东，就又创造出一个马克思主义新的思想体系——毛泽东思想。有了毛泽东，有了毛泽东思想，中国历史从此翻开了新的一页，迎来一个天翻地覆的时代。

马克思主义中国化的第一次飞跃，经过了三个历史时期，即大革命时期、土地革命时期和抗日战争时期，直到党的七大实现了历史性飞跃。在这一过程中，毛泽东起了决定性作用，可以说毛泽东是马克思主义中国化的开创者和奠基人。

（二）毛泽东思想：中国共产党集体智慧的结晶

1. 什么是毛泽东思想

历史上，中央对毛泽东思想的概括共有三次。

第一次是中共第七次全国代表大会作出的概括。党的七大通过了刘少奇所作的关于修改党章的报告，其中就有最早对毛泽东思想作的内涵界定："毛泽东思想，就是马克思列宁主义的理论与中国革命的实践之统一的思想，就是中国的共产主义，中国的马克思主义。"

第二次是中共第九次全国代表大会作出的概括。党的九大通过的党章对"毛泽东思想"只作了一句话概括："毛泽东思想是在帝国主义走向全面崩溃，社会主义走向全面胜利时代的马克思主义。"

第三次是中共十一届六中全会作出的全面科学概括。这次会议通过的《关于建国以来党的若干历史问题的决议》，将毛泽东思想概括为："毛泽东思想是马克思列宁主义在中国的运用和发展，是被实践证明了的关于中国革命和建设的正确的理论原则和经验总结，是中国共产党集体智慧的结晶。"

2. 毛泽东思想的理论体系

毛泽东思想的基本问题可以概括地分成四个层次、九个方面。

第一层次主要阐述两大社会发展阶段基本理论，即新民主主义理论和社会主义理论。新民主主义理论包括新民主主义革命论和新民主主义社会论。社会主义理论包括社会主义改造理论和社会主义建设理论。第二层次主要阐述的是"三大法宝"理论，即统一战线、武装斗争、党的建设理论。第三层次主要阐述的是思想政治工作、政策、策略、国际关系和外交方针，是中国共产党领导中国革命和建设的三大保证。第四层次阐述毛泽东思想活的灵魂，即实事求是、群众路线、独立自主和自力更生理论，这是最高层次，是贯穿毛泽东思想的立场、观点和方法。

3. 毛泽东的突出贡献

一是率先打破了俄国十月革命形成的首先在中心城市夺取政权的革命模式，开创了工农武装割据，先从反动力量薄弱的农村入手，逐步向城市推进，最后夺取政权的“农村包围城市”道路。二是坚持从中国的实际情况出发，领导中国共产党正确处理了国内不同政治力量之间的复杂关系，经过长期的统一战线工作和武装斗争，赢得了打败蒋介石、建立新中国的胜利。三是在实践中形成了一套具有普遍指导意义的哲学理论和思想方法，把中国一些人从一味相信共产国际、苏联经验的迷信和僵化教条中解放出来，正确而成功地解决了中国革命问题。

（三）毛泽东的智能结构：造就伟人的天机

1. 入学：毛泽东的求知方式

博览苦读，学以致精。1957 年 10 月，毛泽东在给秘书林克的信中曾这样说：“钻到看书看报看刊物中去，广收博览，于你我都有益。”这句话其实也是毛泽东的经验之谈。毛泽东的读书范围十分广泛，可以说古今中外的哲学、经济学、政治、军事、文学、历史、宗教、地理、自然科学、科学技术等方面的书籍以及各种报纸杂志，都在毛泽东的涉猎范围之内。中国历代史书是毛泽东读书的最爱，对此他几乎什么都读。除《二十四史》《资治通鉴》这些正史外，各种野史、稗史、历史演义等毛泽东也读，甚至连小人书都不放过。毛泽东在延安时曾说过，读书可以使人增长学问，有了学问，好比站在山上，可以看到很远很多的东西。没有学问，如在暗沟里走路，摸索不着，那会苦煞人。这段话点出了知识对人的重要性。博览苦读、学以致精，可以让人站在更高的人类知识的顶峰，获得更开阔的胸怀和眼界。

读写相伴，学以致思。勤动笔墨、读写相伴是毛泽东读书时的一大特点。这一特点与毛泽东对所喜之书要反复研读的习惯有关。早在湖南一师求学期间研读德国伦理学家泡尔生的《伦理学原理》

时，毛泽东就曾在书页上写有1.2万字的读书批注。在毛泽东所读过的书页上，到处都有他留下的阅读符号，如竖线、横线、斜线、浪线、三角、方框、圈、点、勾、叉及问号等等。有些符号不止圈画一次，而是杠上加杠、圈外画圈。这样的读书方式也是毛泽东独立思考、多思善学的表现。

废寝忘食，学以致恒。毛泽东是个终生与书为伴的人，他热爱学习热爱读书无人能比。毛泽东曾说，饭可以一日不吃，觉可以一日不睡，书不可以一日不读。这体现了他一贯的学以致恒理念。毛泽东把读书积学比作修筑百丈之台，需从一砖一石开始。

追求甚解，学以致简。毛泽东提倡读书要“三复四温”。三复四温的读书能读出品味、读出与众不同的心得。在日常生活中，毛泽东对喜欢读的书，一遍又一遍地研读，一次又一次地加深理解。毛泽东曾说，《红楼梦》要读过五遍以后才能有发言权。由于有独特的阅读视角，毛泽东从《红楼梦》书中看出了当时社会激烈的阶级斗争。

学用结合，学以致道。毛泽东主张，求学不能把自己关在房间里，要结合社会的实际。他在《讲堂录》中曾经写道：“闭门求学，其学无用。欲从天下国家万事万物而学之，则汗漫九垓，遍游四宇尚已。”毛泽东求知的方式可以说不拘一格，不仅通过对书本的大量阅读和思考求索知识道理，还通过广泛的实际调查了解中国社会。毛泽东对本本主义、教条主义深恶痛绝，提倡要有眼睛向下、敢当小学生的精神。正是有了这种精神，他对中国农村社会进行了深入科学的调查研究，奠定了探索中国革命道路的科学理论基础。

2. 入眼：毛泽东的认知模式

学习力、思考力、实践力、创造力、洞察力，这是毛泽东成功领导革命实践具备的五种突出能力。这五种能力互为一体，构成了毛泽东独特而超凡的领袖力。这五力伴随着毛泽东一生革命实践，高扬起一个昭耀古今的伟大人格。毛泽东崇尚大写的人，他本身也成就了一个大写的人。这五种能力，对任何人来说，只要具备一两项就可能成就超凡的人生事业。但成就毛泽东这种伟人中的伟人的能力要求，没有持之以恒的学习力、雄阔深彻的思考力是不行的；仅有这两条，没有躬身向下的实践力、独辟蹊径的创造力也是不行的；而有了这些，若没有胸怀万象机变、于危难中指明方向的超凡洞察力，也很难成就在旧中国那样复杂艰苦环境中引领中国革命走向胜利的历史伟业。

实践——认识——再实践——再认识……循环反复，总结提升，没有终结。毛泽东从小有自己明确的人生目标，那就是改造中国，乃至改造世界。为了实现这一抱负，他不仅形成了自己独特的求知方式，也形成了他独特的认识事物的认知模式：从书本中开智——凝结思想，从实践中探索——求解方法，在比较中鉴别——败中求知，在实践中验证——检验真理，在理论上升华——探求规律。

3. 入脑：毛泽东的哲学思维能力

毛泽东的哲学思想主要体现在三论中，即《实战论》《矛盾论》《关于正确处理人民内部矛盾的问题》。

有人说，蒋介石的悲哀，就在于他和毛泽东同时代。这话未必完全正确，因为不在于哪个时代，而在于哪个人。如果硬要把他们两人作比较，那可以说蒋介石处于术的层面，而毛泽东则进入道的层面，他有一整套指导革命和斗争的理论、方法、策略和原则。

毛泽东的独特在于他不是那种居于深宫大院、坐在象牙塔里研究学问的学究，而是亲临一线领导中国人民、中国共产党人进行火热斗争，进行一场波澜壮阔的改天换地革命的实践者。作为一个时代的领导者，中外少有人达到他的哲学高度。毛泽东的文章都是在关键时刻针对问题而发，及时澄清认识，纠正错误，分析危害，指明方向，达到统一。如 1929 年 1 月，红军撤出井冈山，被迫到赣南发展，一些人认为军队的任务就是打仗，就是搞军事斗争，古今中外都是如此，干吗要搞思想政治工作，要搞党的工作？12 月，毛泽东起草了《关于纠正党内错误思想》的针对性文章，及时纠正一些错误认识和思想混乱，在那么早的时候，毛泽东就提出了党的建设科学化问题。1937 年七八月间写作两论时，针对党内总是出现“教条主义”“经验主义”两股思想潮流的错误影响，导致革命和建设失误、失败、挫折或走弯路。

遇到问题先有方法、有步骤、有策略地搞思想教育，启发思想，提高认识，统一步调，是毛泽东善于运用的娴熟政治技巧。在领导工作中，我们常常存在一些片面性或者不够科学的思维方式，如直线性思维、经验性思维、盲动性思维、错位性思维、习惯性思维等，它们影响、束缚人的自主、能动的创造性发挥。毛泽东善于打破这些思维束缚，形成了独具魅力的领导艺术，是我们学习的导师和榜样。

善于分析、归纳、掌握规律，是哲学思维能力给毛泽东的帮助。关于哲学的思维形式，毛泽东在他的工作实践中几乎都运用到了。毛泽东是抽象思维与形象思维并用的典范。哲学思维能力是他具有洞察力的保证，是形成毛泽东世界观、方法论的基础。能够洞悉中国革命一定会成功，正是因为他懂得矛盾运动的规律、否定之否定规律、量变质变规律、对立统一规律等，懂得人民大众是不可战胜的力量，并善于发动和凝聚这一力量。

此外，辩证性思维、系统性思维、实践性思维、战略性思维、批判性思维及反思性思维也是毛泽东善用的具体思维形式。在中国革命和建设的实践中，毛泽东运用辩证法，做到了五个统一：理想与现实的统一，理论与实践的统一，理性与感性的统一，宏观与具体的统一，一般与特殊的统一。

4. 入心：毛泽东的精神世界

精神是一个人的意志品质。我们研究毛泽东思想，离不开他所具备的独特精神。毛泽东可以说是“三个不朽”的代表：即思想不朽，业绩不朽，精神不朽。有人说，毛泽东是个迷人的谜。解读毛泽东，他是一个大写的人，是个复合型的人，也是一个有血有肉、充满情感的人。他一生孜孜以求，用刻苦成就梦想，用坚韧迎接挑战，用执着追求目标，用睿智战胜困苦，用胜利证明实力。

具体地说，他的精神世界具有如下特征：理想的、崇高的、自信的、乐观的、无畏的、丰富的、浪漫的、孤独的。概括地说，毛泽东精神是独特个性与民族鲜明精神的结合，那就是博览苦读的钻研精神、亲临实际的调研精神、不惧困苦的斗争精神、百折不挠的进取精神、充满自信的乐观精神、舍身救国的献身精神、顶天立地的民族精神、甘为公仆的爱民精神。

（四）毛泽东的三大发现实现了马克思主义中国化的第一次飞跃

第一个发现：中国民族资产阶级具有两面性

1927 年大革命失败后，惊醒了初创的中国共产党人，毛泽东发现中国民族资产阶级具有两面性，既有革命性又有妥协性。反对外国资本主义与本国封建统治者的双重压迫，具有革命性；生产发展依赖于外国资本主义与本国封建统治者，具有妥协性。

毛泽东在《中国社会各阶级的分析》中，洞察出这一关键问题，阐明了这一观点："中产阶级，这个阶级代表中国城乡资本主义生产关系。中产阶级主要是民族资产阶级，他们对于中国革命具有矛盾的态度：他们在受外资打击、军阀压迫感觉痛苦时，需要革命，赞成反帝国主义反官僚的革命运动；但是当着革命在国内有本国无产阶级的勇猛参加，在国外有国际无产阶级的积极援助时，他们又怀疑革命。"

毛泽东的这一发现说明，中国民族资产阶级不可能担负起领导中国革命取得最终胜利的重任，那就必然要由一个新的阶级来取代它在中国革命中的领导地位。这个新的阶级便是无产阶级。

第二个发现：中国农民是中国革命的主力军

确定无产阶级能够担负起领导中国革命取得胜利的重任后，毛泽东发现中国农民受着帝国主义和封建地主阶级的双重压迫，处于社会底层。当时中国有四亿人口，农村人口占 80% 以上，约为 3.2 亿。他们人数最多，受压迫最重，革命性最强。所以，农民问题是中国革命的中心问题。而要求农民起来参加革命，就要让人知道干什么，为什么，对他们有什么好处，毛泽东用一句最通俗的话告诉他们：打土豪，分田地。农民由此认定了这是自己的队伍，坚决拥护共产党。毛泽东深知“战争的伟力”存在于民众之中，对此，他很早就坚定地走进农村，团结、发动广大农民，建立起强大的工农联盟，这是中国革命能够取得胜利的关键和基础。

第三个发现：在敌人统治的空隙地区实行工农武装割据

毛泽东发现，在半殖民地半封建的中国，在军事、政治统治力量之间存在着许多空隙地区。这是世界上独一无二的现象。在当时的中国社会，因为帝国主义和国内各反动集团互相勾结，都有各自不同的利益，相互支撑着新旧军阀。从民国元年开始，这些军阀相互间不断进行战争，争夺势力范围，形成割据局面，这便造成共产党的红色区域可以一小块或若干小块地发展，在四面白色政权和反动势力的包围中间，能够生存和坚持下来。帝国主义的不统一，造成中国各统治集团之间的不统一，给共产党发展革命力量创造了机会和空间。毛泽东说：“中国是个大国，东方不亮西方亮，黑了南方有北方，不愁没有回旋余地。”

毛泽东的这一发现，其重大意义就在于找到了中国革命唯一正确的道路，即把无产阶级领导的土地革命、武装斗争和政权建设相结合，通过不断地斗争，来逐步壮大农民武装，为农村包围城市这条中国特色革命道路在全国的胜利，创造最基础的条件。

二　第二次历史性飞跃：形成了中国特色社会主义理论体系

马克思主义中国化第一次历史性飞跃的时代主题是“战争与革命”。马克思主义中国化第二次历史性飞跃的时代主题是“和平与发展”。随着时代主题的不同，形势任务也发生着巨大变化，马克思主义中国化正是随着这些变化而在中国不断地向前推进，不断地发展创新，成为在中国各个发展阶段的强大思想武器。

随着历史的发展，马克思主义中国化第二次飞跃形成了三大理论成果：邓小平理论、“三个代表”重要思想和科学发展观。

（一）邓小平理论：开启马克思主义中国化的新时期

1. 邓小平理论产生的背景及形成过程

邓小平理论产生、形成于中国国内、国际形势急剧变化的重要历史关头。只有在这样的历史时期和国情中，才能产生这样的理论，这是马克思主义同中国具体实际相结合的新成果，是马克思主义中国化又一次重大历史性飞跃的开启。

1976 年 9 月，毛泽东逝世，“两个凡是”（凡是毛主席作出的决策，我们都坚决维护；凡是毛主席的指示，我们都始终不渝地遵循）的提出，让国家面临方向的选择。而十年内乱已经使中国社会主义发展陷入困境。思想上，“左”的影响很深，以阶级斗争为纲，“两个凡是”盛行，困扰着我们的思想和行动。政治上，冤假错案堆积如山，党和国家的各级组织遭到严重破坏；经济上，生产长期停滞不前，国民经济到了崩溃的边缘。

人们忧心忡忡，中国向何处去？要知道，自 1840 年以后，人们曾六次提出中国向何处去的问题。这一次，又到了不得不作出重大选择的时刻。

而此时，国际形势急剧变化。20 世纪 80 年代末 90 年代初，苏联解体、东欧剧变，对社会主义中国产生了巨大影响。1989 年国内发生“六四”政治风波，西方敌对势力再次掀起围剿中国风潮，企图借此改变中国的政治方向。人们对国家的前途命运产生疑惑，党和国家再次面临方向选择。

邓小平理论正是在此历史转折的重要关头，开始形成并逐步走向成熟。

1978 年 5 月，思想理论界发起了一场“真理标准问题”大讨论，开启了新时期思想解放运动的序曲。邓小平旗帜鲜明地支持这场大讨论，随着讨论的深入，开始批判“两个凡是”的错误方针。1978年12月13日，在中央工作会议上，邓小平做了题为《解放思想，实事求是，团结一致向前看》的重要讲话。明确提出要在全党进行思想、政治和组织等方面的拨乱反正。这篇讲话，被称作新时期的宣言书。1978年12月18日，党的十一届三中全会召开，会议决定把党和国家工作重点转移到以经济建设为中心上来，摒弃了以阶级斗争为纲的理论，吹响了改革开放的号角。这次会议在中国具有划时代的伟大历史意义。1981年6月，党的十一届六中全会召开，通过了《关于建国以来党的若干历史问题的决议》，本着实事求是的态度，重新评价了毛泽东的历史地位，彻底否定了“文化大革命”。至此，基本扫除了党和国家在思想、政治和组织等方面的障碍，为今后沿着正确的方向发展奠定了基础。

2. 邓小平的三个基本判断

党的“十五大”把邓小平理论概括为“四个新”。一是坚持解放思想、实事求是，在新的时代背景下既有继承，又有突破，开拓了马克思主义的新境界。二是抓住“什么是社会主义，怎样建设社会主义”这个根本问题，把对社会主义的本质认识，提高到了新水平。三是正确认识国际、国内总体形势，总结经验教训，对中国的历史方位，作出了新的判断。四是形成建设有中国特色社会主义新的科学理论体系。邓小平理论的“四个新”最为关键的是解决了当代中国的发展问题。邓小平站在历史和现实的高度，把握国际国内两个大势，作出了三个极为重要的基本判断。

第一个判断：我国正处于社会主义初级阶段

社会主义初级阶段，是我国的基本国情，是办好中国一切事情的客观依据。这个判断是解决其他问题的大前提，对于正确认识当代中国社会，从而制定好发展战略极为重要。当年，在新民主主义革命时期，毛泽东把当时的国情定为半殖民地半封建社会，从而找准了新民主主义革命的依靠力量、对象、任务和发展前途，引导革命取得了成功。新中国成立后，特别是从1956年完成社会主义改造之后，我们曾一度认为“共产主义在我国的实现，已经不是什么遥远的事情了”，极端的口号是“要跑步进入共产主义”。我国仍然处于并长期处于两个阶级的激烈斗争中，必须坚持“以阶级斗争为纲”。邓小平总结历史经验教训，得出我国正处于社会主义初级阶段，主要矛盾是人民日益增长的物质文化需要同落后的社会生产力之间的矛盾，并断定这个阶段至少要上百年时间。

第二个判断：和平与发展是当今世界的两大主题

新中国成立后，帝国主义亡我之心不死，国际环境日益严峻，特别是朝鲜战争、越南战争在中国周边相继爆发。我们党一直秉持着列宁的“有帝国主义，就有霸权，就有战争”的时代观，并一度认为第三次世界大战不可避免，全国人民都要树立战备观念，毛泽东更是立足于大打、早打、打核战争。但是，从20世纪70年代末80年代初开始，世界格局发生了变化。在资本主义世界，形成美、日、西欧三足鼎立的局面，打破了美国一霸格局；在社会主义阵营，由于苏联推行霸权主义，社会主义各国和苏联内部也开始严重分化；在第三世界，各国团结一致，迅速崛起，成为一支不可忽视的力量。

邓小平敏锐地观察到世界形势的这种变化，断定在较长时间内不发生世界战争的可能性是很大的，世界处于相对和平是有希望的。因此，他提出“和平与发展”是当代世界的两大主题。我们正处于重要战略机遇期，必须及时地把工作的重点转移到经济建设上来，坚持党的基本路线一百年不动摇，并强调中国要警惕“右”，但主要是防止“左”。邓小平同志告诫全党，要“韬光养晦”，在世界上不当头。在同中央领导集体的一次谈话中，他语重心长地说，我就担心团结问题，你们要团结在以江泽民为核心的党中央周围，只要我们平稳地发展三五十年，中国就不得了，这算我的政治交代。

第三个判断：社会主义也有市场经济

这个认识，完全打破了过去对社会主义认识上的固有思维——从资本主义传播来的东西，不等于归资本主义所有。计划经济不等于社会主义，市场经济不等于资本主义，计划和市场都是经济手段。

资本主义也有计划，社会主义也有市场。因此，社会主义也可以搞市场经济。这种科学的判断，打开了我们思想认识上的巨大空间，使社会主义发展有了无限活力。

3. 邓小平理论的科学体系

第一是解放思想论。邓小平领导的中国改革开放，是从解放思想入手破题。什么叫解放思想？就是打破习惯势力和主观偏见的束缚，研究新情况，解决新问题。1978 年 12 月的中央工作会议上，邓小平总结党的经验强调指出："一个党，一个国家，一个民族，如果一切从本本出发，思想僵化，迷信盛行，那它就不能前进，它的生机就停止了，就要亡党亡国。"怎么解放思想？他提出了"四个解放出来"。一是从经典作家的个别结论和一些所谓"革命传统"思想中解放出来，二是从传统社会主义模式的陈旧观念中解放出来，三是从我党历史中"左"的或右的错误思想的禁锢中解放出来，四是从改革开放过程中凡事先问姓"资"姓"社"、姓"公"姓"私"等僵化思想状态中解放出来。

第二是生产力论。邓小平指出，马克思主义最注重发展生产力，社会主义本质是解放生产力，发展生产力，消灭剥削，消除两极分化，最终达到共同富裕。在解放和发展生产力问题上，他强调四个不动摇。一是坚持发展信心不动摇。"扭着不放，顽固一点，毫不动摇。"（《邓小平文选》第 2 卷，人民出版社 1994 年版，第 249 页）二是坚持发展效果不动摇。不管白猫黑猫，抓住老鼠就是好猫。三是坚持发展过程不动摇。我们现在所干的事业是一项新事业，马克思没有讲过，我们的前人没有做过，其他社会主义国家也没有干过，所以没有现成的经验可学，只能在干中学，在实践中摸索。四是坚持发展勇气不动摇。改革开放胆子要大一些，敢于试验，不要像小脚女人一样，看准了就大胆地试，大胆地闯。

第三是人民主体论。这是党的宗旨的体现，邓小平在讲这个问题时，着重强调了四个方面：一是要尊重群众意愿，二是要维护群众利益，三是要吸取群众智慧，四是要为人民造福。在具体工作中，把“人民答不答应，人民满不满意，人民高不高兴，人民拥不拥护”作为检验的标准。

邓小平理论的科学体系由精髓、主题和基本问题构成。第一个层次是理论精髓——解放思想，实事求是。第二个层次是理论主题——什么是社会主义，怎样建设社会主义。第三个层次是建设有中国特色社会主义的基本问题。邓小平理论从提出、发展到完善的过程，是一个逐步形成、深化为中国特色社会主义理论的过程，也是党的集体智慧的结晶。在这一过程中，党的“十三大”把中国特色社会主义理论归纳为十二个基本观点；党的“十四大”把邓小平有中国特色社会主义理论概括为九个基本方面；党的“十五大”把邓小平理论系统地归纳为发展道路、发展阶段、根本任务、发展动力、外部条件、政治保证、战略步骤、党的领导、祖国统一等基本问题。

（二）“三个代表”重要思想：实现马克思主义中国化的新突破

1.“三个代表”重要思想的提出及发展

2000年2月25日，时任中共中央总书记的江泽民在改革开放的前沿广东省考察工作时第一次提出：“总结我们党七十多年的历史，可以得出一个重要的结论，这就是：我们党所以赢得人民拥护，是因为我们党在革命、建设、改革的各个历史时期，总是代表着中国先进生产力的发展要求，代表着中国先进文化的前进方向，代表着中国最广大人民的根本利益，并通过制定正确的路线方针政策，为实现国家和人民的根本利益而不懈奋斗。人类又来到一个新的世纪之交和新的千年之交。在新的历史条件下，我们党如何更好地做到这‘三个代表’，是一个需要全党同志特别是党的高级干部深刻思考的重大问题。”此后，在不同场合，他又多次阐述这一思想。由此可见，江泽民是在总结我们党七十多年历史经验时，站在新世纪、新千年两个重要历史节点上，提出的带有理念性、纲领性的思考。

2000年10月，党的十五届五中全会肯定了“三个代表”重要思想，会议确定，要按照江泽民提出的“三个代表”的要求，全面加强党的思想、组织、作风建设，增强党的凝聚力和战斗力。2001年9月，中共十五届六中全会再次高度评价“三个代表”重要思想的深远意义。2002年11月，在党的十六大报告中明确“三个代表”重要思想是党必须长期坚持的指导思想，以后又升华为国家各方面工作的指导思想，并写入《中国共产党章程》，载入《中华人民共和国宪法》。

2. “三个代表”重要思想的精神实质

“三个代表”重要思想的基本精神关键在坚持与时俱进，核心在坚持党的先进性，本质在坚持执政为民。“三个代表”重要思想从经济、政治、文化三个方面，揭示了中国共产党的先进性的本质特征，创造性地回答了建设什么样的党，怎样建设党的问题。

3. “三个代表”重要思想的科学内涵

“三个代表”重要思想的集中表述是：“中国共产党必须始终代表中国先进生产力的发展要求，代表中国先进文化的前进方向，代表中国最广大人民的根本利益。”

关于“三个代表”的具体含义，《江泽民文选》第3卷的《江泽民同志在庆祝中国共产党成立80周年大会上的讲话》对此做了深入阐述。

代表中国先进生产力的发展要求，“就是党的理论、路线、纲领、方针、政策和各项工作，必须努力符合生产力发展的规律、体现不断推动社会生产力的解放和发展的要求，尤其要体现推动先进生产力发展的要求，通过发展生产力不断提高人民群众的生活水平”。社会主义的根本任务是解放生产力和发展生产力，这一点也充分体现出社会主义优越性。

代表中国先进文化的前进方向，“就是党的理论、路线、纲领、方针、政策和各项工作，必须努力体现发展面向现代化、面向世界、面向未来的，民族的科学的大众的社会主义文化的要求，促进全民族思想道德素质和科学文化素质的不断提高，为我国经济发展和社会进步提供精神动力和智力支持”。先进文化必须具备五个方面的基本属性：第一是科学性，第二是进取性，第三是高尚性，第四是时代性，第五是人民性。这一点也充分体现出中国共产党高度的文化自觉和先进的文化理念。

代表中国最广大人民的根本利益，“就是党的理论、路线、纲领、方针、政策和各项工作，必须坚持把人民的根本利益作为出发点和归宿，充分发挥人民群众的积极性、主动性、创造性，在社会不断发展进步的基础上，使人民群众不断获得切实的经济、政治、文化利益”。全心全意为人民服务，坚持党的主张、党的理想、党所完成的各项工作与实现人民利益的一致性，这是我们党同一切剥削阶级政党的根本区别。

4. “三个代表”重要思想的突破创新

关于“三个代表”重要思想的重大意义和突破创新，学术界主要用了三个“新”来概括。

第一，马克思主义的新境界。“三个代表”重要思想特别强调，马克思主义具有与时俱进的理论品质。这里的与时俱进，是要我们用创新的态度对待马克思主义，开拓马克思主义理论发展的新境界，用发展着的马克思主义指导不断变化着的新的实践。马克思主义是真理，但不是真理的全部，更不是真理的终结。强调与时俱进，它的普遍意义在于要求我们反对一切不符合时代、实践要求的思想观念，其落脚点是创新，使我们的认识、理论不停留在已有的经验上。

第二，社会主义的新观念。“三个代表”重要思想包含着这样一种认识，在当代社会主义建设中，要正确处理同资本主义的关系问题。江泽民在2001年“七一”讲话和十六大报告中都强调，世界文化是多元的，不同社会制度和发展道路应当彼此尊重，取长补短，在求同存异中共同发展。这与过去那种“资本主义是垂死、腐朽的”，“社会主义同资本主义是绝对对立的关系”等旧的观念相比，有了认识上的不同。事实上，我们已经吸收了资本主义制度的一些长处，突破了一些发展观念与模式的束缚，在对社会主义与资本主义关系的认识上已经达到了新高度，这有利于我们在社会主义初级阶段正确认识和处理社会主义改革与发展中的问题，有利于利用资本主义的文明成果来发展中国的社会主义事业。

第三，执政党建设的新觉醒。“三个代表”重要思想对我们党的历史方位作了新的判断，提出了“两个转变”的论断，即我们党历经革命、建设和改革，已经从领导人民夺取全国政权而奋斗的党，成为领导人民掌握全国政权并长期执政的党；已经从受到外部封锁和实行计划经济条件下领导国家建设的党，成为对外开放和发展社会主义市场经济条件下领导国家建设的党。这个论断奠定了新时期推进党的建设科学化的科学认识基础，表明我们党对自身的角色使命有了更加科学的定位和清醒认识，即从革命党向执政党的转变，从计划经济条件下的执政向市场经济条件下执政的转变。这个认识很重要，它强调的是“执政”，要研究、探索执政的规律、执政的考验、执政的能力等，这是我们党的执政意识的新觉醒。

（三）科学发展观：实现马克思主义中国化的新飞跃

党的十七大报告指出，科学发展观，第一要义是发展，核心是以人为本，基本要求是全面协调可持续发展，根本方法是统筹兼顾。这是对科学发展观战略思想内涵所作的最全面、最深刻而又最鲜明的概括。科学发展观的这四个方面内容，深刻地反映了马克思主义关于发展的世界观和方法论，表明了在新的历史条件下我们党治国理政的执政观，体现了怎样发展，为谁发展的价值观。

科学发展观的提出，具有划时代的意义，内容周延，内涵丰富。第一次明确提出为什么要以人为本，以什么人为本和以人的什么为本的问题，并将此作为思考一切问题的前提和出发点，在此基础上，提出了“五个统筹”的根本方法。科学发展观明确了为谁发展，怎样发展的问题，这对经过高速发展了30年的中国今后仍能够保持更长久的发展，起到了定夺乾坤的作用。它的提出和实践，是马克思主义中国化的又一次新的飞跃。

1. **形成关于发展的新的主题**

时代主题的确定，是根据一个国家所处的历史方位和形势任务而作出的战略判断。主题决定战略选择，决定发展方向，决定做什么和怎么做，决定成功与失败。中国共产党在初创时期的时代主题是“战争与革命”，党根据这一主题的判断，制定了一系列正确的战略策略，工作的方式方法，从而把中国革命不断引向胜利，最终夺取了政权，建立了新中国。改革开放后，针对国内外形势格局变化，党作出“和平与发展”是时代的主题的科学判断，使我国赢得了难得的战略机遇期，取得了30年举世震惊的巨大成就。党的十七届五中全会又站在历史的新起点，科学部署和组织实施“十二五”规划，在发起全面推进建设小康社会的攻坚时期，提出“科学发展观是主题”的新判断。

第一，科学发展主题是认识的新飞跃。从发展到科学发展是思想认识的跨越。它回答了不仅要发展，而且怎样发展的问题，包含着效率、质量、方式、路径和可持续性等重大而长远的发展战略选择问题。从发展到科学发展是发展模式的创新。一个社会仅仅有发展是不够的，到了一定时期，必须及时转向科学发展的轨道，这需要思想认识的清醒，理论的廓清和行动的自觉。我们党确立科学发展主题，无疑又是一项重大理论认识上的飞跃。发展是解决一切问题的根本前提，而科学发展才是保障长治久安的关键所在。从发展到科学发展需要执政方式的转变。执政方式既是个策略问题，也是个战略问题。要更好地发展，必须科学执政。

第二，科学发展主题是行动的新指南。科学发展主题的确立，不仅是号角，它更确立了当前和今后的发展方向。30年经济建设高速发展的实践，造就了大批懂经济、会管理的干部，那曾是我们各级党委和组织部门极力倡导和着力选拔培养的干部。但30年后的今天，又形成了一些新的思维定势和行为惯性。一些领导干部存在单纯抓经济、片面抓经济的观点，认为抓发展就是抓经济，抓经济就是抓增长、抓GDP、抓招商引资、抓项目。而面对社会各种矛盾，却显得能力不足，甚至束手无策，以致问题越积越多，社会不满情绪不断蔓延扩散。这些年由于社会建设与管理没有及时跟上，致使一些地方形成了“经济一条腿长，社会管理一条腿短”的畸形发展格局，导致社会矛盾不能有效化解。科学发展主题告诉我们，发展问题包含着政治、经济、文化、社会发展和人的全面发展。科学发展主题要求我们必须进一步审视发展的目的性，即发展究竟为了什么。今后必须更加注重经济、政治、文化、社会的协调发展，更加注重发展中的公正实现问题，而不是追求单一目标、单一指标的片面发展。

第三，科学发展主题是历史的新起点。改革开放30多年来，我们所面对的世情、国情、党情、民情都发生了深刻变化。“十二五”时期可谓又是一个承前启后的关键时期。科学发展主题，确定了三个时间节点，一个伟大目标，即到2015年完成“十二五”规划中的各项指标，推进经济发展方式的转变，为科学发展奠定坚实的基础；到2021年，在建党100周年时，实现社会全面小康；到2049年建国100周年时，把我国建设成为富强、民主、文明、和谐的社会主义现代化国家，实现中华民族伟大复兴。所以，“十二五”时期，确定科学发展这个主题是站在了一个新的历史起点上。

2. 产生了关于发展的新的理论成果

恩格斯曾说过，每一时代的理论思维，都是一种历史的产物，它在不同的时代具有完全不同的形式，同时具有完全不同的内容。恩格斯这段话说明，每一种理论成果的产生，都有其不同的时代特征、时代形式和内容，是代表那个时代理论思维高度的理论形态。马克思主义要中国化，才具有现实的指导作用。而马克思主义中国化与时代发展的实际结合得越紧密，即马克思主义中国化时代程度越高，它的指导作用就越大。理论的作用，就是不断地为解决新的矛盾提供思想武器。我国现阶段的社会矛盾比较复杂，不仅体现在人与人之间、区域之间、城乡之间和行业之间，而且表现在人与自然之间。社会关系、生产关系、人与自然关系矛盾的积聚已呈激化趋势。显然这是一个非常复杂、前所未有、又必须面对的局面，这就是科学发展观提出的时代背景和理论意义。

党的十六大以来，以胡锦涛为总书记的中央领导集体，在高举邓小平理论和“三个代表”重要思想的伟大理论旗帜，推进中国特色社会主义现代化建设的同时，不断地推进党的理论创新，提出了科学发展观等一系列新的执政理论，将马克思主义中国化的进程又向前推进了一大步，为中国早日实现现代化，实现中华民族伟大复兴，提供了科学有力的理论指导。科学发展观是马克思主义关于发展的世界观和方法论，是马克思主义中国化的新认识、新飞跃，是对马克思主义哲学的重大贡献。

党的十七届五中全会通过的《关于制定国民经济和社会发展第十二个五年规划的建议》中，对科学发展这个主题的最新表述是：“以科学发展为主题，是时代的要求，关系改革开放和现代化建设全局。”“在当代中国，坚持发展是硬道理的本质要求，就是坚持科学发展，更加注重以人为本，更加注重全面协调可持续发展，更加注重统筹兼顾，更加注重保障和改善民生，促进社会公平正义。”这段话把科学发展主题提到了前所未有的高度，把“发展是硬道理”与“科学发展”两个体系融合起来，是个重大的创新和进步。“四个更加”是科学发展主题的鲜明体现和本质要求，它深刻地表明，一个社会是否能够长期保持稳定，不仅仅在于富有，更取决于是否公平正义。

搞清楚为什么确立“科学发展是主题”特别重要，要不要发展不是我们争论的问题，关键是要什么样的发展，要怎样去发展，要明确发展的目的性。不搞清楚这些问题，就不能突破原来的传统方式，就不能顾全大局着眼长远发展，就不可能做到更加全面、协调、可持续地发展。

3. 把握住了关于发展的新的立论基点

经过改革开放30多年的高速发展，中国社会已从原来的以解决人们温饱为主要目标的生存阶段，开始转向以追求幸福为主要目标的人的全面发展新阶段。

第一，发展型阶段是科学发展的认识基础。我国处于并长期处于社会主义初级阶段，这是基本国情，这个国情没有改变。但是，从客观实际出发，不排除初级阶段存在并形成生存时期、发展时期、发达时期等不同阶段特征，不同时期、不同阶段既有联系，又有区别。生存阶段，人们追求的主要目标是解决衣、食、住、行等基本需求，满足于吃饱、穿暖等低层次的物质需要；社会生产特征也主要以人力投入和物质投入为主，产业结构单一，社会分工不明显。发展阶段，出现在人们赖以生存的基本物质生活得到满足之后，虽然经济发展水平还有待提高，但人们已经开始把发展所追求的目标转向自身的全面发展，即从对生存权的关注转向对发展权的关注；社会生产也以主要依靠要素大量投入，转向依靠科技进步，自主创新，社会总体实现全面小康。发达阶段，其标志是综合国力由大国转向强国。而国强的标志必须是政治、经济、文化、军事都要强，完成国家统一，实现中华民族伟大复兴的目标。

第二，发展型阶段的矛盾突出表现为五个方面。进入发展型阶段，不是意味着中国已经完全摆脱了不发达的局面，相反，发展的路还很漫长，不发达的社会生产力同人民群众日益增长的物质文化需要不适应的矛盾，仍是社会的主要矛盾。但随着发展的推进，开始进入矛盾的凸显期，其阶段性特点的表现形式也更加复杂，集中在五个方面。一是政治性矛盾。表现为干群关系不够协调，一些干部为政不廉、为事不公，漠视群众，损害百姓利益，遇事处置不当，导致群众不满情绪增加，有的甚至激化了矛盾，造成群体事件频发，影响了党和政府的形象。二是增长性矛盾。表现为资源环境压力大，以物为本，以追求 GDP 为目标，导致强制性扩张，造成消耗性危机和结构性失衡。三是服务性矛盾。表现为公共服务不到位，公共服务、公共财政跟不上公共需求的迅速增长，就业、医疗、卫生、教育、交通、安全、居住、养老八个方面的问题仍然较多。四是社会性矛盾。表现为利益分化加剧，地区间、城乡间、行业间的收入差距过大，导致贫富悬殊。随着改革的深入，过去的“单位人”变为分散的“自然人”，而政府管理的思维模式却没能相应完成转变，群众自治组织的作用没有有效发挥，大量矛盾不能在基层及时化解，没有缓冲环节，使群众直接面对各级政府，造成政府的被动应对。五是国际性矛盾。我们要发展，要加快发展，不可避免地与各国产生竞争关系，分割世界市场，抢占有限资源，必然引起国际关注。有些国家抱有疑心和被威胁感，害怕我们赶超和崛起，千方百计围堵，国际环境仍然很严峻。

第三，发展型阶段必须实现发展方式的转变。从生存型阶段进入发展型阶段，必须深刻认识和正确处理发展面临的新矛盾，把实现发展的战略转型，作为目标任务和路径选择，从而跨越“中等收入陷阱”，防止“拉美现象”在我国重演。

一是要实现由重物质向重人的全面发展转变。人是自然属性和社会属性的结合体，人有物质需求和精神需求，这决定了人在不同环境、不同条件和不同时期会有不同的诉求与欲望。人又有个体和群体之分。科学发展观所讲的以人为本，不是那种片面理解的个体人的本能、本性和本质，而是指广大的人民群众，是群体的、共性的人。因此，讲清了为什么要以人为本，以什么人为本和以人的什么为本的问题。落实科学发展观，就是要由重物质向重人的全面发展转变，强调让改革发展的成果惠及全体人民，而不是部分人、少数人，这是尊重人民主体地位的根本。

二是要实现由资源主导型向自主创新型转变。以消耗大量资源、能源和牺牲环境为代价的资源主导型发展模式推动和支撑经济发展的时代将终结。自主创新成为时代的要求、发展的必然。不能实现自主创新，就不可能持续发展。创新是站在当今时代起点之上的新理念、新思路、新模式、新技术、新实践。

三是要实现由出口导向型向内需消费型转变。国际金融危机提醒我们，后危机时期的发展，不能再以出口为主导。世界变幻无常，偏重依托国际市场的发展是靠不住的，中国拥有13亿多人口，有着巨大的消费潜力，中国迟早会从“制造大国”转为“消费大国”。扩大内需消费，才是中国持续发展的内生动力。

四是要实现由经济建设型政府向公共服务型政府转变。经济建设型政府在由计划经济向市场经济转换过程中，起了重要作用。经过30多年发展，政府的这种过多抓经济建设的缺陷日益暴露出来，必须统筹兼顾地抓好经济、政治、文化、社会和生态文明建设，逐步实现向公共服务型政府转向，把政府应该承担的社会建设与管理职能承担起来，真正实现法治政府、服务政府、公民政府、责任政府、效能政府，提高公共服务水平，保证在公共服务上政府不缺位。

五是要实现由追求政绩向追求人民幸福生活转变。干部考评是一个指挥棒，干部选拔是个导向。过去我们需要“大胆”的干部，需要“能人”型干部，需要干部多出“政绩”，需要GDP的高速增长。而今，科学发展成为当代中国的主题，我们需要什么类型的干部，这是一个新问题。在这种背景下，选拔和评价干部的标准，必须转向以追求人民幸福生活为导向，以改善民生为政绩，培养、选拔大批既善于抓经济建设，又善于做群众工作，能有效化解各种社会矛盾的领导干部。当前，一些领导干部囿于过去的思维定势和政绩惯势，热衷于抓经济，而不热衷也不会抓民生等社会性工作，片面地认为只要把经济建设搞上去，一切问题都会自然解决。显然，选拔培养符合科学发展主题要求的新型领导干部也是一项十分艰巨的任务，在一定意义上说，是实现执政方式转变、推进科学发展的关键。

[延伸阅读]

古巴共产党长期执政的经验

古巴共产党在恶劣的环境考验面前，注重发挥党的思想政治优势，克服巨大困难，在捍卫革命成果和建设社会主义方面取得了巨大成就，保持了党的先进性和政权的长久活力。卡斯特罗明确指出："我们正在为革命和祖国的生存而战，而加强思想政治工作是我们生存的基础。"

有针对性地做好思想政治工作

古共认为，如果没有有效的、经常性的调查研究工作，就不可能有效地做好思想政治工作。古共中央设立了社会舆论调查中心，定期或不定期地调查了解群众的情绪，及时为领导机关和有关部门提供信息，以便有针对性地做好思想政治工作。1999 年"埃连事件"发生后，古巴针对美国的经济封锁、意识形态渗透和"和平演变"等策略，举行"反帝论坛"，创办"公众论坛"和"圆桌会议"等电视专题节目，在党内和群众中公开开展"思想战"。古共强调提高思想政治工作的效率必须直接做人的工作，不搞表面的和形式的东西。

加强党校干部教育

古共中央高级党校负责培养省、部级领导和后备干部。高级党校还负责领导古巴 14 个省级党校和 140 多个市县级党校。每年在高级党校学习的各种学员约有 4000 多名。古巴目前各省（共 14 个省）和大部分市县均有党校。通过各级党校的学习，各级党员干部加强了对党、对社会主义的信念，提高了工作能力，从而也提高了党的执政能力和领导水平。

对外开放，更强调坚持共产主义理想信念，走社会主义道路，始终坚持党的领导

苏联的解体，在思想上对古巴产生了直接影响，很多老党员都产生了退党甚至放弃社会主义的想法。卡斯特罗作为当时的国家领导人坚定地认为，只有社会主义才能把广大群众紧密地联系起来，才能实现正义，应该做好誓死捍卫社会主义的准备，永远都不能放弃人民斗争取得的胜利成果。古巴坚持不放弃共产党的领导，党永不更名。古共认为，党应该加以完善，却无论如何不能毁掉，不能毁掉党的权威。1991年10月，古共四大在东欧剧变、古巴面临空前困难的形势下举行，这次大会提出了“拯救祖国、革命和社会主义”的原则和口号，卡斯特罗在会上明确提出对外开放的政策，“我们正在广泛地实行开放，广泛地对外资实行开放”，同时大会决议更明确指出，古巴革命的最高目标是在古巴建设社会主义，古巴共产党坚持共产主义的理想，古巴共产党是以马列主义和马蒂思想为指导的政党，是古巴社会的领导力量。1997年古共五大通过的文件明确指出，坚持社会主义和共产党的一党领导，是维护国家独立、主权以及抵抗美国封锁、获得生存的保障；以马列主义、马蒂思想为指导的古共，是国家可靠的捍卫者和中流砥柱，社会主义和共产党的领导是古巴的唯一选择。正是因为古巴毫不动摇地坚持党的领导，适应形势变化不断改善党的领导，提高党的执政能力和执政水平，才使古巴在恶劣的外部环境中保持国家独立、主权和古巴社会主义红旗不倒，古巴社会政通人和，人民安定团结。

加强道德建设，坚决惩治腐败

1996年7月，古共制定并颁布了《国家干部道德法规》，对国家干部提出了27条道德规定。古共领导人强调：“没有精神道德就没有社会主义。如果我们的人民在干部身上看不到共产党人特有的品德，就没有社会主义。”为维护党的先进性和纯洁性，古巴共产党坚决将贪污腐败分子和其他犯罪分子撤职和清除出党。古共设立中央、省和市三级纪律监察委员会，分别由同级党的代表大会选举产生。1989年，古巴掀起了一场毫不留情的肃贪反腐运动，将参与贩毒、走私、腐败和挪用公款的原古巴驻安哥拉驻军司令奥乔亚中将等14名高级军官和官员逮捕并判刑，其中包括奥乔亚中将在内的4人被处以死刑。20世纪90年代以来，由于渎职、腐败等原因，先后被撤职的党和政府的高级官员有：古共政治局委员卡洛斯·阿尔达纳，古共政治局委员、国务委员兼外长罗伯托·罗瓦伊纳，政治局委员、国务委员兼基础工业部长马科斯·哈维尔·波塔尔·莱昂等。2006年4月26日，古共中央政治局举行会议，会议决定将滥用职权、以权谋私的党中央政治局委员胡安·卡洛斯·鲁宾逊·阿格拉蒙特开除出党，并撤销其中央委员、中央政治局委员的职务。同年6月16日，哈瓦那省人民法院第七法庭经过开庭审讯，判处其12年有期徒刑。

坚持为人民服务的原则

“为人民服务”可以说是古巴共产党始终坚持的原则，也正是这条原则才彻底挽救了古巴共产党。当苏联解体时，古巴共产党坚持着这样的原则；当美国趁苏联解体想彻底打倒古巴时，古巴共产党仍然坚持着这一原则。这让每一个国民都深刻体会到古巴共产党给广大人民群众带来的改革果实。第一，实行免费教育，以提高国民的综合素质。古巴自革命胜利以来，历任政府都高度重视教育，教育经费也在不断激增。从1959年的每人12比索到2001年的每人212比索，古巴用于教育的投资已经占到国家财政收入的20％以上。为了达到教育公平，即便是在偏远的山区也建立了学校，保证偏远地方的学生也要接受计算机教育。第二，保障人民无后顾之忧。古巴人民享受免费医疗和社会保障。每个公民每年有两次免费的身体全面检查。古巴现在的社会保障体系已经普及全国，涉及退休金，产妇的社会保障，患者、工伤及残疾人的社会保障，低收入家庭等。可以说，古巴政府完全解决了古巴人民生活的后顾之忧。

东欧的波兰、匈牙利共产党衰败之鉴

东欧国家的共产党具有光荣的奋斗历史，在执政40年间，对人民解放和社会主义建设事业做出过巨大贡献。但是自1989年以来，东欧政局发生了类似多米诺效应的急剧变化，其中波、匈共产党均由执政党沦为在野党，共产党改变了名称，修改了党纲、党章，不同程度地向社会民主党方向演变。恩格斯说，对历史事件不应当埋怨，相反地，应务力去理解它们的原因，以及它们的远远还没有完全显示出来的后果。对于共产党人来说，特别是对于社会主义国家执政的共产党来说，总结匈牙利剧变的前因后果及教训是非常有意义的。

迷失方向的政治多元化意味着共产党执政的自我埋葬

波兰统一工人党最先于1989年1月作出实行政治多元化的决定，有条件地承认了团结工会的合法性。其后举行了有各党派、社会团体、教会和所谓“建设性反对派”参加的圆桌会议，并作出原则性让步，主动把自己在议会中的议席从53%减至37%，把联合执政的三党联盟（统一工人党、农民党和民主党）的议席从83.9%减少到65%，把35%的议席拱手让给了反对派。1989年6月4日，执政40多年的波兰统一工人党，在议会选举中遭到惨败，政权旁落，党的知名领导人全部落选。大选失败后党的威信急剧下降，党内悲观失败情绪在领导层泛滥开来。1990年1月27日，波党十一大竟宣布波党解散，雅鲁泽尔斯基和党的第一书记拉科夫斯基均宣布退党，原波兰统一工人党陷入分裂。波兰成为东欧剧变中第一个倒下去的“多米诺骨牌”。1991年1月，波兰统一工人党终止活动，退出历史舞台。

匈牙利社会主义工人党的经历与其类似。卡达尔等老一代人全部退出了政治局，政治多元化的主张开始在党内抬头，党内部实行一党制还是多党制的争论与分歧越来越严重。波日高伊在党内占了上风，确定走“民主社会主义的道路”，为“1956年事件”彻底平反。匈牙利社会主义工人党于1989年10月6日提前召开十四大，以波日高伊为首的“激进改革派”取得了主导地位，决定将党改名为社会党，对宪法进行了重大修改，取消了关于马列主义政党领导作用的条款，主张实行多党制、议会民主，加剧了党内的矛盾和斗争，造成了党的分裂。在1990年4月的大选中，匈牙利社会主义工人党败北，由执政党降为议席数只占第四位的在野小党。匈牙利现政府是多元右翼联合政府，内阁成员中共产党员全部被排除在外。

共产党丢失信仰就是自毁乾坤

执政党丧失政权的惨痛教训发人深省。导致波、匈共产党失去政权的原因是多方面的，但从根本上说，共产党本身的蜕变、抛弃马克思主义的指导思想是最主要的内因。二战后，特别是国际上民主社会主义思潮的泛滥，以及苏联的改革及其“人道的、民主的社会主义”，为东欧党的指导思想的改变提供了理论条件和思想氛围。1990 年 1 月，在波兰统一工人党基础上改建的波兰共和国社会民主党通过宣言和新党章，把民主社会主义宣布为党的指导思想和纲领性目标。只提民主社会主义，只字不提马克思列宁主义，反对马克思列宁主义的指导作用，否定共产党的领导，主张实行多党制，意识形态多元化。由于指导思想的改变，使党内思想上、政治上严重混乱和组织上十分涣散。在波兰统一工人党中，75% 的党员是天主教徒。掌权者不再信仰马克思列宁主义，公开否定马克思列宁主义，党员群众在政治上或者迷失方向，或者对党不满，退党人数不断增加，波兰党 1989 年就有 8.89 万人退党。党的组织出现严重涣散状态，在最需要党发挥战斗力的时候却失去了战斗力。波兰党的领导抛弃了马克思主义，放弃了社会主义社会制度，放弃共产党的领导地位，导致了共产党丢失信仰，必然会自毁乾坤。

在匈牙利共产党丧失政权的演变过程中，党内先后出现四次大的分歧和争论。首先是在 1956 年事件的评价问题上出现分歧。匈前总理赫格居什于 1988 年 8 月提出重新评价“1956 年事件”的问题，认为那是一场“民族起义”。政治局委员波日高伊则于 1989 年 1 月在中央未作决议前宣布 1956 年事件是“人民起义”，从而把党内分歧公开暴露给外界，引起强烈的反响。第二场争论是在多党制问题上出现的分歧。波日高伊等人主张在匈牙利尽快“实行多党制”和“确立三权分立的西欧型议会民主”。而格罗斯等人起初反对实行多党制，认为实行多党制会产生分裂工人阶级的影响，造成党派之间的争斗，后来则步步后退，被迫接受多党制主张。接着，第三场分歧和争论又开始出现，即匈将走什么道路的问题。格罗斯等人认为，实行多党制后社会主义工人党应继续发挥领导作用，必须坚持马克思主义的指导思想，必须同社会上的敌对势力进行坚决斗争。而波日高伊等人则主张加快向多党制过渡，认为社会主义不能再作为一种社会制度，“要改换整个制度及其意识形态”。第四场争论则是党的改建问题。1989 年 8 月，匈牙利共产党提出“要对现有的社会、经济制度进行彻底的评价和改造”，而匈牙利共产党作为“党治国家的国家党”将被改建为“同其他政党进行竞争的社会党”。1989 年 10 月，匈牙利共产党召开十四大，决定把党改建为社会党，党的性质、指导思想、最终目标、组织原则等都发生了根本变化。党内的一次次争论，不仅没有得出科学的结论，反而搞乱了党员的思想，党内出现各种政治思潮和派别。面对这一情况，党的领导人和宣传舆论部门发生了动摇。反对派在争到“意识形态多元化”之后，又进一步要求实行“政治多元化”，而这离最后攫取党和国家的最高权力，只有一步之遥。主张“思想多元化”或“意识形态多元化”不过是东欧右翼势力在夺取党和国家最高权力过程中采取的一个重要策略和舆论准备。匈牙利共产党从实行“思想多元化”到实行“政治多元化”，党的许多组织感到无所适从，大批党员脱离党的队伍，许多人对党对社会主义失去信心。执政党高层领导人丧失信念、抛弃马克思主义的指导，最终不免自我否定、自毁乾坤，匈牙利社会主义工人党的主席蒂尔迈尔一针见血而又十分痛心地指出，社工党丧失政权是党的自杀性政策造成的。

惨痛的教训告诉我们，执政的共产党，必须有一个坚持马克思主义的坚定的领导核心，必须有坚定的共产主义信仰。只有坚持和发展马克思列宁主义，才能使党永远立于不败之地。

第四章　中国共产党的文化自觉和文化自信

人类历史是一个不断演化的复杂时空结构，其中充盈、激荡和衍生着不同地域中的族群所创造的灿若星辰的人类文化。从总体上说，文化是人类社会面对环境挑战所作出的总体性反应，其中凝聚着一个文化共同体共有共享的经验和情感体验的积淀，也形成他们展示自己独特价值存在的内在精神根脉。从文化上探寻中国共产党90多年的历史，是一个崭新并需要不断拓展的研究视域，也是深刻体会与认识中国共产党文化使命的有益尝试。

近代以来的民族危机，既是中华民族五千年文明发展中面临的最大挑战，也是中华文化从传统向现代转型的一次艰难历史选择。在回应挑战和实现文化转型的历史阵痛中，中国共产党担负起拯救民族危机，复兴中华文化的使命，成为中华民族自身生发的回应挑战的文化自觉力量，代表着中国先进文化的前进方向，也是中华民族优秀文化的传承者和发展者。从这个意义上说，正是文化的力量，推动着中国共产党由弱到强，由小到大，在艰苦卓绝的奋斗中，中华民族自强不息的民族精神与先进的马克思主义信仰在中国共产党人的奋斗历程中熔铸成一座伟大的精神丰碑，形成中国共产党人强大的文化力量，并以坚强的文化自信引领着中华民族走向解放和复兴。

一 毛泽东放言："我要用文房四宝打败蒋介石国民党"

1934年秋天，江西中央苏区秋风萧瑟，凄风苦雨，工农红军被迫向西突围，开始了举世闻名的长征。关山难越，前程未卜，8万多名红军需要轻装简行，然而，毛泽东的马背褡裢里始终装着文房四宝，很多人不理解，毛泽东回答："我要用文房四宝打败蒋介石国民党！"这不是毛泽东狂妄放言，而是一种坚定的文化自信，后来的历史验证了毛泽东的话。

红军到达陕北后，毛泽东在延安的窑洞里，用"文房四宝"领导中国人民开始了抗日战争和解放战争。毛泽东于1937年七八月间，写成了《矛盾论》《实践论》，成为共产党人革命理论的哲学基础；1938年5月，写成了《论持久战》，成为夺取抗日战争胜利的纲领性文件；1944年9月8日，写成了《为人民服务》，以张思德为例阐述了共产党人的核心价值观；1945年6月，在陕北延安召开的党的七大闭幕式上，毛泽东成竹在胸，谈吐挥洒，以一则中国古老的寓言《愚公移山》为大会作总结，为夺取革命的最后胜利指明了前进的方向。

（一）手机报上流传的十句话：毛泽东巨大的精神财富

前一个阶段，在手机报上流行着毛泽东影响当代中国最为深远的十句话：

最具真理性的——"枪杆子里面出政权"；

最鼓舞人心的——"星星之火，可以燎原"；

最豪迈的——"与天斗，其乐无穷；与地斗，其乐无穷；与人斗，其乐无穷"；

最大气的——"一切反动派都是纸老虎"；

最谦虚的——"万里长征才走完了第一步"；

最具震撼力的——“中国人民从此站起来了”；

最威严的——“人不犯我，我不犯人”；

最无奈的——“天要下雨，娘要嫁人，随他去吧”；

最自豪的——“数风流人物，还看今朝”；

最有志气的——“自己动手，丰衣足食”。

这十句话，概括了毛泽东巨大精神财富中的许多内容，通过讲话、谈话和文学作品等形式体现出来的。

毛泽东终于用“文房四宝”一则，描绘出1949年10月1日天安门广场上的晨曦。其实，“文房四宝”是一种对先进文化的代称。美国学者菲利普·巴格比在《文化：历史的投影》中说：“‘文化’意指训练和修炼心智（或思想，抑或趣味）的结果或状态。”借用他的话说，中国革命的胜利是一种文化的“结果”。这种结果也验证了一个真理：人民和军队不能缺少先进文化的引领。毛泽东后来自己总结道，没有文化的军队是愚蠢的军队，而愚蠢的军队是不能战胜敌人的。

（二）软实力：文化对经济、政治和军事的影响

文化，广义是指作为物质财富和精神财富的总和，狭义是指作为社会的意识形态以及与之相适应的制度和组织机构。物质文明的形态、先进的社会制度、科学的理论以及意识形态中推动历史进步和提升人们文明程度的形式等，构成了先进文化的内容。先进文化不仅推动生产力的进步，而且为社会提供了新的观念、新的道德和新的理想，因而是先进阶级认识世界、改造世界的思想武器和精神支柱，是先进政党的精神力量和思想旗帜。

说到文化的力量和作用，近年来人们常常用“软实力”来表述。党的十七大报告就提出了“提高国家文化软实力”的战略命题。党史学者章传家等人就“软实力”概念的来源和自身的特征在《推动社会主义文化大发展大繁荣学习问答》中提出了自己的见解。

“软实力”的概念是美国著名学者约瑟夫·奈在20世纪90年代

初针对学术界有关美国国力是否衰落展开辩论的大背景下首次提出来的。他认为，国家的综合实力可由软、硬两大类组成。“硬实力”是同诸如军事和经济力量那样的具体资源相关的“硬性命令式权力”；“软实力”指的是同诸如文化、意识形态和制度的抽象资源相关的、决定他人偏好的“软性同化式权力”。“硬实力”的运用表现为借助引诱或者威胁手段，直接迫使他人改变自己的意志或者行为；“软实力”的运用则表现为通过自己思想的吸引力或者决定政治议题的能力，让其他国家自愿效仿或者接受体系的规则，从而间接地促使他人确定自己的偏好。约瑟夫·奈的软实力理论是基于美国经验，尤其是冷战期间和冷战后美国的世界经验而得出的，其局限性是明显的，但其对国家力量的研究所做的贡献是不容忽视的。其实，国家文化软实力，是指一个民族国家基于文化而具有的凝聚力、创新力和竞争力，以及由此而产生的感召力和影响力。文化软实力的核心是思想、观念和原则等价值理念，它的载体是文化产品、文化交流活动、文化教育和信息传播媒介等。不言而喻，文化既是社会文明和进步的杠杆和动力，也是社会文明和进步的表现和尺度。

国家的软实力范畴，揭示了我们认识世界、促进发展的一个重要理论维度。文化软实力的强弱在一定程度上关系到一个国家的竞争力，关系到一个国家维护自身利益，实现自己战略目标的能力。一种文明的兴旺发达，一个民族的自立自强，其背后往往充盈着一种深厚的思想基础和文化力量。正是这种思想文化积累，拓展了一个国家新的发展事业，开辟了一个民族新的发展空间。对一个国家而言，文化软实力比较强，意味着这个国家的民族凝聚力、国家认同感也比较强。

正是在这样的背景下，2006 年 11 月 13 日，胡锦涛总书记在中国文联第八次全国代表大会暨中国作协第七次全国代表大会上的讲话中指出，如何找准我国文化发展的方向，创造民族文化的新辉煌，增强我国文化的国际竞争力，提升国家文化软实力，是摆在我们面前的一个重大现实课题。这是在党的文献中第一次使用“软实力”

的概念。2011年10月18日，在党的十七届六中全会上通过了《关于深化文化体制改革，推动社会主义文化大发展大繁荣若干重大问题的决定》，《决定》中指出："当今世界正处在大发展大变革大调整时期，世界多极化、经济全球化深入发展，科学技术日新月异，各种思想文化交流交融交锋更加频繁，文化在综合国力竞争中的地位和作用更加凸显，维护国家文化安全的任务更加艰巨，增强国家文化软实力、中华文化国际影响力要求更加紧迫。当代中国进入了全面建设小康社会的关键时期和深化改革开放、加快转变经济发展方式的攻坚时期，文化越来越成为民族凝聚力和创造力的重要源泉、越来越成为综合国力竞争的重要因素、越来越成为经济社会发展的重要支撑，丰富精神文化生活越来越成为我国人民的热切愿望。"这标志着我们党已经把提高软实力、发展繁荣社会主义文化上升到国家战略高度，这对于发展中国特色社会主义、全面建成小康社会、实现中华民族的伟大复兴都具有十分重要的现实意义和深远的历史意义。

文化无论是对经济、政治和军事的影响，还是对人的再塑和成长，其作用都是巨大的。曾任法国总统密特朗顾问的经济理论家雅克·阿塔莉在《21世纪词典》中解释"文化"时说："文化，创造财富的重要的载体，全面物质化的最后一道屏障。"他的说法虽然有些片面，但是他看到了文化对经济越来越深入的影响。进入现代社会以来，信息和通讯技术的飞速发展，改变了传统的商品生产要素和服务条件，催生了新的产业和组织形式，使经济竞争越来越倚重于知识、无形价值和创新能力。有人说，三流企业创造一个产品，二流企业创造一个管理模式，一流企业创造一种企业文化。麦当劳为什么风靡全球？它不仅仅是一种食品，更是一种文化，体现出美国中产阶级的一种饮食特色。吃麦当劳，就有点中产阶级的风采了。这里再举一个例子，据有关材料统计，美国文化产业的年产值已占到整个国民生产总值的21%，是增长最快的产业之一，其文化产品的出口已超过传统的航天航空工业，成为第一大出口行业。也正因为美国以文化产业为核心的“软实力”，拥有了与航天航空工业“硬实力”相当的水平，才使得美国拥有了其他国家无法比拟的影响力、渗透力。

在古代，决定战争胜负的往往是军事实力。在《左传·曹刿论战》里说：“夫战，勇气也。”打仗，靠的是勇气。勇气，是精神状态，是意志勇敢，这是属于文化的范畴。但是，那个时代，要取得战争的胜利，首先需要的是人员的众多和武器的精良。有人说，在冷兵器战争时代，军事和文化的相互作用经历了几千年的时间，过程持久，效果显现缓慢。在热兵器战争、机械化战争时代，这种状况发生了极大的变化，作用过程极大缩短，文化作用极大增强。文化全面深刻地影响着军事变革的各个方面及其发展进程，成为军事发展的强大动力。一方面，科学知识和技术创新，极大地提高了武器装备的水平；另一方面，先进的军事理论在战争中的作用越来越重要。例如，在美伊战争中，美国之所以能打败萨达姆，很重要的一个原因就是美国的战略思想和战术原则先进，而后者是属于军事文化范畴的。

文化与政治的关系，水乳交融，不可分割。我们知道，文化具有鲜明的民族性特征，不同文化体系中的矛盾冲突由来已久。尤其作为文化伦理层面和心理层面的价值观念、哲学思想、文学艺术、风俗习惯、宗教信仰、道德伦理具有鲜明的政治属性。中华民族是由56个民族组成的稳定的共同体，在长期的历史进程中，形成一种强烈的民族认同感，形成凝聚和维系中华民族力量的共有精神家园。中华民族共有的精神家园，是指中华民族共同体可以共同依托、愿意共同传承、乐于共同发扬的文化精神、价值观念和情感态度的总和。中华民族共有的精神家园，是整个中华民族赖以生存和发展的财富，是中华民族生生不息、团结奋进的动力。文化在国际政治中的作用、在综合国力竞争和较量中的作用，已由“无足轻重”变得“举足轻重”了，许多国家的首脑和政治家对此都有清醒的认识。约瑟夫·奈在《美国霸权的困惑：为什么美国不能独断专行》一书中提出，在当前美国独大的情况下，为避免由于单边主义、傲慢及褊狭丧失领导地位和感召力，美国应更多地依赖文化、价值与制度所产生的“软性国力”。这种软性国力，本身就体现出文化对政治的影响。美国的克林顿政府就曾认为，美国的政治和经济联系由于美国文化对世界的吸引力而得到补充。这是一种新的我们可以利用的“软力量”，在国外促进民主和人权不仅是一种道义上迫切需要履行的义务，而且是一种支持美国国家安全战略的可靠战略方式。在当前国际政治经济一体化加快发展的背景下，文化力量结构的对比是影响政治斗争的一个重要因素。在一定意义上说，谁掌握了文化的主动权，谁就能很好地驾驭局势，立于不败之地。

二　从毛泽东的文化自信到湘楚文化的特征

人是文化的创造者，也是文化的结果。文化是人生存和成长的一种土壤，有着巨大的涵化作用。一种地域文化培养出一种文化人格。当年有人研究美国作家海明威的成长道路时指出，人物都是由“风景”塑造的，这种“风景”就是地方感，就是地域文化。

（一）重庆谈判的成功：一半来自《沁园春·雪》

毛泽东青少年时代生活在湖南，可以说湘楚文化是他成长的精神摇篮。有人总结出湘楚文化的五大特点，即哲理思维与诗人才情的统一，具体表现就是经世致用的实学思潮，力行践履的道德修养，气化日新、自强不息的奋斗精神，忧国忧民的群体参政意识，运筹决策、平治天下的军政谋略。从战国时代的屈原开始，湘楚就出了不计其数的杰出人物，如贾谊、王船山、魏源、曾国藩、左宗棠、谭嗣同、黄兴、蔡锷，而到了近代更是人才辈出。包括毛泽东在内，像刘少奇、胡耀邦、任弼时、陶铸、彭德怀、贺龙、罗荣桓等都是湖南人，这些人既受到湘楚文化的熏陶，也传承和体现着湘楚文化。

毛泽东的军事才能是举世公认的，但毛泽东没有进过军事学校，上井冈山之前基本上没有指挥过战争，一辈子不拿枪，最后却屡屡用兵如神。成功地指挥了解放战争中的三大战役，很重要的一个原因，就是在他的骨子里受湘楚重军意识影响比较深。过去在一般地方都瞧不起军人，有所谓“好铁不捻钉，好男不当兵”的说法，但湖南人不这样看，相反认为当兵光荣。毛泽东和他的父亲毛顺生都当过兵，陶铸的爱人、曾担任过中共中央组织部副部长的曾志同志到井冈山当了红军，家里人不认为是什么羞耻的事情。如前所述，湘楚文化的重要特点就是哲理思维与诗人才情的统一，毛泽东诗词无论从内容到形式都体现出这一点。有人认为，毛泽东的诗词，很可能就是中国格律诗的最后一座高峰。毛泽东 1909 年时写过一首《咏蛙》诗，被认为是毛泽东写的第一首或第二首诗，诗中写道：“独坐池塘如虎踞，绿杨树下养精神。春来我不先开口，哪个虫儿敢作声。”四句诗就显示出一个 16 岁少年陶冶胸襟、立志高远的霸气。而 1936 年写的《沁园春·雪》被认为是毛泽东诗词的巅峰之作，很多人都会背这首词。我们仅从这首词的写作背景和发表时的影响看，不仅能探寻到湘楚文化的痕迹，也可以领略到一种文化的力量。毛泽东一生喜欢雪，1936 年 2 月 6 日，当时毛泽东率领红军东渡黄河去抗日，在陕西黄河边上的一个小村庄，正遇上下了一场雪，毛泽东被雪后初霁景色所陶醉，灵感大发，写下了这首《沁园春·雪》。当时的情况是红军长征刚刚到达陕北，疲惫不堪，立足未稳，喘息未定。而这时蒋介石调来了胡宗南的中央军、张学良的东北军、杨虎城的西北军，大兵围剿，红军 3 万多人要对付国民党的 30 万大军，不用说武器装备，单就人数，红军就处于劣势。形势十万火急，红军危如累卵，而毛泽东气定神闲，吞吐自如，以稳操胜券的豪气写下了这首千古绝唱，他的自信和底气究竟在哪里呢？

毛泽东诗词研究专家朱向前分析说：“他的自信和底气究竟在哪里？依我看，只能说是文化。因为他深知，打仗打的不光是人力和武器，最终打的是文化，所以他才在长征路上多次放言要以文房四宝打败蒋介石国民党，这绝不是一句玩笑话。因为在国民党第一次、第二次代表大会上，毛泽东先后当选为中央执行委员和国民党的代理中宣部长，在国民党里也是首屈一指的大才子，颇为汪精卫、胡汉民看重。当时毛泽东30岁，握笔杆子，蒋介石35岁，握枪杆子。毛泽东当时在国民党里的地位和影响甚至远远超过他早年在中国共产党里的地位和影响。”（朱向前，《毛泽东诗词的另一种解读》，人民出版社2008年1月版，第54～55页）

光阴荏苒，十年后的1945年8月，蒋介石邀请毛泽东到重庆谈判。老友、诗人柳亚子向毛泽东索句要诗，毛泽东把这首《沁园春·雪》抄送给柳亚子，在1945年11月14日的《新民报晚刊》上发表。此词一出，轰动朝野，在国统区和重庆，人们争相传阅，一时洛阳纸贵。照朱向前的说法，第一，它横扫20世纪中国词坛，此首词一出，别的就没有啦；第二，它粉碎了国民党对朱、毛，对红军的妖魔化。国民党操纵的媒体长期宣传朱、毛土匪共产共妻，杀人放火，甚至在茅台酒池子里洗脚……那么人们就要问了，一个土匪能写出如此大气磅礴、风流倜傥的词来吗？别说土匪了，你蒋委员长能写得出来吗？打死蒋委员长也写不出来，而且确实让他看傻了眼。他首先不敢相信这是毛泽东写的，他问他的侍从室主任陈布雷这首诗是不是毛泽东写的？陈布雷回答，是毛泽东写的。蒋介石不仅想在军事上高出毛泽东一筹，也想在才华上压倒毛泽东，就对陈布雷说，你找些人来替我弄点词来，把毛泽东这首词给灭了。于是陈布雷找来了重庆的一流文人，连夜加班加点，写出若干词来，呈给蒋介石，蒋介石一看大失所望，这些词实在没法和毛泽东比，他自己就自甘暴弃了，这就是文化的威力吧。中国传统文化的帝王标准是君师合一，毛泽东集王者气和风流气于一身，成为许多人心中理想的领袖。有人说，毛泽东重庆谈判的收获，一半功劳要归于《沁园春·雪》这首词。

（二）“曾国藩热”：个体经验与整体文化

前一段有一股“曾国藩热”，研究他的成果和传记已经出版了不少。曾国藩用什么打败了太平军？有人说，曾国藩用谋略打败了太平军。其实不然，曾国藩是用文化打败了太平军。在太平军凌厉的攻势下，满族的八旗劲旅为什么都败下阵来？说到底，就是他们代表的是落后的游牧文化。曾国藩和湘军掌握的是当时先进的农耕文化、儒家文化。比如，曾国藩重视文化的学习，不仅自己在军务倥偬之余手不释卷，而且在湘军中树立读书的风气。再如，他恪守忠信笃敬的儒教道德，言信行果，严于律己，礼贤下士，广纳人才。他手下有幕僚一百来人，为了尽显周公的握发吐哺之风，他早饭都是同幕僚一起吃。有两次，李鸿章来晚了，而且晚了许多。下属说，大帅，咱们不用等了吧。曾国藩坚持等，直到李鸿章到了，他才和大家一起吃饭。这件小事，对李鸿章和许多人是个教育。太平天国即将垮台时，李鸿章率领的淮军就在上海与天京之间。破城之功，李鸿章唾手可得，然而，李鸿章不进攻，而是把剿灭太平天国的头功让给他的老师曾国藩。这样的亲和团队，能没有战斗力吗？而太平天国内讧，天王洪秀全猜忌二把手东王杨秀清，支持北王韦昌辉杀了杨秀清及其部属两万多人，而后又除掉韦昌辉。这时除了翼王石达开，太平天国基本没有帅才了，而洪秀全对石达开也嫉妒掣肘，石达开带领近 20 万太平军负气出走。如此这般，太平天国能不失败吗？曾国藩自己总结说：“小胜在智，大胜在德。”德，就是儒家文化的标准。

毛泽东坦言，他受到曾国藩的影响很深，甚至曾经很敬佩他。这里，举两个小例子。曾国藩剿灭了太平军，升官发财了，但是他不吃喝嫖赌，不大兴土木，而是兴办农村教育。毛泽东少年读书的东山学堂，就是曾国藩创办的。后来毛泽东多次说起过：“没有东山学堂，我就不可能走到长沙，如果走不到长沙，我就更不能走到全国。”再如毛泽东制定的红军的《三大纪律六项注意》，后来发展到

《三大纪律八项注意》，就是受到曾国藩的《爱民歌》的影响所创作的。《爱民歌》中有这样的话："三军个个仔细听，行军要先爱百姓"，"第一扎营不贪懒，莫走人家取门板"，"第三号令要严明，兵勇不许乱出营，走出营来就学坏，总是百姓来受害"，"军士与民如一家，千万不可欺负他"……我们很容易在《三大纪律八项注意》中找到《爱民歌》的影响。

毛泽东深知文化的力量，自己终生学习，嗜书如命。他在北京中南海住的木板床，就比别人的大一倍，主要是用来放书的。毛泽东的菊香书屋藏书六万册，而且有的好书自己没有就借来看。他外出视察，总是让工作人员把需要读的书准备好。为了节省时间，甚至要求把书翻到多少多少页，保证到了火车或飞机上就能读。可以说，毛泽东做到了生命不息，读书不止。据毛泽东的护士长吴旭君回忆，毛泽东最后一次读书时间是1976年9月8日5点50分，准确地说是听书——因为他晚年患白内障，1974年就开始由芦荻来给他念书。这时毛泽东已进入弥留之际，一直在抢救，昏迷不醒的毛泽东清醒过来了，又叫别人给他念书，最后听了7分钟，就昏了过去，直到去世。文化给了毛泽东巨大的力量，而毛泽东也天才般地释放了这种力量。

毛泽东和曾国藩的个案，说明了个体经验和整体文化的关系。正如美国文化学者露丝·本尼迪克所指出的那样："完整意义上的社会从来不是一个与组成它的个人相分离的存在。没有个人参与其中的文化，任何个体甚至连其潜能的门槛都无法到达。反之，文化中所具有的任何要素，归根到底没有不是个人所做的贡献。"（露丝·本尼迪克：《文化模式》，华夏出版社1987年9月版，第196页）

三　历史责任：中国共产党的文化自觉与文化自信

中国共产党既是中华优秀传统文化的忠实传承者和弘扬者，又是五四以来新文化的建设者和发展者，历来高度重视运用文化引领前进方向，凝聚奋斗力量。在革命、建设和改革各个历史时期，我们党都结合时代特点，围绕党的宗旨和中心任务，提出自己的文化纲领、文化目标、文化政策，发挥文化工作不可替代的重大作用，团结带领全国各族人民不断以思想文化新觉醒、理论研究新成果、文化建设新成就推动党和人民事业向前发展。党的事业无论处于艰难探索阶段，还是蓬勃发展时期，对文化事业的重视都坚定不移、从未动摇。

在抗日战争最艰难的1942年春天，我们党在延安召开了文艺工作座谈会。从5月2日开到5月23日，一共开了三次。开始和结束时毛泽东都到会讲话。后来根据毛泽东讲话整理的《在延安文艺座谈会上的讲话》，成为我们党指导文化思想工作的光辉文献。《在延安文艺座谈会上的讲话》中，毛泽东开宗明义地指出，今天邀集来开座谈会，目的是要和大家交换意见，研究文艺工作和一般革命工作的关系，求得革命文艺的正确发展，求得革命文艺对其他革命工作的更好的协助，借以打倒我们民族的敌人，完成民族解放的任务。这段话深刻揭示了文艺工作对于我们党实现自身宗旨、完成历史使命的重要意义。直到今天，《讲话》对于推动社会主义文化的大发展大繁荣，仍然有着巨大的现实意义。

1949年7月2日第一次文代会召开，毛泽东到会讲话；1979年10月30日第三次文代会召开，邓小平到会讲话；1996年12月16日第六次文代会召开，江泽民到会讲话；2006年11月10日和2011年11月22日第八次文代会和第九次文代会召开，胡锦涛到会讲话。这反映了我们党的几代领导人对文化的高度重视。

改革开放特别是党的十六大以来，我们党始终把文化建设放在党和国家全局工作的战略地位，对文化重要性的认识和文化发展规律性的把握不断深化、日益自觉，推动文化建设取得辉煌成就，为中国特色社会主义注入强大动力。邓小平曾强调指出，我们要在建设高度物质文明的同时，提高全民族的科学文化水平，发展高尚的丰富多彩的文化生活，建设高度的社会主义文明。江泽民把“始终代表中国先进文化前进方向”上升到我们党立党之本、执政之基、力量之源的高度，强调指出，社会主义的优越性不仅表现在经济政治方面，而且表现在思想文化方面，表现在能够创造出高度的精神文明上。胡锦涛深刻指出，发展社会主义先进文化，是建设中国特色社会主义的应有之义，是马克思主义政党思想精神上的旗帜，是推动我国经济社会发展的必然要求，是中华民族伟大复兴的显著标志。

进入21世纪，党的十七大和十七届六中全会号召全党坚持社会主义先进文化前进方向，提出兴起社会主义文化建设新高潮，推动社会主义文化大发展大繁荣的战略任务，对推进文化改革发展提出了更高要求。实践证明，我们党之所以能够在革命、建设、改革中不断从胜利走向新的胜利，在风云变幻中立于不败之地，其重要原因之一就是重视和发挥文化建设在保持党的先进性、提高党的执政能力中的基础性作用。

我们党在重视和领导社会主义文化建设中，有一个显著的特点，那就是体现出高度的文化自觉和文化自信。“文化的自觉”，是社会学家费孝通提出的一个概念，现在已经被广泛地使用，是指一个政党、一个民族、一个国家在文化上的觉悟和觉醒。对自己的文化有自知之明，对文化的发展历程和未来趋势有清醒的认识，能够达到文化的自我觉醒、自我反省，并进行继承上的自我创新。总的看，文化自觉和文化自信是一种积极的宽容的文化态度，是实现文化创新、提升文化境界的内在根基。露丝·本尼迪克在《文化模式》一书的结尾写道，经过人们的整合和传承，人类文化将出现更美妙的境界，我们将获得一种更为现实的社会信念，还会把人类为自己从生存原料中创造出来的各种和平共处、平等有效的生活模式作为希望之据，成为宽容的新基石。在庆祝建党90周年大会上，胡锦涛总书记便强调我们党必须有“高度的文化自觉和文化自信”，我们党的文化自觉，来源于对文化地位作用的深刻认识、对文化发展规律的自觉把握、对发展文化历史责任的主动担当。90多年来，中国共产党以高度的文化自觉和文化自信，推动了社会主义文化的大发展大繁荣。改革开放，特别是党的十六大以来，社会主义文化建设取得了举世瞩目的成就，中华文化在世界上的影响力逐渐增强。党的十七届六中全会在新的历史起点上又指明了建设社会主义文化强国的目标，而实现这个宏伟蓝图，是一个需要不懈奋斗、不断创造的伟大过程。因此我们要以更加高度的自觉，担当起推动社会主义文化大发展大繁荣的历史责任，正确对待中华民族的传统文化，认真学习继承并发扬光大，更加包容地学习借鉴外来文化，互相交流融合，推动文化的创新发展。要以更强烈的自信，把握文化发展难得的机遇，以更有力的措施，推动文化改革发展取得新的突破，抓住基础性战略性工作，抓住重大部署和重大项目，力争在重点领域和关键环节取得新的突破，进一步梳理和解决制约文化改革发展的深层次问题，以更扎实的作风，落实好文化建设的各项任务。

我们坚信，中国共产党会带领全党和全国各族人民在中国特色社会主义文化发展道路上，谱写出新篇章；在多样化的世界文化舞台上，树立起中华民族的新形象！

四　中国共产党人：中国先进文化的积极倡导者和发展者

党的十七届六中全会指出："中国共产党从成立之日起，就既是中华优秀传统文化的忠实传承者和弘扬者，又是中国先进文化的积极倡导者和发展者。"这是我们党以文化的大视角对自身历史实践的又一次深刻总结，进一步明确了党在文化建设和发展中的角色、使命和任务，即中国共产党既担负着中华优秀传统文化延续和发展的使命，也负有推进中国先进文化建设、引领和提升全社会文化品质的重要使命。党在中华文化和中国先进文化发展中的这种角色定位，是在历史与逻辑的内在统一性上对党的文化使命的深刻体认，这两种文化使命隐含着一种内在的辩证统一关系，在认识上不宜将其分隔甚至对立。

（一）黄河长江浇灌出的根脉：中华民族的文化特征

在传统与现代的激荡碰撞中，如何把握自身的文化角色，关涉中华文化的历史命运，也是党领导中国现代化发展需要始终面对的一个重大命题。自近代以来的各种压力和挑战使中华文化遇到"3000年未有之变局"，中国共产党正是处于变局中的中华文化自身孕育的文化自省、自新的先进力量，而这种文化历史身份也决定了党所肩负的两种文化使命。

中华文明是一个有着广大地域、众多人口和悠久历史的庞大文化体系。在几千年漫长历史中，中国曾经创造出辉煌灿烂的古代文明，形成了具有优秀传统和深厚底蕴的中华文化。中华文明在世界历史的大部分时间里曾经保持着文化上的领先地位，是世界上唯一一个保持文明连续性的古代文明。但是近代以来，在与以科学技术武装起来的西方工业文明的竞争中，以小农经济为基础的中华文明遇到了前所未有的挑战。在战争、割地、赔款和主权沦丧的屈辱中，在天灾人祸的一次次社会危机中，在内忧外患的民族危机和政治危机中，大清王朝最后的统治者退出了政治的历史舞台。这既是一个旧的历史的完结，也是一个新的历史的开端。新的历史主题就是中华民族的救亡图存，其深层的内在的精神动力就是中华文化的自省、自新。近代中国社会各个阶级都曾对中国的出路作出自己的解答，农民阶级的起义虽有建立均富社会的美好理想，却囿于狭隘陈旧的思想意识，无法引领中国文化发展的方向；封建地主阶级的上层试图保持其千古不变的社会统治秩序，仍然幻想"复古"重现昔日帝国的辉煌，但事实却是整个民族陷入更加黑暗的政治沉沦之中；新兴的资产阶级主张西方民主共和模式，却看不起变革中国文化的主体力量，只是在封建军阀和帝国列强之间兜售其主张，虽委曲求全却尽取其辱。只有经过新文化运动和五四运动陶冶的一批先进的中国共产党人，在接受了马克思列宁主义的指导后，看清了中华文化发展的社会主义方向，认识到中华文化发展的主体力量，也因此成为倡导中国先进文化的文化自觉力量，并从此肩负起引领中华文化发展的历史使命。中华文化在近现代的实践表明，只有中国共产党倡导并发展的社会主义文化，才使中华文化摆脱了近代以来濒临灭亡的历史境遇，才使中华文化重振自强不息的文化精神，重获强劲的发展动力，重新恢复了振兴中华文化的自信，开拓了中华文化发展得更广阔舞台和空间，而倡导和发展中国先进文化也成为中国共产党引领中华文化发展的合法性根据。

（二）不断进入新境界："五段论"

中国共产党自创立的90年来，始终是中国先进文化的倡导者和发展者，在领导革命和建设的各个历史时期引领中华文化不断进入新的发展境界，成为中华优秀传统文化的忠实传承者和弘扬者。中国共产党倡导和发展的中国先进文化，是近代中华文化发展的一个崭新阶段，它有力地改变了中国旧文化的封建性质和萎靡不振的落后状态，在蓬勃的革命运动中生发出一种充满革命激情、追求民主科学的社会主义新文化的萌芽，这种先进文化的萌芽在社会主义建设中得到更大的成长空间，并在中国更广大的基层社会不断生根扩叶，形成了蔚为壮观、生机勃勃的社会主义文化。这个历史过程大致经历了五个阶段，这五个阶段展现着中国共产党倡导和发展的中国先进文化从文化精神、文化形态到文化格局，不断丰富拓展和不断深入深化的历史过程，也是中国先进文化在与中华传统文化碰撞激荡、融合创生的过程中实现对中华优秀传统文化的继承和发扬的过程。

第一个阶段是从五四时期到大革命时期，在这个时期五四新文化深入发展并形成了革命文化，中国先进文化力量形成并迅速发展，推动着影响中国文化发展走向的强大潮流的形成。早期的中国共产党人，虽然通过不同途径走上革命道路，但从思想精神上说来，大体都得益于五四新文化的传播和影响。可以说，以民主和科学为核心价值的五四新文化成为引领中华文化发展的新生动力。中国共产党早期的领导人李大钊、陈独秀更是中国新文化运动的主将和领导者。陈独秀1915年就在上海创办并主编《青年》杂志（一年后改名《新青年》），成为新文化运动主将和领导者。李大钊则是率先宣传马克思主义的新文化运动的思想巨擘，十月革命后先后发表《法俄革命之比较观》《庶民的胜利》等著名论文。而五四运动的爆发突出了中华民族的救亡图存的主题，马克思主义在这个时代主题下迅速传播，并与中华民族的独立解放紧密结合到一起，成为引领中华文化前进方向的思想引擎。此后，随着先进知识分子对马克思主义的选择和信仰，随着中国共产党的成立，随着党的成员投入到劳苦大众当中去做工作，中国先进文化的建设自然而然地从五四新文化发展为革命文化。第一次国共合作形成的大革命高潮中的各种文化现象，是这个时期先进文化的典型体现。中国共产党人是这场革命文化兴起的直接领导和传播力量，他们在马克思主义的指导下直接深入基层群众，成立工会、农会，发动群众打破封建礼教文化的精神枷锁，推翻封建势力的残酷统治。在军队中成立政治工作部门，传播革命理想，扫除旧军队、旧势力的封建文化影响，以革命的新文化建立起革命化的新式武装力量，等等。中国共产党领导的革命文化蓬勃发展，对中国旧的落后的封建文化形成直接冲击和威胁，两种文化的碰撞与冲突成为这个时期中国文化发展的基本特点。总的来看，这是一个以现代文化冲破旧的中国封建文化的藩篱，中国先进文化在古老的文化土壤中萌动而出的历史时期。

第二个阶段是土地革命时期的革命文化发展时期，这个时期的革命文化演变为白区的左翼文化和苏区的苏维埃文化。大革命失败后，中国共产党开始探索新的革命道路，由此，革命文化有了新的建设内容和发展方式。一是在白区以鲁迅为代表的左翼文化。左翼文化是在国民党反动文艺政策的“文化围剿”中发展壮大的中国先进文化的代表，中国共产党在各种左翼文化组织中，毫无疑问发挥了重要的领导作用。左翼文化以马克思主义为指导，关注社会重大题材，关注工农生存困境以及他们的反抗，积极推进文艺大众化发展，培养了一支坚强的革命文艺大军，为此后的抗日战争时期、解放战争时期，甚至新中国成立以后的人民文艺事业准备了一批骨干人才。二是中国共产党领导开辟的农村革命根据地呈现出来的文化建设新气象，可称之为苏维埃文化。中央苏区时期，活跃于五四文化战场的一帮知识分子来到赣南、闽西，他们没有忘记当初投身新文化运动的初衷，带着改造中国必须建设新文化的坚定信念，以苏维埃政权为依托，展开了轰轰烈烈的文化革命与文化改造活动，实现了从追寻新文化到建设“苏维埃文化”、从民主观的改造到新型民主的建构、从捍卫科学的价值观到培养科学精神与普及科学知识、从文学革命到革命文学、从倡导妇女解放到解放妇女等方面对于五四文化传统的创造性转化。苏维埃文化展现了革命性、民主性、开放性的文化建设思路。1934 年 1 月，毛泽东对苏区文化建设的思路和内容作过这样的概括，实行文化教育的改革，解除反动统治阶级加于工农群众精神上的桎梏，而创造新的工农的苏维埃文化。

左翼文化和苏维埃文化是从大革命失败到爆发全面抗日战争这十来年时间里，中国共产党领导的先进文化建设的典型体现，是中国先进文化在革命的艰苦卓绝环境中的一次深度淬火，为引领中国文化的走向积蓄了坚韧的内在精神品质、精纯的人才干部队伍。

第三个阶段是延安时期形成的抗日文化。在“抗日”主题下，中国共产党领导的革命文化的内涵进一步丰富、格局进一步扩大。中国共产党领导的工农红军长征到达陕北以后，随着抗战形势的变化，毛泽东在 1936 年底明确了“抗日文艺”这个概念。抗日文艺是抗日文化的一个重要方面，这个概念的提出，意味着中国共产党对当时中国先进文化的思考出现了一个新的坐标，拉开了走向新阶段的序幕。显然，所谓抗日文艺或抗日文化，就是当时先进文化建设领域中的抗日民族统一战线。组成这条文化领域的统一战线，既是为了抗日，也是为了扩大中国共产党领导的先进文化建设的群众基础和文化资源。苏区的苏维埃文化事实上是一种阶级形态的文化，而延安时期的抗日文化则是阶级立场和民族立场相结合的文化。抗日文化是一个多层格局，体现了先进性和广泛性的统一。

与此同时，以延安为代表的在中国共产党领导下的各个抗日根据地的文化建设，总体上属于抗日文化的范畴，可简称为延安文化。延安文化集中和鲜明地浓缩了中国共产党的理想追求，典型体现了新民主主义文化的本质要求，是民族的、科学的、大众的新民主主义文化的典型实践。从这个角度讲，延安文化是抗日文化的前进方向。延安文化和抗日文化是在民族矛盾成为时代主题和主要矛盾的历史情境下，中国共产党领导形成的一座中国先进文化的高峰，它无论是文化精神体验的内在深度、精神表现的时代高度，还是文化内容包含的丰富度，以及文化辐射力的广度、强度上，都达到前所未有的程度，因而成为引领中国文化前进方向的一座航标。

第四个阶段是从新民主主义文化到社会主义文化阶段。五四以后的先进文化，总体上讲都属于新民主主义文化的范畴。抗日战争胜利后，中国面临一个何去何从的问题。随着两个中国之命运的决战开始，当时中国先进文化的建设，又有了新的方向和内容。特别是新中国成立后，出现了过去分隔在解放区和国统区的两支新民主主义文化大军的会师和整合。经历一段时间的磨合和发展，新中国在先进文化建设上的指导思想更加明确了，即用马克思主义的辩证唯物史观来指导先进文化建设，从而使毛泽东在新民主主义理论中已提出的社会主义方向逐步成为更大范围的实践要求。就像经济关系上在20世纪50年代前期有一个向社会主义过渡一样，在文化建设上，50年代前期也有一个从新民主主义文化建设到社会主义文化建设的过渡。过渡完成后，在50年代中期，如何建设社会主义文化作为一个重大课题提了出来，需要逐步探索和回答。在这个过程中，有了“双百”方针的提出，有了科技革命和文化革命的要求，有了“古为今用”和“洋为中用”这样一些原则，等等。此外，毛泽东在谈到国家的建设和发展目标时，总是把经济和文化相提并论。他使用最频繁的表述有："改变经济落后和文化落后的面貌"，"发展经济建设和文化建设"，"提高人民的物质生活和文化生活的水平"，"满足人民的物质需要和文化需要"，等等。这说明，在中国社会主义建设的起始阶段，毛泽东希望把包括物质经济和精神文化两个方面同时推进，由此促进社会主义文化的建设。这个阶段的社会主义文化建设同样取得了巨大的成就，突出表现就是在广大人民群众中树立起社会主义精神，平等意识、主人翁意识成为这个时期社会主义文化精神的核心要素。文艺作品对群众工作生活的表现日益丰富，塑造出各种类型的群众英雄，极大地推进了社会主义文化的形成与发展，也使几千年受封建礼教束缚的中华民族在整体精神面貌上焕然一新。但是，由于在什么是社会主义、怎样建设社会主义这个根本问题上，中国共产党的探索一度陷入误区，与此相应，社会主义文化建设也陷入了误区，出现了极左的倾向，也为中国先进文化建设带来灾难。

第五个阶段，可以概括为从一般意义上的社会主义文化到中国特色社会主义文化阶段。自 1978 年进入改革开放新时期以来，关于文化建设，总体上先后有"建设社会主义精神文明"、"建设和发展中国特色社会主义文化"、"发展当代中国的先进文化"这样三种提法。这三种提法事实上是一致的，因此，江泽民说，在当代中国，发展先进文化，就是发展有中国特色社会主义的文化，就是建设社会主义精神文明。改革开放以来，中国共产党把自己领导的社会主义建设，明确定位为中国特色社会主义建设，因此，先进文化的建设，自然属于中国特色社会主义事业的组成部分，其名称也就可以概括为中国特色社会主义文化。中国特色社会主义文化是在汲取过去建设社会主义文化的经验教训基础上提升出来的新认识。中国共产党对先进文化的理解和要求的与时俱进，对创造和发展先进文化的方式和途径的不断拓展创新，总是表现为继承和发展的关系，而不是后者否定前者，由此反映出先进文化建设的基本规律。比如，江泽民 2001 年在庆祝中国共产党成立八十周年大会上的讲话中，论述代表中国先进文化的前进方向时指出，必须努力体现发展面向现代化、面向世界、面向未来的，民族的科学的大众的社会主义文化的要求。这些要求中，既包括毛泽东在革命时期提出的关于新民主主义文化的“三个属性”，又有邓小平在改革时期提出的关于文化教育工作的“三个面向”。在这以后，胡锦涛提出建设社会主义核心价值体系，包括马克思主义的理论指导，中国特色社会主义共同理想，以改革创新为主的时代精神和以爱国主义为主的民族精神，以及社会主义荣辱观，这些又构成了中国特色社会主义文化即当代中国先进文化建设的重要内容。党的十七届六中全会进一步提出，社会主义核心价值体系是兴国之魂，是社会主义先进文化的精髓，决定着中国特色社会主义发展方向。由此，构建社会主义核心价值体系，成为先进文化建设的根本任务。

[延伸阅读]

孔子与儒家文化

孔子（公元前551年~公元前479年），春秋末期鲁国陬邑人（今山东曲阜），是我国古代伟大的思想家和教育家。据说，他生下来时头顶形状中低四高，像附近的尼丘山，故名“丘”；他在家里排行老二，故字“仲尼”；子，是古代对男人的尊称。孔子3岁时，父亲去世，由母亲颜征抚养长大，接受乡村教育。17岁时，母亲去世。20岁时娶宋国姑娘官氏为妻，翌年生下儿子孔鲤。

孔子开始做过一些低微的职业，包括管理仓库的小官委吏、管理牧场的小官乘田，还担任过承办丧事的助丧。51岁时开始在鲁国从政，先后担任过中都宰（县长）、小司空（工程管理部门的副长官）、司寇（司法部门长官）等职，位列大夫，颇有政绩。孔子一生挚爱学习，以博学知礼而闻名。30岁前后就有学生求教并追随他，所谓“弟子三千，贤士七十二人”，形成了一个独特的师生团队，以讲学修德与治国利民为目标。55岁以后，孔子与国君政见不合，罢官出走，率弟子周游列国。14年间，游历了卫国、曹国、宋国、郑国、陈国、蔡国等，推行教化，终生不渝。68岁时应鲁国新国君的召请回国，73岁与世长辞。

孔子的一生没有做出经天纬地的大事业，但是他以言传身教开启了中国历史上最有影响的儒家学派，以后经过历代当权者的推崇和儒生的承扬，形成了儒家文化，在当代中国和世界仍然发挥着重要影响。

儒家文化的政治思想主要包括了“仁”和“礼”两个部分。“仁”的概念组成了儒家思想中道德规范体系的核心。“仁”有以下几层意思，一是“爱人”，二是“修身”，三是提倡“以人为本”的思想。“礼”也是儒家思想中核心内容之一。有关研究统计，孔子规范礼的内容就有三十多项。孔子说：“丘闻之，民之所由生，礼为大。非礼，无以节事天地之神也；非礼，无以辨君臣上下长幼之位也；非礼，无以别男女父子兄弟之亲，婚姻疏数之交也。”所以，孔子终生践行“克己复礼”。儒家的哲学思想比较复杂，一方面有唯心主义倾向，另一方面又有唯物主义因素。同时，儒家的哲学思想中也充满了辩证法。儒家文化中的教育思想主张为礼服务，孔子说过：“夫子之教，必始于诗书而终礼乐。”在具体教育方法上，孔子提倡“有教无类”和“因材施教”。

用现代元素升华传统文化的法国文化产业模式

文化产业具备资源产业的特征，它可以满足人们的需要，又可以实现价值的增长，更为重要的是能够创造新的需求，完成资源的服务——增长——修复——再服务的循环链，成为一种新型的资源。欧洲有许多国家如英国、法国、意大利、德国、丹麦等国家拥有丰富的文化遗产资源、完善的文化基础设施以及长期投入的财政资金，这大大推动了各国文化产业的持续发展。从20世纪80年代开始，法国地方政府拥有相当的文化自主权，区域性文化发展与中央政府的政策并不抵触，而是形成了一种互助合作的关系，这成为法国文化体系的特色。各城市的地方机关在文化事务上被赋予的职责也日益增加，地方机关在文化政策上的参与程度越来越大，各地制定出自己的文化政策。这些政策之间具有密切关系，形成了三个主轴：创新现场文化活动，传统文化设施翻新以及专为发展创意产业推出的文化设施与策略。

巴黎作为法国文化和创意产业中心的“法国岛”，以巴黎为中心，仅占法国总面积的2%，却创造30%的GDP。在市政府的推动下，著名的巴黎“白色之夜”，通过公共艺术展示、夜间游乐场、足球场等让人们徜徉在巴黎夜色与文艺盛宴中。

2004年法国北部的里尔市被选为欧洲的文化之都。里尔市借助火车站的改造，设置公共艺术，把公共空间重新利用并结合艺术转化，进行了一连串的文化转型。在2004年创造了1.7万名艺术家参与、200万人次访问的惊人数字，同时，超过1万名居民参与文化活动。马赛为赢得2013年欧洲文化之都的评选资格，正如火如荼地进行地方艺术文化与建筑物等展演设施的改造计划，未来将会设置一座位于旧海港旁边、以地中海文化为主题的特色博物馆等象征当地海洋文化的文化展演。

凡尔赛宫引入当代艺术家的展览，用时尚元素更新传统文化场所。当代艺术进入具有高贵传统的凡尔赛宫，强烈的视觉震撼以及争议性的舆论，反而吸引了更多的参观者，成了凡尔赛宫的新焦点。鲁贝市政府把一座旧的废弃的游泳池重新改建为一座博物馆，将老旧的建筑改造成有创意的文化设施。文化软实力的注入让当地纺织工业都市的形象有了重大转变，使城市更具有历史与文化价值。卢浮宫选定朗斯作为分馆，分馆的设置使卢浮宫这一著名艺术文化中心得到延伸，给予其崭新的文艺面貌，卢浮宫也得以扩展典藏展示的空间，实现了文化资源的分享。法国导演吕克贝松将在圣德尼这座城市建立一座如美国好莱坞规模的影视重镇，将发电厂改造成制片厂。

法国地方政府善用当代艺术文化的软实力，把艺术融入公共空间，获得了人们普遍的认同，无论是建立新的文化中心，或者推展城市文化复兴，都彰显着艺术文化与创意经济有机结合的这种文化产业发展的全新模式。

各国文化产业定位

由于不同国家的政治文化背景以及经济发展水平的不同，文化产业在不同国家的发展定位也不尽相同。在美国，文化产业在经济领域不具有特殊地位。美国政府认为文化产品与钢铁、汽车等其他产品没有什么不同，文化不需要特殊的“规划”和“保护”，政府所应做的只是提供公平合理、充分竞争的文化舞台。20 世纪 90 年代，英国专家学者率先提出了创意经济这个概念，经过 10 年的努力，创意产业在英国已成为与金融业相媲美的支柱产业，帮助其国民和政府突破了经济发展的困境，找到了新的经济增长点。1997 年金融危机后，韩国政府开始将资源投入到资讯、娱乐产业等与文化相关的产业，对文化产业的人才开发、产品研发到完成生产后的国际行销等一系列环节进行协助和辅导，为韩国文化产业兴起做了准备。目前，韩国在发展文化创意产业方面，主要偏重在电子游戏、游戏产品以及数码、电子网络等新兴产业。日本把提高文化竞争力作为提升日本产品竞争力的重要举措，认为通过文化产品可以加深世界对日本文化的理解，使日本重新获得尊重，从而使日本产品提高文化含量和附加值。2001 年日本明确提出知识产权立国战略。

第五章　鱼水情深的党群关系

中国共产党从成立那天起就把全心全意为人民服务作为根本宗旨。无论在战争年代还是社会主义建设和改革时期，党都重视全心全意为人民服务，与人民群众建立密切联系，一刻也不脱离群众。从毛泽东的“人民万岁”、邓小平的“我是中国人民的儿子”、江泽民的“代表中国最广大人民根本利益”到胡锦涛的“群众利益无小事”，无不道出党与人民群众的深情厚谊和对人民群众的赤子情怀。正是有了这样的思想、这样的情怀，正是我党一直努力践行着党的宗旨，我们党才能由小到大、由弱变强。

中国共产党的宗旨是全心全意为人民服务，这是由中国共产党的性质决定的。作为工人阶级先锋队的党，除了忠实地代表工人阶级和人民群众的根本利益，没有其他任何特殊利益，这就决定了党的根本立场和唯一宗旨就是全心全意为人民服务，这是无产阶级政党区别于其他阶级政党的重要标志，也是共产党员党性修养的最高原则和根本内容。全心全意为人民服务的宗旨，要求共产党员把党和人民的利益摆在高于一切的位置上，任何时候、任何情况下都应当首先想到党和人民群众的整体利益。

一　追根溯源：中国共产党宗旨提出的理论依据

马克思主义群众史观是唯物史观理论中的重要组成部分，群众史观是在唯物史观创立之后形成和发展起来的。在实践上，群众史观是我党群众观点和群众路线的理论根据，同时也是我们当今所提倡的执政为民、以人为本的理论根基。

（一）群众观的根基：无产阶级主体地位的确立

马克思、恩格斯在创立世界上第一个无产阶级政党的同时也指明了党与人民群众之间的基本关系，即党是无产阶级解放事业的推动力量和领导者。马克思、恩格斯认为，无产阶级政党的先进性决定了它是工人群众的领导者。无产阶级是人民群众利益的代表者，一般的政治团体可能只是代表一部分人的利益，代表的利益也是有限的，但无产阶级的利益就是广大人民群众的利益，党代表无产阶级的利益，就是代表人民群众的根本利益。无产阶级绝不代表其他反动阶级的利益，那些其他阶级的个人加入无产阶级政党，是建立在他们已经改变各自旧的阶级立场的前提下的，他们的主张和行动应体现党的利益和人民的利益。

马克思、恩格斯还认为，党对无产阶级的领导并不是自封的，而主要在于工人乃至人民群众的认可。由于党的一切活动都代表了工人群众的利益，获得了无产阶级的支持，党的领导地位也就获得了实现的可能。为了使工人群众认识自己的根本利益，恩格斯曾经指示德国党要通过自己的报刊向群众进行宣传，帮助人民群众认识到自己在社会中受压迫的处境，讲明人民群众在革命中的目标和利益，启发工人觉悟，唤醒沉睡的阶级意识。

（二）群众观的扩展：“安泰”的力量之源

把党群关系的好坏、亲疏与党的执政地位相联系，时间是在无产阶级即将取得政权以及成为执政党之后。在此期间，列宁曾经把人民群众比作大海，而共产党人和党的干部只是沧海一粟。在列宁的思想中，群众内涵进一步丰富、发展，开始与无产阶级政党的革命、执政活动联系起来，并由哲学的概念变成了现实生活中的社会概念或政治概念。群众不仅是等同于工人阶级的代名词，而且变成了那个时代“千百万人”的集合体。列宁在1918年说，数以千百万计的群众，哪里有千百万人，哪里才是政治的起点；哪里有千百万人，而不是几千人，哪里才是真正的政治的起点。到了斯大林时期，群众内涵进一步扩大，变成了所有社会主义劳动者，即全社会的绝大多数。斯大林经常用安泰的故事来形容无产阶级政党与群众的关系。

古希腊的神话里，有个叫安泰的著名英雄，他的父亲是海神波赛东，母亲是地神盖娅，他对于生育、抚养并把他教养成人的这位母亲爱慕备至。安泰很有力量，没有哪一个英雄能与他抗衡，因此，大家都认为他是个无敌英堆。为什么他这样有力呢？原来他同敌人决斗遇到困难时，只要不离开他的母亲——大地，就能取得一股新的力量。但他始终有一个弱点，就是生怕别人用某种方法把他同地面隔开。敌人知道了他的弱点，于是时时刻刻暗中窥伺他。后来有个敌人利用了他这种弱点，结果把他战胜了，这个敌人就是盖尔枯里斯。他是怎样把安泰战胜的呢？原来这个敌人用强有力的手臂设法把他高高举起，竟使他无法再与地面接触，并乘机在空中掐死了他。

斯大林把安泰比作布尔什维克党，把母亲看做群众，非常形象地反映出了党与人民群众的关系。这个观点说明，密切党群关系对于党夺取政权、巩固政权并长期执政具有决定性意义。

在马克思主义经典作家那里，群众是一个动态的、发展的概念，其狭义含义是指工人阶级；一般含义是指全体被剥削者或全体劳动者，包括工人、农民、小资产阶级，他们靠劳动谋生；广义含义是指作为哲学概念的“人民群众”，往往指不同历史阶段和社会形态中的劳动者，他们是创造历史的主体，也是推动人类历史发展和社会进步的决定性力量。

（三）群众观的发展："人民"到底是指谁

在我国，毛泽东在《关于正确处理人民内部矛盾的问题》中首次提出了"人民"的概念。他指出，人民这个概念在不同的国家和各个国家的不同历史时期，有着不同的内容。我国在抗日战争时期，一切抗日的阶级、阶层和社会集团都属于人民的范围；在建设社会主义的时期，一切赞成、拥护和参加社会主义建设事业的阶级、阶层和社会集团，都属于人民的范围。在现阶段，人民的外延应更广泛些，凡是拥护社会主义和祖国统一的阶级、阶层和社会集团，都属于人民的范围，包括全体社会主义劳动者（无论是体力劳动还是脑力劳动）、拥护祖国统一的爱国者和拥护社会主义的爱国者。

二　发展与变迁：党群关系的历史演变

可以说，一部中国共产党的历史就是一部坚持做好群众工作、紧紧依靠并带领人民群众不懈努力和奋斗的历史。没有人民群众的支持、拥护和参与，党一天也不能生存，更不可能取得一个又一个辉煌胜利。正因为如此，党把同人民群众的关系比作鱼水关系，喻为血肉关系，视为种子与土地的关系。

毛泽东说，真正的铜墙铁壁是什么？是群众，是千百万真心实意拥护革命的群众。这是真正的铜墙铁壁，什么力量也打不破。反革命打不破我们，我们却要打破反革命。在革命政府的周围团结起千百万群众来，发展我们的革命战争，我们就能消灭一切反革命，我们就能夺取全中国。

毛泽东最早使用为人民服务这个概念是 1939 年 2 月，在致张闻天的信中提到的。而毛泽东第一次正式提出这个观点，则是在 1944 年 10 月 4 日。在毛泽东到清凉山中央印刷厂看望工作人员时的讲话中指出，为人民服务是中国共产党的唯一宗旨。为人民服务表达了中国共产党人一切工作的出发点和归宿，指明了党与人民群众的主客体关系，即党是公仆，人民是主人；中国共产党是立党为公的，是为人民服务的，为人民效劳的。在第一次国内革命战争和土地革命时期，毛泽东精辟阐述了中国共产党人的价值观。共产党人的一切言论与行动，必须以合乎最广大人民群众的最大利益，为最广大人民群众所拥护为最高标准。他还系统阐释了党与人民群众相处的具体关系。一是学生与先生的关系，也就是要虚心向群众学习；二是要东西与给东西的关系，也就是在向群众要东西的同时，先要给群众东西；三是党的主张与群众自愿的关系，更多时候我们要尊重群众的意愿，而不是代替群众下决心。毛泽东还指出，我们在为人民服务的同时尽量不要犯错误，即使犯了错误也要及时地改正。

（一）鱼水情深：新民主主义革命时期的党群关系

在谈到和人民群众的关系时，毛泽东常用这样的比喻，水里可以没有鱼，但鱼儿却永远离不开水。用鱼水关系比喻他和老百姓的关系，比喻党群关系。历代统治者，形容自己和老百姓的关系的时候，都是水和舟的关系。水是载着舟的，舟是浮在水上的，就是说封建统治者还是依靠老百姓而生存的。而毛主席把自己比作鱼，就是说他永远离不开群众，但群众可以没有他，寓意非常深刻。新民主主义革命时期的党群关系发展过程大致可以分为三个小的阶段。

第一阶段是从党的成立到大革命失败。在这个阶段，中国共产党的影响力迅速扩大。从一个缺乏群众基础，处于秘密状态，组织规模狭小，社会影响不大的小党，很快发展成中国政治生活中的重要力量，特别是在北伐战争中发挥了重要的领导作用。在同国民党合作的基础上，中国共产党以工人运动为主要力量基础，建立起广泛的反帝反封建的革命统一战线，推动了国民革命和北伐战争的胜利。在大革命运动的后期，由于党的领导机关犯了右的错误，放弃了党对民众运动和武装斗争的领导，最终导致了大革命的失败。

第二阶段是从 1927 年八七会议到 1937 年抗日战争全面爆发。

在这个阶段，正如毛泽东所说，“星星之火，可以燎原”，中国共产党的影响由点到面，逐渐在全国范围内建立起组织，进一步发展群众基础，特别是长征胜利和西安事变的成功处理，为党群关系的深刻发展起到了极其重要的作用。不过，在这个阶段，我党的群众基础主要在农村，同时与各民主党派发展着友好合作关系，还没有在全国范围内取得群众基础的压倒性优势。党在农村发动广大农民群众，开展土地革命和武装斗争，逐步走出了一条农村包围城市的革命新道路。在此基础上，党对群众问题及党群关系问题的认识得到了升华。群众路线作为中国共产党的根本政治路线和工作路线，作为马克思主义同中国革命实际相结合的根本立场、观点和方法，被毛泽东等提炼出来并开始被全党所确认。

第三阶段是从抗日战争全面爆发到新中国成立。在这个阶段，我们党发展了抗日民族统一战线和反饥饿、反内战、反迫害的民主革命统一战线，群众基础空前壮大，逐渐超越了中国国民党，在全国范围内建立起了最广泛的群众基础。在处理党群关系的问题上，我们党越来越成熟，形成了丰富的方法体系和理论结晶。在艰苦的战争年代里，鱼水情深的党群关系虽历经磨难和考验，但最终在战火中达到了最大的融洽与和谐，并由此收获了中国革命的胜利成果。（束锦著《党群关系的时代变迁、挑战及其重建——基于利益协调视角的探讨》，载《学习与实践》2011 年第 7 期）

人民的支持，更是共产党人最根本的支撑力量，让中共在完成使命的道路上无数次绝处逢生。1935 年，四川夹金山硗碛乡的乡民热儿伊目睹了红军长征翻越雪山的艰苦卓绝，更让他觉得不可思议的是，这支破衣烂衫的军队，连拿了百姓一根针、弄断了纺羊毛的一根细竹棍都要付钱。他冒死帮着红军冲出白军重围，为此一个人在荒山里躲了整整两年。在国民党大规模清剿的险恶环境中，人民始终是红军挺进师的坚强后盾。如著名的“山洞医院”，当地党员群众在自己缺衣少食的情况下，想方设法突破敌人的封锁线，将粮药送上山；年轻的母亲不顾自己婴儿嗷嗷待哺，用乳汁救活重伤员；

老妈妈撑着遭敌人毒打的伤体，临死那天还为伤员煮了一锅饭；赤卫队员被敌人抓去受尽残酷折磨，至死不暴露红军医院的所在地；革命群众引开搜山的敌人，用自己的生命换来伤病员的安全……

为什么当年百姓拥护红军？就因为当兵的不欺负百姓，当官的不爱财，心里装的不是私利，而是天下劳苦大众。也正是因为有这样的百姓，我们党的队伍才得以在战争年代保存下来，继续战斗。在那个战事频繁的年代，苏区的老百姓义无反顾地把自己的子弟送上了战场。据后来统计，赣南苏区240万人口，参加红军和地方部队的前后高达32万人，兴国一县21万人口，参军作战达5万人，这是一个惊人的数字。正如毛泽东所预计的那样：只要革命，就能获得80%以上人的拥护。

（二）风雨同舟：社会主义建设时期的党群关系

这个时期，在党群关系问题上，全心全意为人民服务的根本宗旨得到了贯彻，但在处理党群关系的具体方法上，出现了一些失误，既有宝贵的经验，也有惨痛的教训。这个时期的党群关系可以划分为三个小的阶段。

新中国成立初期，党的主要任务是巩固来之不易的新政权，在经济上恢复和发展国民经济，完成社会主义改造。要顺利完成这些任务，首要的一条就是取得人民的信任和支持。执政党最致命的和最大的危险是脱离群众。新中国成立初期，为了防止脱离群众，加强党群之间的鱼水关系，党做出了极大的努力。

一个重要原因是制定了正确的路线、方针、政策，领导人民连续取得了恢复国民经济、土地改革、抗美援朝、“三大改造”等一系列重大胜利，极大地鼓舞了人民群众，使人民群众对党的信心倍增，使党的威信继续迅速提高。

农民是中国的基本人口，是中国革命的主力军。只有彻底解决农民的土地问题，变封建土地所有制为农民土地所有制，才能充分调动农民的革命积极性，从而使党获得最可靠的群众基础。中国共产党希望通过发动农民自己来消灭农村中的封建土地关系，亲手从豪绅地主阶级手里夺取土地。比如1930年的赣西南苏区分田地，速度非常快，多数在一周多的时间里分完，最长的也超不过半个月。各地的农民，自动地将本村的人口及土地数目调查后报告到乡政府，并将一切契约田据，概行烧毁，不分日夜开群众大会，解决土地问题，所以不到半月，将赣西南的土地分了22县。这对于当时千百万农民来说是极富震撼力的，他们听不懂抽象的理论，但他们知道“打土豪、分田地”的意义。事实上，农民有了田之后，生活的确变化很大。《中央革命根据地史料选编》中提到，生产结果落在自己的手里，因此现在农民的生活较国民党时代是至少改良了一倍。农民的大多数，过去一年中有许多时候吃不饱饭，困难的时候有些竟要吃树皮，吃糠秕，现在则一般不但没有饥饿的事，而且生活一年比一年丰足了。过去大多数农民每年很少有吃肉的时候，现在吃肉的时候多起来了。过去大多数农民衣服穿得很烂，现在好多了。

1947年10月10日，中共中央颁布执行《中国土地法大纲》，其旗帜鲜明地规定：“废除封建性及半封建性剥削的土地制度，实行耕者有其田的土地制度。”两千年来，中国历代农民梦寐以求的“耕者有其田”在中国大地上轰轰烈烈地推行着，当年孙中山先生逝世时仍念念不忘的“耕者有其田”在广大的中国农村变成现实。一年之后，一亿人口的解放区内，近9000万农民分得了土地。这是中国农村社会的大变动，是一场真正意义上的大革命，改革的力量源自每一个中国农民，而无数中国农民的力量正是可以决定中国命运的力量。

中国共产党领导土地革命的这个事实，使讲求实际的中国农民看清了谁代表着他们的愿望和根本利益，从而得到了他们的全力支持。这是一个足以排山倒海的力量，解放区出现了生产、参军、支前的热潮，为夺取人民解放战争的胜利奠定了坚实的基础。

中国共产党靠土地革命较好地解决了土地问题，赢得了人民的支持。虽然几经变迁，情形殊异，但即使到了今天，新一代的中国共产党人也没有放弃对农村和农民问题的关注及探索。2005 年 12 月 29 日，十届全国人大常委会第十九次会议表决通过关于废止 1958 年制定的《中华人民共和国农业税条例》的决定，也就是说从 2006 年 1 月 1 日起，国家不再征收农业税。当时，掌握了铸鼎手艺的王三妮就冒出了一个想法，自己出钱，铸一个青铜鼎来记录这件亘古未有的大事。

2006 年 9 月 29 日，“告别田赋鼎”铸成，中国历史第一次由一个普通农民如此郑重地记录下来。王三妮自己动手撰写了铭文，铭文这样写道：我是农民的儿子，祖上几代耕织，辈辈纳税，今朝告别了田赋，我要代表农民铸鼎刻铭，告知后人万代歌颂、永世不忘。更重要的是，减免农业税和对农民进行生产的直接补贴是结合在一起的，一边免税，另一边发钱，国家跟农民的情就一下贴近了。而整个社会也因此有了一个重大变化——为收这些税，基层干部其实也吃了很多苦，一家一户去收税，催着农民交钱，关系就很难搞好，现在干部再来就不是收钱来了，是发钱，干群关系当然就好起来了。

第二个原因是积极开展了整党整风和“三反”、“五反”运动，解决党内存在的思想作风不纯问题，严肃惩处腐败分子，从而教育了全党，改进了党的作风，增进了群众对党的信任。

第三个重要原因是加强了人民群众对党和政府的监督。如建立和健全处理人民来信、接见人民来访的制度。

1940 年陕北水旱虫灾，经济困难。有次下雨打雷，一位县委书记被雷电击中身亡。一位农民知道后，说：“打雷怎么不劈死毛泽东！”乡政府就把这个农民抓了起来。毛泽东知道后，对下面的人说：“你们先把他放了，问问他为什么骂我。”这农民说：“你们共产党征粮征得太多，我们缺粮，我只知道共产党的头子是毛泽东，我就骂了毛泽东。”毛泽东再对下面的人说，“你们调查一下是不是征粮征得太多了”。下面深入调查后，得出结论：是征粮征得太多了。征粮征得太多，农民有意见；征粮征得少了，部队吃不饱，怎么打日本？在两难之中，中央提出大生产，这才有了后来轰轰烈烈的大生产运动。这件事告诉我们，有时骂声也是心声，有时骂声也是走向真理的先声。离开了民主，不论是“从群众中来”，还是“到群众中去”，都必将流于形式，甚至走向反面。

由于采取了以上措施，人民群众对党更加拥护，党群关系和谐融洽，党经受住了执政的考验，从而使新中国成立初期的党群关系成为党执政以来的最好时期。

十年全面建设社会主义时期，党对社会主义建设的道路进行了艰辛的探索，经历了一个曲折的历程，与之相伴随，党群关系的发展也经历了曲折。首先，党的指导思想的错误导致了一系列重大失误，严重损害了党的形象，影响了党群关系。其次，党内民主集中制原则受到破坏，从中央到基层的民主生活遭到严重损害，个人专断的作风代替了集体领导的原则，“个人崇拜”现象在党内滋生起来。再次，党内存在的瞎指挥风、强迫命令风、浮夸风等严重损害了群众利益。为使受到损害的党群关系得到恢复和发展，党做了巨大的努力。纠正“左”倾错误，着力恢复和发展国民经济，平反“右派分子”，大兴调查研究之风，健全党的民主集中制，开展广泛的批评和自我批评，建立轮训干部制度、交流干部制度、干部参加集体生产劳动制度等措施，取得了显著成效。

“文化大革命”给党、国家和人民群众造成了严重的灾难，使党群关系受到极大的破坏。国民经济遭到极大破坏，已经到了崩溃的边缘；民主和法制荡然无存，人民生命财产失去保障；党群关系严重扭曲，群众自发论和个人迷信双流行；党的自身建设受到严重破坏。对“文化大革命”的错误，党内的健康力量和人民群众进行了抵制和斗争，在困难的条件下广大人民群众并没有放弃对党的信心，这是最终结束“文化大革命”，重新恢复党群鱼水关系的政治基础。

1981 年，邓小平在回顾这些情况时指出，那个时候，党和群众心连心，党在群众中的威信比较高，社会风气尚好，广大干部群众精神振作。所以，尽管遇到困难，还是能够比较顺利地度过。在国民经济困难时期，毛泽东同志等中央领导人以身作则，带头勒紧裤带过苦日子、渡难关。毛泽东同志本人中断了爱吃的红烧肉。同时，他自降工资，将工资由一级每月600元降为三级每月404.80元，一直到1976年去世也没有改变。中共中央提出，党员领导干部的工资，今后几年内应当逐步降低，以缩小高低工资的差距，并利于带动群众艰苦奋斗、勤俭建国。中国共产党及其领袖与群众同甘共苦、风雨同舟的担当意识和做法，是20世纪60年代初期党能经受住严重困难考验最重要的原因之一。

（三）血肉相连：改革开放时期的党群关系

十一届三中全会以来，党恢复和发扬了密切联系群众的优良传统，使党群关系发展到了新的阶段，成为新中国成立以后党群关系最好的时期之一，党群关系呈现出新的局面。这个时期的党群关系可以划分为以下三个小的阶段：

第一个阶段是党和人民群众共同开创改革开放事业，在政治上高度一致和团结的阶段。结束“文化大革命”，重塑了党的正确领导和光辉形象，人民群众对党的拥护和热情再度高涨。十一届三中全会开创改革开放的新事业，人民群众在党的领导下艰苦奋斗，锐意进取，取得了国民经济大发展的重大成就，也得到了实惠，党群关系非常融洽。

第二个阶段是面临挑战与不断磨合的阶段。在取得一系列成就之后，党内一些干部中滋生了骄傲自满和贪图享乐的习气，腐败之风开始盛行，社会上也出现了拜金主义、个人主义、无政府主义等错误思潮，加之西方资本主义国家对我国推行和平演变，导致党群关系遭遇到严重挑战，一些否定党的领导的言论及活动也开始出现。对此，党加强了自身建设，坚持了“两手抓、两手都要硬”的发展战略，战胜了各种各样的困难，保证了党的领导地位，摆脱了脱离群众的危险，获得了人民群众更加坚决、更加一致的拥护。

第三个阶段是党群关系密切新局面的出现。在世界社会主义运动陷入低潮之时，中国共产党战胜了困难，赢得了人民群众的支持，并且在建设中国特色社会主义事业中取得了很大成就，这使得人民群众对党的信任和支持上升到一个历史新高度。党的决策更加科学、民主，党的形象更加光辉、亲切，人民群众的拥护更加自觉、彻底。当然，在新时期，还有一些人民内部矛盾不断显现，西方敌对势力和国内少数分裂势力的破坏也一直存在。在这一时期党在处理与群众的关系问题上更加小心谨慎、加倍努力。

回首中国共产党九十多年的奋斗历程，对我们共产党人而言，就是提供了一个重温历史、再次定位的契机。其核心要义，就是中国共产党人如何在新的历史条件下加强党群关系建设，继续赢得人民的支持和拥护。党与人民群众的关系，与党的发展相伴随，是党的建设中一个历久弥新的课题。

三 挑战与回应：新形势下党群关系新探

中国共产党执政以后，由于政权性质的根本变化，党群关系发展到了一个新的阶段。执政党的地位为我们党更好地维护、代表和实现广大人民群众的利益，从而密切与人民群众的血肉联系提供了新的条件。同时，执政地位、环境、条件、任务的变化也使党群关系呈现出新的特点，使我们党在处理党群关系方面面临着新的课题、新的要求和新的考验。新时期如何做到把人民放在心中最高位置，需要我们对新形势下的群众工作有一个全面的认识。

（一）新世情新国情：重塑党群关系的必然性

1. 政党转型

在共产党执政的60多年中，前30年中国共产党虽然夺取了国家政权，但是在指导思想和执政的方式上，没有脱离革命党的思维，所以尽管有执政党的身份，但仍然是革命党。那么在后30年，中国共产党的指导思想发生了巨大的改变，从强调以阶级斗争为纲、无产阶级在专政条件下继续革命，到以经济建设为中心这样一个政治路线的转变，开始了拥有执政党身份以来第一次真正由革命党向执政党的政党转型。所有的革命都分为两个层面，一个层面是政治的层面，一个层面是社会的层面。政治革命的目标是夺取政权，革命成功之后是建设国家；社会革命的目标是改变人际关系、生产关系、社会关系，而之后则为社会建设。所以革命可以按照两个逻辑去发展，一个是由政治革命走向国家建设，另一个是从社会革命走向社会建设。（祝灵君著《党群关系：当代中国政治研究的视角》，载《政治学研究》，2008 年第 2 期）从政治革命转向国家建设这一层面看，1949 年我们政治革命的任务就已经完成了。我们今天谈的中国共产党由革命党向执政党的转变，是从社会革命向社会建设这个角度讲的。

2. **群众基础的变化**

我们知道，在十二届五中全会上，胡锦涛总书记在讲话中提到了党的群众工作。群众工作本来是我们党传统的政治优势，我们党刚建立的时候只有 50 多个党员，一直发展到今天 8000 万党员。在这样一个背景下，我们可以看出，党的发展是和我们的群众工作紧密联系在一起的，特别是在执政之前，我们党没有任何的资源，只有获得人民群众的支持我们才能获得胜利。可以这样讲，我们党现在获得的资源比以前更多了，我们的条件比过去更好了，但是党的群众工作面临着新的考验，可以说这种考验比过去更大了。说到群众工作，我们一般分为两个主体，一个党，一个群众，就群众基础而言已经发生了重大变化。

一是群众基础已经发生了几代人的更迭。可以这样说，在我们执政党执政的初期，共产党执政政策的受益者——当年的那批群众，已大多退出历史舞台。20 世纪 50 年代出生的人基本都到了退休年龄，60 后成为社会的中坚力量，70 后 80 后也正在崛起。几代人下来，对党的认同度已经发生了变化，如何使我们党的执政获得新一代人的支持，也就是说获得执政的合法性，这是一个严刻的考验。

二是群众划分为多元的利益群体，格局复杂化。在改革开放前，我们中国社会号称两阶级一阶层，工人农民两大阶级，加上一个知识分子阶层，可是今天已经不是了。有一个研究机构说，我们中国社会有十大社会阶层，群众之间如何进行公正的利益协调，就是值得我们高度关注的问题。而多元化社会主体的形成，使“群众”这个概念的内涵和外延与过去相比有了很大的不同。这种社会结构和社会阶层出现的新变化，使我们做好群众工作面临许多新情况、新问题与新挑战。

三是群众价值观多元化、诉求多元化。时代发展到今天，我们有我们的社会主流价值，对基本社会制度的认同，对我们国家政权的认同是主流，但公众思想活动的独立性、选择性、差异性明显增强，思想意识呈现出多样、多元、多变的特征。

3. 国外环境的影响

当今世界是开放的世界，新的历史时期，随着科学技术的突飞猛进和世界政治格局多极化趋势以及经济全球化浪潮的迅猛发展，中国共产党和人民群众的关系也不断受到国际大环境的冲击和影响。世界社会主义运动处于低潮，西方敌对势力的和平演变以及西方不良社会思潮的涌入，都使党群关系面临着严峻的挑战。

20 世纪 80 年代末 90 年代初，以东欧剧变和苏联解体为标志，世界社会主义事业遇到严重的挫折。在短短两年多时间里，共产党执政的社会主义国家数量由 15 个减少到 5 个，土地面积损失 70%，人口损失 32%。世界各国的社会主义力量受到沉重打击，各国的共产党组织由原来的 180 个减少到 130 个，党员人数由原来的 9100 万减少到 6600 万，世界社会主义运动跌入低谷。面对这种黑云压城的局势，国内有不少人由于缺少思想准备，对社会主义产生了种种错误的认识。

西方敌对势力对我国实施的和平演变策略，给党群关系的和谐发展提出了挑战。首先，他们尽一切手段，混淆是非，攻击中国共产党，丑化社会主义制度，极力离间党与人民群众的关系，致使一部分人对社会主义信念发生动摇。特别是个别人在西方敌对势力的蛊惑面前，丧失了辨别力，加之对现实生活中遇到的一些问题缺乏正确的认识，因而对党产生不满甚至对立情绪。其次，宗教迷信的渗入使一些人失去了精神支柱。近年来，西方敌对势力对我国加紧了宗教文化方面的渗透，他们以反华反共为宗旨，有计划、有组织地渗透，恶意攻击马克思主义和共产主义是“魔鬼”，是“邪恶”。特别是随着党的宗教信仰自由政策的贯彻落实和我国对外交往的扩大，部分群众尤其是青年学生，受西方宗教和宗教文化的影响日渐加深，各教堂宗教仪式活动不仅吸引着成千上万游客，也吸引着广大的青年学生。

在当前全球化浪潮进一步发展和中国改革开放不断深入的时代背景下，西方的不良社会思潮超越了国界，并日益对中国人民的传统价值观念产生越来越大的影响。西方社会倡导个人主义，主张个人本位，认为个人是整个社会的目的和核心，社会则是满足个人需要的手段，鼓吹一切向钱看，追求享乐的生活方式，宣扬人的本性是自私的，主张私有财产神圣不可侵犯，这些都对我们的价值观产生了一定的冲击。

（二）新问题新挑战：矛盾凸显下的党群关系

当前，在“两个转型”互动的大背景下，我国社会也发生了翻天覆地的变化。社会主义市场经济的建立使民众的主体意识、权利意识、消费意识迅速增强；网络世界的勃兴使人们的表达意识、参与意识空前增强；社会发展使我国民众的责任意识、公民意识日渐增强。在新的时代背景下，不同社会群体之间、干群之间出现了距离，这些都是过去党的群众工作不曾遇到的新情况。

1. 物质利益矛盾更加凸显

目前群众反映最多的是征地拆迁、基础设施建设用地补偿不及时及降低政策标准的问题。此外，导致群众集体上访的问题大多涉及村干部挪用、侵占集体资金，或强行不公开招标投标低价承包集体山林土地、鱼塘虾池、近海滩涂等由自己经营，或是暗箱操作、收受他人好处，把集体山林土地等承包权低价承包给他人经营。在一些群众眼里，由于看见自身利益受到不当侵害，部分基层干部对群众疾苦漠不关心、只作表面文章，对群众呼声置若罔闻甚至动辄打压，对群众利益麻木不仁甚至见利忘义，以权谋私，这些现象的出现使党群距离由此拉开。

在现阶段，社会成员之间的收入分配以及地区之间的发展水平都存在着明显的差距。地区、城乡和行业之间的差距，有些是经济发展的正常反应，有些是经济发展不平衡带来的，有些是收入分配中存在的不合理、不公平因素造成的。无论是哪种情况，都需要我们对群众做好解疑释惑的工作，让群众理解当前经济社会发展的特点和运行规律，让群众看到党和政府正在采取措施，强化社会利益调节机制，逐步消除不合理、不公平的现象。马克思说过，人们奋斗所争取的一切，都同他们的利益有关。我们党能否有效协调和整合各方面的利益，使人民群众从“感恩性”认同转变为利益认同，真正将党看成代表和维护其根本利益的“自己的党”，就成为新的历史条件下正确处理党群关系的一个重要问题。

2. 矛盾的复杂性进一步加大

党群矛盾产生的原因是多种多样的。既有客观的历史原因、政策原因、利益原因，也有主观上处理方法不当的原因；既有群众要求合理的一面，也有群众对党和国家政策不了解、不理解的一面；既有党风不纯、干部作风不正的一面，也有群众要求过高、不顾大局的一面；既有传统文化与现代文明、外来文化与本土文化冲突的一面，也有计划经济时代形成的思维定势和守旧观念与市场经济、民主政治建设和改革开放不相适应的一面。多种经济成分的出现，社会阶层分化，出现了各种各样的与特定的经济关系相联系的不同利益群体。利益主体多样化，导致党群矛盾更加广泛多样，更加复杂，而且往往是经济、政治、思想文化各个领域的矛盾相互交织。

3. 干群矛盾突出

党的干部往往既是改革政策的制定者，又是执行者，而每一项改革政策的制定和推行，都难免要触动一些人的利益，产生矛盾。干部的工作作风与工作方式问题，特别是领导干部的腐败问题更是干群矛盾的导火索和焦点。早在2008年，《人民论坛》杂志组织了"群众最喜欢的干部类型"专题调查。调查结果显示：排在前三位的是对群众有感情、讲诚信、工作有建树。其中，"对群众有感情"排在了第一位，这从另一个角度折射出党群关系、干群关系存在的问题。部分地方干群关系恶化，导致社会矛盾加剧，各种不稳定因素增多。令人担忧的是，面对这种现象，一些地方政府却始终没有认识到问题的症结所在。有关方面也没有认真研究如何去改变这种状况，缓和干部与群众的关系，而是通过加大对维护稳定的投入，试图用高压方式迫使群众"就范"。当前，动辄让警察冲到维稳第一线，已经成为一些地方维稳的主要手段和方法。这意味着，每一次稳定问题的解决，从一开始就是剑拔弩张、势不两立的，这自然无法避免冲突的发生。

对现实生活中发生的许多群众问题，少数地方一概冠之以群众不讲理。确实，一些问题在解决过程中，地方政府都是按照法律法规和政策规定处理的，但是，群众仍然不依不饶，提出很多不合理的要求。那么，症结在哪呢？原因很简单，那就是群众对干部、对政府有不信任感，没有信任，自然就没有标准答案，没有标准答案，自然就无法把问题稳妥地处理。那么，群众对干部的不信任又是如何形成的呢？一是干部脱离了群众，不再有过去那种与群众打成一片的思想，不再有从群众中来、到群众中去的意识，根本不了解群众想什么、要什么，更不要说为群众做什么了。二是行为不规范，经常做出一些伤害群众利益、伤害群众感情的事，久而久之，群众对干部还有什么好感呢？没有了好感，还谈何支持政府工作呢？三是在权力使用上和经费支出上不公开不透明。尽管中央对党的基层组织实行党务公开已有明确的规定，但依然存在摆花架子、流于形式的问题。比如，在重大决策上，未能做到明细公开、公开好的，不公开存在问题的；公开群众平时了解的，不公开群众需要了解的；公开不碍“大局”的问题，不公开群众最关心、最敏感的问题。比如，在财务方面，公开简单的账面数字，不公开详细的情况；公开总收支情况，不公开群众最关心的招待费情况。这些现象导致群众对基层干部不信任，干部说话没人听，遇到敏感问题很容易形成对立心态。四是遇到矛盾和问题不是先做思想工作，而是首先动用警力等专政工具，把政府完全与群众对立起来，甚至孤立于群众之外。干部不敢面对群众，不敢正面回答群众提出的问题，这已经成为当前社会不稳定的最重要因素之一。

所以，要化解社会不稳定因素，还是要从缓和干群关系入手，让干部与群众之间建立一种信任机制。而要做到这一点，就必须规范地方政府的行政行为，加大信息公开力度，建立阳光政府，加强法制建设，严厉查处各种违法乱纪和贪污腐败行为，经常深入群众，了解群众疾苦，增强群众对政府及其公务人员的信任。

4. 群体性事件增多

在社会变革时期，党群矛盾主要集中在农民负担、下岗职工及离退休人员的社会保障、干部作风等问题上。这些问题大多带有普遍性，涉及很多人的切身利益，极易在一些别有用心的人的组织串联或煽动下，酿成群体性事件。现在有一些人动辄封桥堵路，冲击党政机关，殴打党政干部，有意把事态扩大，把矛盾推向社会，党群矛盾的对抗性因素增加，对抗程度增强。

新时期的党群矛盾非常复杂，因而在处理这些矛盾时，要综合考虑，标本兼治。既要坚持原则，也要具体问题具体分析，针对不同矛盾采取不同的解决方法。

（三）新思维新方法：打造党群关系新格局

新形势下群众工作面临许多新情况、新问题，带来新挑战。过去我们通过党和政府的各级组织，比较容易在体制内把工作覆盖到每个人，现在却很难做到。这就要求我们必须与时俱进地改进群众工作的方式方法，建立群众工作的新机制，完善覆盖体制内外全体社会成员的工作网络，把群众工作做得更深入、更细致、更到位，不断增强党的影响力和凝聚力，不断巩固党的执政基础。

鉴于以上的挑战，新时期做好群众工作，首先是要解决好群众最现实的利益问题，工作方式亦需契合现代民主法制，制度平台仍有待创新。

1. 转变理念，树立“四观”——“大群工”观

群众工作是一个蕴含在整个政治体系运作之中的过程，党群关系是整个政治体系运转的结果，在群众工作中要树立四观，即服务观、民主观、依法执政观、民众利益本位观。

2004 年，中共中央总书记胡锦涛、国务院总理温家宝等中央领导做出批示，号召向优秀基层干部代表周国知学习。国家人事部、民政部追授周国知“为民模范”的荣誉称号。

二十多年来，周国知坚持为群众做好事、办实事、解难事，把党的温暖送到了千家万户。乡亲们掰着手指尽数周国知给他们做的一切：他翻山越岭不知磨破了多少双鞋，靠着一肩肩背回的水泥为百姓造起了“幸福桥”；他帮助百余茅屋户建起了新房，自己的木屋却仅仅靠着一张塑料布遮风挡雨；他为“消茅”工作拍了数百张照片，却没给家人留下一张“全家福”合影；他想方设法带领村民致富，自己家里连一件像样的家具都没有；他为无数的村民带来了幸福，自己却强忍着肝癌晚期病痛的折磨继续忘我地工作；他在生命的最后时刻，惦记的仍是福利院里的老人，没住上新房的茅棚户。日月有起有落，花草有枯有荣。自古以来，为官一任是造福一方，还是祸及一方；是颇有建树、廉洁奉公、留下闪光的足迹，还是浑浑噩噩、贪赃枉法，留下恶臭的污痕？周国知去世后，那么多的群众用各种方式去追思他的举动，再次告诉了我们这样一个朴素的真理，民心如镜，民心向背就是答案。

2. 妥善协调各阶层利益关系，始终代表并满足最大多数人的利益

在与基层党政干部接触中，发现群众工作难做，因为所有问题归根结底都是利益问题。群众基础发生变化，施政者也发生变化，两个方面的变化相互交织，又与中国社会快速转型结合在一起，对党形成了重大考验与挑战。首先考验着党能否公正协调利益关系。从宏观层面看，主要是指社会分配格局能否公正协调；从微观层面看，主要是基层各种利益矛盾能否得到公正、及时化解。新形势下做好群众工作，首要的是解决好群众最现实的利益问题，而前提和底线是做到不与民争利。对此，中央关于群众工作的新要求十分明晰，确定涉及群众利益的重大政策和工作目标任务时，充分考虑不同群众的利益和承受能力，有利于群众的就干，不利于群众的就不干，绝不能干劳民伤财、违反群众意愿的事。同时，要坚持正确把握最广大人民根本利益，针对不同人群的利益诉求，兼顾好各方面群众关系。只有正视矛盾，解决矛盾，才能化解社会焦虑，才能最大限度地化解社会矛盾、消除社会的不和谐因素，最大限度地增加社会的和谐因素。

3. 坚持从群众中来，到群众中去的领导方法

改革开放以后，有人提出原来的工作方法不适应新的形势，甩掉草鞋穿皮鞋，不踩田埂走马路，大批干部进城招商引资，这样就把广大农村丢掉了。农村情况没人了解，困难无人过问，农民的疾苦无人关心，纠纷无人管，委屈无人诉，农村问题没人去解决。

胡锦涛在“七一”（2011 年 7 月 1 日）讲话中提出联系群众的具体方式，包括干部要工作重心下移等内容，虽然字数不多但饱含深意。深入实际、深入基层、深入群众，知民情、解民忧、暖民心，始终把人民群众的利益放在第一位，这样我们的工作就一定能够赢得最广泛、最可靠、最牢固的群众基础和力量源泉。

让机关干部进乡村与农民同吃、同住、同劳动，这种做法是值得称赞的。只有真正深入基层，耳闻目睹，亲身体验，才能体会到农民群众的困苦，把群众的急难苦困化解在源头。“三进三同”对于增进党员干部和人民群众的关系，磨炼党员干部工作作风，丰富工作经验，以及体察民情、了解民意等具有重大的意义。

4. 完善群众工作的制度建设

要增强各级领导干部做群众工作的积极性、主动性，一方面要靠说服教育和组织推动，另一方面要大力加强制度性的机制建设，才能保证群众工作的持久性、连续性。我们虽然不实行西方民主中的代议制度，但其制度中的某些机制设计也可供我们借鉴参考。

我们的群众工作也应当逐步建立机制化的动力系统，通过将群众工作量化纳入各级领导干部的考核内容，而且考核评估参考群众评议结果，并通过制度设计保证群众评估的真实性、方便性、准确性。同时，结合组织、人事制度改革，将那些愿意做群众工作，长期做群众工作，把群众工作做得好的干部提拔上来，或者通过职务职称职级、薪酬福利待遇的改善来作为奖励。这样，群众工作既有了制度上的强制要求，也有了机制上的奖惩配套，就能避免群众工作经常深入不下去的现象。

正如习近平所说，群众工作贯穿党和政府工作的方方面面，健全的制度是做好群众工作的根本保障。所以，新时期的群众工作要落到实处，要做到长效管用，必须多从制度建设上着力，才能保证各级党政机关和领导干部工作重心下沉，保证密切与群众的联系，增加与群众的感情，也才能保证我们的工作得到群众基础和力量源泉。

5. 坚持带领人民群众共同富裕，把反腐败斗争进行到底

胡锦涛讲到惩治和预防腐败关系到“人心向背”和“党的生死存亡”绝不是危言耸听。近些年群体性事件居高不下，其深层次原因之一就与党风廉政问题有关。就干部队伍总体而言，出现的问题大多数属于作风层面。如对群众冷漠，方式简单粗暴，只对上负责不对下负责等，导致群众难以接受。就其价值取向而言，本质上还是没有把群众当做国家权力和权利的主体。

如果腐败得不到有效惩治，党就会丧失人民的信任和支持。胡锦涛在庆祝建党九十周年大会的讲话中提出的这一论断，充分显示出党惩治贪污腐败分子的坚强决心。

没有制约的权力必然导致腐败。如何让权力得到更多人的监督？必须深入推进行政权力运行监控机制建设，围绕权力运行前、中、后三个关键环节，不断建立健全行政权力廉政风险评估防范机制，运行程序化和公开透明机制，绩效考核和责任追究机制，积极构建覆盖权力运行全过程的完整监控链条。

从源头上防止腐败，需要建构决策、执行、监督相互制约又相互协调的权力结构和运行机制，这属于更为复杂的领导体制的改革。任何权力都需要制约，这是防止滥用权力、以权谋私的关键一环。

权力制约有多种途径：一是改善权力结构，防止某一权力过大而失去制约，导致监督不足；二是以权利制约权力。比如，群众参与决策的权利，知情权、选举权等权利的实现，都有助于防止滥用权力，这属于权力运行机制的改革；三是以道德制约权力，即党内、全社会道德水准的提高，形成制约权力的内在力量。

2010 年 3 月 23 日，国务院常务会议决定，6 月向全国人大常委会报告中央财政决算时，将“三公”经费支出情况纳入报告内容，并向社会公开。可以说，“三公”是信息公开工作勇敢迈出的一大步，也是中国民主政治意义非凡的一大步，而每一个前进的步伐，既给人以信心，也给人以希望。

6. 拓宽执政党联系群众的渠道，创新工作方式

在当前新的历史条件下，党同人民群众的关系遇到许多新情况，人民内部矛盾也呈现出许多新特点，党的群众工作也面临许多新挑战，这就要求我们必须深入研究新形势的发展变化和新任务对群众工作提出的新要求，积极探索加强和改进新时期群众工作的新途径和新办法。

在这个人人都有麦克风的时代，需要我们党政领导干部在倾听民意的同时，还要执行民意，这就需要创新领导方式、工作方式，以民主、法制的手段解决群众问题，同时充分运用高科技时代提供的一切手段、渠道。如互联网留言板、热线电话等，及时了解群众意见，排查矛盾，解决群众困难。

构建信息化平台是新时期密切党群关系的便捷渠道，让党员群众“有话好好说”。随着中国信息化快速发展，网络在人们的生活中成了不可或缺的精神文化传播载体，我党应拨出专项经费，把网络作为党联系党员、联系群众的桥梁和纽带。据调研，在所有信息网络中手机成为应用最广的沟通工具，为了密切党群关系，可以充分发挥手机短信的作用。一方面，在党员中试行信息化沟通，密切党员和党组织的联系。如免费定期发送宣传教育、征求意见、节日问候和温馨提示四类短信。宣传教育类短信围绕党员教育的重点和要求，每月至少发送一条，提醒党员加强学习和加强党性修养，充分发挥网上“组织生活”的教育作用。征求意见类短信不定期发送，就党建的重点难点问题征求党员的意见建议。节日问候类短信在春节、中秋或党员的生日和政治节日等时间发送，增强党员的组织归属感。温馨提示类短信是在重要事件或特殊情况时，提请党员注意。另一方面，是面向群众发送的短信。主要是向他们公开党务、传送党的重大会议精神、国家新政策新规定、参政议政方式选择等信息，目的是让每个角落的群众都能和党保持无形的亲密的联系。在有条件的地方，广泛推行网络论坛。通过网络论坛，给群众提供发言平台，办理群众来信、来电、来访、来函、来帖，确保人民群众投有门、诉有声、回有音，拉近党和群众的联系。网民要充分利用网络公开透明的特点，促进党务公开建设，把公务活动及服务要求置于网民监督之下，对网络上反映的意见建议，要认真调查分析，提出改进措施。为便于民众知晓、积极参与，有必要把网络论坛的网址公布在大众载体上。原因是，在网络媒体如此发达的今天，我们党在一些地方发挥的作用非常薄弱，甚至为零。所以，构建信息化平台密切党群关系刻不容缓。

但一切高科技手段的运用，最终还得依赖各级领导机构的重视，因此，关键在领导。比如，农村可大力发展农村专业合作社和各种专业协会，城镇可以街道和社区为基础，大力发展各种新型社会组织，把人民群众按市场化要求重新组织起来，使党群工作在新的平台上推进。

与此同时，创新基层党的领导体制。在今天的城市、城镇、居委会和城中村、近郊村的党组织已经很难适应新时期党的群众工作需要，应当创新城市基层社会党的领导体制。农村的青壮年主力走了，年轻党员和积极分子队伍进城了，许多农村党支部已经无法卓有成效地开展工作。因此也可依据实际情况，逐步推进农村社区化发展，用农村社区党工委逐步取代村党支部。比如，一些地方探索创建了社区“大党委制”，在城市拆迁和城中村、近郊村的改造过程中，避免了社会的震荡；一些地方以农村社区服务中心为依托，力图满足农村群众的生活和文化需求。

近段时期以来，群众工作部也在各地普遍“开花”，海南成立了国内首家省级群众工作部。按照海南省委群众工作部的设想，海南还将建立一个专门处理群众工作的信访楼，与群众联系密切的相关部门（如城建、公安等）将派人进驻，集中办公，现场接待群众来访，力争做到“一条龙服务”。据统计，河南全省18个省辖市、158个县（市、区）全部挂牌成立了党委群众工作部；山东5个市、72个县（市、区）成立了综合性的群众工作机构。此外，湖南、黑龙江、贵州、江西、江苏等地也都陆续设立了类似机构，而且，不少市、县两级群众工作部部长都是职务高配，由市（县）委常委、副市（县）长担任。

再有就是在全国正在全面铺开的各级党政机关的网络问政平台。近年来，惠州市开通了“惠民在线”等一系列网上倾听群众呼声的新渠道。全市党政领导干部定期“触网”与网民交流，听取民意，征求民智，并搭建了网上信访等网络问政综合信息平台，让市民有快速反应渠道，而且“说了不白说”。

长春市的“局长接待日”也打开群众工作新局面。从2010年11月23日开始的第一次局长接待日，长春市政府主持下的规模性局长接访活动，已进行了12次。参与的部门和单位由最初的4个发展到现在的56个，累计接待市民2.0664万人次。接访内容不乏“产权房问题”、“追讨养老金”等历史遗留，或跨部门等“老大难”问题。据来自长春市信访局的统计数据：2011年以来，全市信访案件，降幅为38%，群体上访下降了20%。在第十二次局长接待日后，长春市市长公开电话这样记述：市直42个与市民生活密切相关的部门和14个县（市）区、开发区的268个部门参加。观察者认为，局长接待日这一开创性的模式，让长春构建了政府与市民沟通的又一新渠道。

这些创新的群众工作方法，如雨后春笋般在全国各地广泛开展着。这也是新的历史时期我们党践行党的宗旨的突出表现，相信这些创新的形式与做法必将带动群众工作走向一个新的阶段。

总之，中国共产党在90多年建设发展中取得成功的关键，在于从建党之初就确立了全心全意为人民谋利益的核心价值观，并且矢志不渝地用发展的眼光看待党群关系，改进党群工作，提升中国共产党发展的核心能力。今天，加强党的建设这一新的伟大工程，进一步密切党群关系，必须更加注重以人为本，坚持从最广大人民根本利益出发谋发展、促发展，加快推进以改善民生为重点的社会建设，不断满足人民日益增长的物质文化需要，走共同富裕道路，促进人的全面发展，真正做到发展为了人民，发展依靠人民，发展成果由人民共享。进一步密切新时期党群关系，要求我们的每一个党员尤其是党的各级领导干部，必须自觉把最广大人民的根本利益作为观察和处理问题的基本准则。想问题、作决策、办事情都要从人民群众的根本利益出发，经常深入实际、深入基层、深入群众，自觉做到顺民意、知民情、解民忧、暖民心。

[延伸阅读]

中国古代民本思想的历史演变及启示

中国古代治国思想起源于夏、商、西周时代，三代既有继承关系，也有明显的不同。夏、商两朝应该是原始宗教统治地位很强盛的时期，宗教与王权的结合很紧密，统治者自认为其统治是天意，是有天帝庇佑的，对天、祖宗、神灵极为敬畏，也很迷信，其很多政治行为都要通过占卜和祭祀来进行。《礼记·表记》中记载，“殷人尊神，率民以事鬼，先鬼而后礼”，其中体现了商代崇拜鬼神的治国原则。殷人尊神敬祖，很大程度上不是认为鬼神能够施福，而主要是怕他们降祟，这也是一种原始巫教文化的普遍心理。目前，考古发现的殷人王公贵族大墓，动辄就有数十以至三四百人的殉葬，可见其统治的暴烈血腥，也充分证明“先鬼而后礼”的治国思想在当时占据着统治地位。但是，这样的治国方式必然隐藏着败亡的祸患。正如傅斯年在《性命古训辨证》中所指出的：“按之殷人以人殉以人祭之习，其用政用刑必极严峻，虽疆土广漠（北至渤海区域，西至渭水流域，南至淮水流域，说详《夷夏东西说》），政治组织宏大（越在外服，侯田男上邦伯；越在内服，百僚庶尹），其维系之道乃几全在武力，大约能伐叛而未必能柔服，能立威而未必能亲民。故极其盛世，天下莫之违，一朝瓦解，立成不可收拾之势。”而周人以殷为鉴，在治国实践中“尊礼尚施，事鬼敬神而远之，近人而忠焉”，奉行“敬德保民”的治国观念，开创了“礼治”、“德治”的新治国传统。

社会矛盾深化、政权争夺剧烈，加之虎视于边境的外族入侵，结束了西周开创的300年“礼乐文明”。春秋战国在中国历史上是一个“礼崩乐坏”的时代，随着中央王朝统治力量的衰微，各地诸侯并起，一些强大的诸侯不再遵守周王室的礼治秩序，一些弱小的诸侯国也无法依礼制而自保，利益争夺、战争兼并此起彼伏。生灵涂炭、民不聊生的社会政治局面出现了。在这种政治形势下，各个诸侯国纷纷寻求治国安民之道，而社会上的有识之士也针对流弊提出自己的治国思想，因此出现了百家争鸣的思想盛况，这也是中国古代在人类历史的轴心时代铸就的一个思想高峰，奠定了中国古代思想发展的基本格局、维度和实践方向。在治国思想方面，对后世影响深远的儒家、道家、法家都是这个时期有重要影响的思想流派。

孔子开创的儒家治国思想推崇仁义和礼治。“仁学”思想是孔子治国思想的一个核心和基础。孔子认为“仁者爱人”，主张“泛爱众而亲仁”。而如何才能达到“仁”？孔子提出了“己欲立而立人，己欲达而达人”、“己所不欲，勿施于人”的忠恕之道，并提出“克己复礼为仁”的主张 。《论语·颜渊》记载“颜渊问仁”，孔子答：“克己复礼为仁。一日克己复礼，天下归仁焉。为仁由己，而由人乎哉？”孔子心目中的理想国家就是“君君、臣臣、父父、子子”的宗法统治，礼的作用就是“别尊卑”，礼的内容就是“三纲五常”。在儒家看来，只要通过教化，使百姓知礼义廉耻，天下才能太平，达到理想的国家治理状态，故孔子把“礼崩乐坏”视为国家衰败、天下大乱的根本原因，并积极主张通过教化来恢复国家的礼治秩序。

春秋时期的大政治家管仲把礼义廉耻视为国之“四维”。他认为，礼的作用是使臣民“不逾节”，即服从上下尊卑的统治秩序；义的作用是使臣民“不自进”，即严格按照统治者的道德标准行事；廉的作用是使臣民“不蔽恶”，即明辨是非、自觉同不义的言行作斗争；耻的作用是使臣民“不从枉”，即不趋从于坏人坏事。管仲把这四种品德比喻为支撑国家的四根柱子（四维），“一维绝则倾，二维绝则危，三维绝则覆，四维绝则灭”。儒家特别推崇礼乐教化的作用，认为统治者若能行仁政，崇礼义，则民众必从之如流。所谓“上好礼，则民易使也，子欲善，而民善矣。”并以虞舜行善化民的故事为例证。据史料记载，尧在位的时候，历山的农民争地，舜往耕焉，一年以后，农民各安田界，不再相侵。河滨之渔者争坻，舜往渔焉，一年以后，渔民彼此谦让，不再争执。东夷之陶者器苦窳（陶器质量粗劣），舜往陶焉，一年以后，这里产的陶器坚固耐用。孔子为此感叹说："圣人之德化乎！"与法家鄙德重刑的观念相比，儒家把人的道德自觉、自醒和自为作为治理国家的根基，具有更深刻的远见。孔子有一段精辟的论述，他说："道之以政，齐之以刑，民免而无耻；道之以德，齐之以礼，有耻且格。"又说："为政以德，譬如北辰，居其所而众星共之。"孟子继承和发展了孔子的德治思想，发展为仁政学说，成为其政治思想的核心。孟子所说的仁政是要以统治者的"不忍人之心"为基础的，他说："先王有不忍人之心，斯有不忍人之政矣。""不忍人之心"是一种同情仁爱之心。孟子主张，"亲亲而仁民"，"老吾老以及人之老，幼吾幼以及人之幼"。仁政就是这种不忍人之心在政治上的体现。孟子的仁政学说建立在性善论基础上，继承并发展了孔子的仁学思想和治国理念。另外，孟子还总结各国治乱兴亡的规律，提出"民为贵，社稷次之，君为轻"的富有民主寓意的著名命题，他还主张人民要拥有"恒产"，有固定的土地，安居乐业，才会民心向治、政通人和，才不去触犯刑律，为非作歹，故孟子说："民之为道也，有恒产者有恒心，无恒产者无恒心。"

以老子为代表的道家的治国思想追求的是无为而治，老子既反对儒家的礼义之说，更不主张用刑法爵禄治民。他嘲讽法家说："民不畏死，奈何以死惧之？"老子的治国理论，一言以蔽之，叫作无为而治。他认为，只要统治者清心寡欲，顺天应道，老百姓自然返璞归真，安居乐业。老子的"无为"不是无所作为，而是针对当时天下纷纷、争战不已的混乱局面提出的对策。什么是无为而治？老子作了这样的表述："以正治国，以奇用兵，以无事取天下。"圣明的统治者应以身率下，"去甚、去奢、去泰"，达到"我无为而民自化，我好静而民自正，我无事而民自富，我无欲而民自朴"的境地。这种偃武息文，以天地之心为心，以民众之意为意的政治思想，可以称作心治。老子的治国之论基于他的哲学观点，老子认为，天地万物的运行是由“道”来推动的，道即自然规律。自然界遵循自然法则而运动，人类社会的活动也应顺应自然法则，因为人本身也是自然界的组成部分。用老子的话说，就是“人法地，地法天，天法道，道法自然”。这一观点比之儒、法两家更显高深。

中国王朝兴亡周期律

1945年7月1日，黄炎培等国民党参议员飞赴延安访问。7月4日，毛泽东特邀黄炎培等到他家里做客，他们谈了一个下午，最后，毛泽东诚恳地问黄老：“您来延安考察了几天，都有什么感想？”黄炎培坦率地说：“我生六十多年，耳闻的不说，所亲眼看到的，真所谓‘其兴也浡焉’，‘其亡也忽焉’，一人，一家，一团体，一地方，乃至一国，不少单位都没有能跳出这周期率的支配力……一部历史，‘政怠宦成’的也有，‘人亡政息’的也有，‘求荣取辱’的也有。总之，没有能跳出这周期率。”（黄炎培：《八十年来·延安归来》，文史资料出版社，1982年版）这里所谈及的中国历史上屡屡出现的“其兴也浡焉”，“其亡也忽焉”的周期律，反映了历代王朝和一些政权盛衰兴亡的一种规律性现象。而黄炎培的担心是有充分史实根据的。从历史上看，中国封建社会兴兴亡亡的王朝里面情况虽然不大一样，有的时间长一些，有的时间短一些；有的版图大一些，有的版图小一些；有的国力强一些，有的国力弱一些，但真正跳出历史王朝兴亡周期律的还没有。自公元前221年秦朝出现“大统一”到1911年清朝灭亡，中国历史上先后共经历过62个正式的王朝，平均统治时间为60年。纵观历代王朝的盛衰兴亡，不难发现，它们都无法摆脱先兴后衰的周期律支配，而细究其原因，其中最关键的因素还是民心向背。《孔子家语·五仪》中说：“夫君者舟也，庶人者水也。水所以载舟，亦所以覆舟。”意思是君与民的关系如同舟与水，水可以载舟，也可以覆舟；民可以拥戴君，也可以推翻君。这个比喻是我国传统政治文化中的精辟警语，后代的一些思想家和政治家经常用这个警语来告诫统治者要善待人民，注意民心向背，否则就会被人民所推翻，一部跌宕起伏的中国王朝兴衰史也确实证明了这一点。

得民心者得天下——盛世王朝的兴起之基

“得民心者得天下，失民心者失天下”，这是历代王朝盛衰兴亡演变史颠扑不破的规律。就王朝内部来讲，存在时间较长的王朝一般都经历了兴亡“三步曲”：一是王朝建立，励精图治，经济发展，社会稳定；二是步入盛世，君主怠政享乐，官吏贪污腐败，官府横征暴敛，民不聊生；三是王朝衰落，农民揭竿而起，推翻王朝，或权臣篡位，江山易主。(刘德增：《中国王朝兴亡的周期律》，《山东教育学院学报》，2008 年第 6 期）虽然各个王朝治乱缘由各有其不同，但民心始终是其中的最关键因素。在中国的历史上先后出现过几个被称为“盛世”的历史时期，比如从“文景之治”到“武帝极盛”的西汉盛世，从“贞观之治”到“开元盛世”的大唐盛世和清代的“康雍乾盛世”等，尽管各时期实行的具体政策措施随着社会矛盾和焦点的不同而有所侧重，但与民休息、重视民生需求是其最根本的共同点。

西汉盛世——从“文景之治”到“武帝极盛”

西汉盛世从汉文帝刘恒到汉景帝刘启，直到汉武帝刘彻，将近 100 年。既然被称为盛世，就有许多可圈可点之处，但根本特点是：拨乱反正，无为而治。拨乱反正的核心是，拨秦朝的苛捐暴政，使政治由急峻转向宽和；无为而治的核心是简政省刑，与民休息，由无为达到无不为的目的。

因为秦朝不行“仁政”而亡，经历了秦末农民大起义后，给汉初的统治集团留下深刻教训。为避免重蹈覆辙，首先，汉朝利用民众对秦王朝残酷法制的不满，顺从民意，进行了政治改革。如汉文帝对秦代极端严酷的刑罚制度进行了重大改革，主要包括：减刑罚，废连坐，减刑期等，使服劳役者得以摆脱终身苦难，罪人不用再忍受黥面、车裂、宫刑、髌刑、腰斩等残酷刑罚。另外，废除了几个最不得人心的法律，如挟书律、诽谤罪、妖言令等，使得民间与官府的沟通进入了一个良性状态。其次，文景时期还多次给农民减免田租，厉行节俭的政策，尤其是汉文帝个人以生活节俭而著称，他在位23年，据说宫室苑囿狗马服御等无所增益，宠爱的夫人也不许奢华，在营建他的陵墓霸陵的时候，提出“皆以瓦器，不得以金银铜锡为饰，不治坟。”正是由于汉初统治者的政策基本顺应了历史潮流，从而得到了百姓的拥护，社会经济得以迅速恢复与发展。西汉之初，经多年战乱经济很困难。据司马迁记载，“自天子不能具钧驷，而将相或乘牛车”，贵为天子也没有办法配齐四匹同样颜色的马来驾车，而大臣们甚至找不到马匹，要乘牛车出行。经过“文景之治”，经济形势好多了。司马迁同样记载，“府库余货财，京师之钱累巨万，贯朽而不可校”，国库里面的钱因长期没有动用，拴钱的绳子都腐烂了，要想清点一下国库里有多少钱，居然数不清。而国库中的粮食，“陈陈相因，充溢露积于外，至腐败不可食”的地步，就是说每年都有新粮食入库，而旧粮食没有动用，粮食都烂在仓库里不能吃了。中国古代是一个农业国家，衡量国家经济实力的强弱，在很大程度上就看两项指标：国库中钱积累多少和粮食积累多少。显然，这个时期西汉王朝是较为富裕的，且老百姓的生活也富裕了。当时民间聚会，人们骑着的马匹一定是公马，如果谁去参加聚会骑的是母马就会感觉没面子，这与西汉初年相比，真是天壤之别。同时，当时社会比较稳定，政治比较清明，因而西汉政权得到老百姓的拥戴。

大唐盛世——从“贞观之治”到“开元全盛”

公元7世纪初，唐太宗李世民执政时，再一次创造了中国帝制时代的盛世。亲身经历过隋末历史动荡的唐太宗即位后，对于农民暴动的威力记忆犹新。他对朝臣们说：“人君依靠国家，国家依靠民众。刻剥民众来奉养人君，好比割身上的肉来充腹，腹饱了身也就毙命，君富了国也就灭亡。所以人君的灾祸，不是从外面来，总是由自己造成的。”由于认识到“君依于国，国依于民”和“水可载舟，亦可覆舟”的道理，在执政实践中，李世民采取切实措施，去奢省费、轻徭薄赋、选用廉吏，使民衣食有余，同时广开言路，任贤用能，从而开创了“贞观之治”的盛景。

唐玄宗即位之初也能励精图治，重用贤才，纳谏从善，裁汰冗吏，创造了唐王朝另一个盛世“开元之治”。从杜甫《忆昔》一诗中可窥见当时盛景：“忆昔开元全盛日，小邑犹藏万家室。稻米流脂粟米白，公私仓廪俱丰实。九州道路无豺虎，远行不劳吉日出。齐纨鲁缟车班班，男耕女织不相失。”一派太平盛世景象。但其后，唐玄宗开始陶醉于盛世美景之中，不思进取，乃至沉迷于声色。“春宵苦短日高起，从此君王不早朝”。外戚杨国忠飞扬跋扈，扰乱国政，加剧了朝廷腐败，朝政从此大乱，安禄山、史思明以“奉命讨伐杨国忠”为名起兵反唐，从此唐王朝走向衰落。（赵中源：《以史为鉴 民心向背定兴亡——对中国历史上王朝盛衰兴亡周期律的思考》，《湘潭工学院学报》，2003 年第 4 期）

清代盛世——“康雍乾盛世”

相比之下，清朝的盛世持续时间最长，历经康熙、雍正、乾隆三朝共计 110 余年。清代之所以出现长久的盛世局面，很重要的一个原因就是抓住了农业社会的矛盾焦点，对农业非常重视。明末清初人口大量减损，好多土地都抛荒了。于是清廷将原来明朝藩王的土地，全部分给耕种的农民，谁耕种地就分给他，同时奖励垦荒，没有种子给种子，没有耕牛借耕牛，没有房子可以盖房子，给予优惠政策。与此同时，清朝时期实行地丁合一，把地税和丁税合起来按照地多少来交，取消了人头税。这是一个很大的改革，因为取消人头税对老百姓、对穷人是颇有益处的，但按土地来交税，富人土地多自然要多交。另外一个就是免税，康雍乾时期经常减免赋税，康熙年减免了农业税几十万两，相当于三年的国库收入。乾隆四十年，减免将近一亿两，乾隆当了六十年皇帝，大概有六年不征税，十年就免一次。因此，上述政策激发了农民的生产积极性，农业很快发展起来。据统计，汉朝盛世只有五千万人口，唐朝在唐玄宗天宝年间是人口的高峰，达到八千万，而康雍乾盛世则有三亿，说明康雍乾盛世的经济发展尤其农业发展远非汉、唐盛世所能比拟。

现在故宫档案馆第六室存着当年的粮食条子，就是规定每个县每天要上报当地雨水下降问题，下几天，有多大，还要上报粮票的档次，上档多少钱，中档多少钱，下档多少钱，到底卖多少钱，可见清朝皇帝对农业的重视。

然而，盛极而衰、物极必反是一种自然规律。就王朝的衰落来讲，魏徵曾对唐太宗李世民说："观自古帝王，在于忧危之间，则任贤受谏。及至安乐必怀宽怠，言事者惟令兢惧，日陵月替，以至危亡。"因此，贪图安乐、怠政拒谏是王朝由盛而衰转折时期君主的共同特征，君主如是必然导致吏治腐败、朝纲紊乱、横征暴敛，君臣如是必然使百姓遭殃。所以，统治者若重民生、注民力，采取有效措施缓和阶级矛盾，局面就能维持且有所发展，一旦倒行逆施，横征暴敛，老百姓到时维持不住，就开始造反，原来的王朝就会很快灭亡。

失民心者失天下——王朝衰亡的祸乱之源

中国历史上不重民本、滥用民力而迅速招致灭亡最典型的例子当属秦隋二朝。"其兴也速，其亡也忽"，很多方面的因素是人为的，但其中最主要的还是没有处理好与民众的矛盾，致使阶级矛盾迅速激化。

贾谊在《过秦论》中说，秦实现统一，"是上有天子也"，"元元之民翼得安其性命，莫不虚心而仰上"，这说明秦的统一是得到人民拥护的。全国统一之后，人民渴望有一个安定的环境从事生产，恢复和发展残破的社会经济。但是秦始皇在实现统一之后，没有把减轻农民负担、扶植小农经济作为当务之急，反而派大军远征，而且大规模滥用民力，征发农民服无偿徭役，修建许多浩大的工程。据范文澜考证：当时全国人口2000万左右，而服役的人数总计不下300万，占总人口数的15%。秦始皇先后在全国修建了700多座离宫别馆，并掳掠天下美女奇珍供其玩乐。同时自即位初便开始为自己修建陵墓，先后动用全国刑徒70余万人，到死时还未竣工。陵墓占地56平方公里，现已发掘的秦兵马俑，只是其主陵之外陪陵工程的一部分，其规模之宏伟已令世人惊叹。此外，筑长城、开灵渠、修驿道等也耗费了大量的人力、物力和财力。为了支付这一系列的庞大支出，秦王朝一再变本加厉地增加人民负担，使人民处境进一步恶化。而昏庸的秦二世即位后，“赋敛愈重，戍徭无已”，以致“天下丁男被甲，丁女被输，苦不聊生，自经于道树，死者相望”。加上严刑苛法，滥杀无辜，老百姓到了无以生存的绝境，这就使社会矛盾迅速激化，终于爆发了农民的反秦大起义。从秦始皇统一中国到子婴投降，只有15个年头，中国历史上第一帝国，昙花一现，瞬间覆灭。

隋朝立国不久，国力迅速崛起。据《贞观政要》载，隋朝积聚的财物，到贞观十一年（公元637年）仍“至今未尽”，以至于唐太宗李世民也不得不如此感慨：“古今国计之富，莫如隋朝。”然而，隋朝实行的是竭泽而渔的政策，国虽富而民穷，隋炀帝更是不顾百姓死活，徭役并重，兵革不断，举国上下一片破落。黄河以北，则千里无烟；江淮之间，则鞠为茂草。广大人民如置身水火，社会矛盾迅速激化，隋王朝不久便灭亡了。可见，“仁义不施”、“过役民力”是秦隋两朝速亡的根本原因。

但在中国历史上人心向背定兴亡的事例中，明末大顺政权是最能震撼人心的。明朝末年，吏治腐败，赋役如山，加之连年灾荒，民不聊生，农民揭竿而起，迅速形成燎原之势。1644年，李自成领导的农民起义军攻占北京，结束明朝的统治。然而，仅仅43天之后便又被迫撤离。进入北京时，家家户户门上贴“天王万万岁”的喜帖，市民张灯结彩夹道欢迎。但当这支军队的主力撤离后，未及退出的数千人都遭到京城人的“搜斩”，反差之大触目惊心。这其中虽有复辟势力挟机报复的因素，但起义军迅速蜕变，一部分将领甚至站到了人民的对立面，可见失去了民心还是最主要的原因。（赵中源：《以史为鉴民心向背定兴亡——对中国历史上王朝盛衰兴亡周期律的思考》，载《湘潭工学院学报》，2003年第4期）

从北非诸国与中东诸国的政局变幻看执政合法性

所谓的阿拉伯世界，从地理位置上来说，位于亚、非两大洲的结合部，西起大西洋东至阿拉伯海，北起地中海南至非洲中部，面积约1420万平方公里，其中非洲部分占72%，亚洲部分占28%，具有重要的战略地理位置。在广袤的土地上，阿拉伯世界有超过3.4亿人口，其中青少年所占比重最大，不到一半的人口为低于15岁的青少年。他们逐水草而居住，大多数聚居在海岸地带和河谷周围，最突出的例子是埃及，那里有90%的居民生活在面积只有5%的土地上。

如今的阿拉伯世界泛指阿拉伯民族居住的地区，共有22个国家和地区，其中，西亚12国和北非10国。21世纪的阿拉伯世界是一个多样性的社会，居住着若干不同种族、不同语言和不同习俗的群体，但是伊斯兰教和阿拉伯语是整个阿拉伯世界两个占主导地位的文化现象。阿拉伯人生活在一片宽广的土地上，统一的历史和传统将他们联系在一起，尽管他们是22个国家成员，但他们都认为自己是同一个民族的一部分。

2010年12月17日，突尼斯一名绝望的失业大学生引火自焚，这一以极端方式反叛教义的自戕抗争，犹如蝴蝶效应引发了突尼斯、埃及、利比亚、也门、叙利亚乃至整个中东北非翻天覆地的社会政治大海啸，其来势之猛，烈度之强，持续至今，超乎世人预料。其中突尼斯总统本·阿里弃国逃亡，埃及总统穆巴拉克被迫辞职并被指控腐败遭审判，也门总统萨利赫在示威和兵变夹击中受伤出国治疗，疑似下台，巴林、约旦、阿曼等国陆续出现抗议风暴。利比亚发生内战，导致在北约干涉下政府垮台，卡扎菲命赴黄泉。阿尔及利亚、叙利亚政府面对民众抗争，不得不相继取消了延续48年之久的《紧急状态法》。也门已处在内战边缘，危如累卵。而叙利亚总统巴沙尔·阿萨德在下台的强烈呼声和西方制裁中惶惶终日，几乎有卡扎菲之忧。叙利亚85%的居民信奉伊斯兰教（其中逊尼派占80%，什叶派占20%），11%信奉基督教，少数人信犹太教。该国过去政局动荡，频繁发生政变，直到1971年老阿萨德上台后，依托阿拉伯复兴社会党一党专政，才使叙利亚政局得以长期稳定。不难想象，叙利亚一旦实行多党制，无异于打开潘多拉魔盒，叙利亚很可能由中东政局最稳定国家，演变为中东动荡的新源头。

中东有关国家的政局剧变，从内因讲，有几点教训是共同的。

根据学者季建林发表于《理论探讨》2011年第4期的文章《中东有关国家政局巨变的启迪：加强和改善执政合法性建设》所做的分析，有如下原因：

一是经济发展不好，社会制度失去人民拥护。当年的东欧国家由于实行计划经济体制，经济发展的水平不高，与西欧国家相比差距很大。建立社会主义制度几十年了，东欧国家的经济发展水平与西欧国家的差距不仅没有缩小而且还在扩大，因此导致政府逐步失去群众基础。今天中东的一些国家，由于经济发展停滞，失业率居高不下，人民的不满情绪不断累积，一有导火索就点燃。突尼斯之变就是由“城管”和失业青年“摊贩”矛盾引发，并在埃及、阿尔及利亚、也门、利比亚、伊朗、伊拉克等诸多国家产生连锁反应。

二是政治体制僵化，利益表达渠道不畅。当年的东欧国家和今日中东的一些国家的执政党和政府，官僚主义严重，对国际国内重大事件判断不准，处置不当，对人民群众的利益诉求充耳不闻，为了维护既得利益，又采取各种措施，堵塞言路。这种僵化的政治体制，难以适应现代社会的多元化格局，必然激化社会矛盾。

三是腐败日益严重，人民群众积怨甚深。当年东欧一些国家，虽然实行的是社会主义制度，但是权力已被一些特权阶层掌握。这些特权阶层将政治权力与经济利益相结合，侵占国家资源与财富，政治经济上搞家族制，民众对这种名不符实的社会主义已失去信任。今日中东的一些国家，执政党和政府的一些领导人严重腐败，公开利用权力侵占国家财产，侵犯中产阶级利益，剥削工农群众，积累了大量财富，社会两极分化日益严重，人民群众对执政党和政府的不满情绪越来越严重。

以上几种情况累积到一起，这些国家执政党由宪法或法律规定的执政合法地位，已受到严重侵蚀，人民群众对其执政的合法性表示严重质疑，甚至不予认可。国内外一些“偶发”事件，往往就成为点燃群众不信任之火的“导火索”，一些执政几十年的“铁腕”人物，甚至一些曾经是“德高望重”、为民族独立和解放做出重大贡献的“民族英雄”也只好众叛亲离，落荒外逃。与20世纪90年代东欧剧变相比较，当今阿拉伯政权遭遇的合法性挑战还表现出如下特点。

一是“代际造反”。推动中东政局剧变的主要力量是青年人，他们与长期执政的老年统治者之间隔着两代人，这些老年统治者当年有过的令人尊敬的业绩，也许对他们的父母有影响，但对以追求个人利益至上的这一代年轻人已失去意义。当他们的生存遇到危机，如就业困难、工资低等，自然也就不会念及这些老年统治者当年对国家做出的贡献，而是选择揭竿造反。

二是“国富民穷”。这次发生政局变更或政局动乱的中东国家，有的拥有丰富资源，有的还控制着战略航路或拥有突出的地理优势，甚至有的有很多外援。多种优势的组合，曾经使这些国家的政权拥有巨大的财富并获得合法性而长期维持。但是这些国家的当政者没有用这些资源优势和外援产生的财富去满足人民对于教育、医疗和民主权利的更高要求。当国家财富被少数当政者及其家族掌控，不能转化为社会财富，“国富民穷”的发展模式就难以持续，“人民起义”就不可避免地发生了。

三是“能力质疑”。中东有些国家领导人在位几十年，高高在上、养尊处优，思想观念、治国方法严重滞后，国际国内重大事项处理不当，且年事已高，掌控政局的能力不断弱化，人民对其治国理政能力已产生严重质疑，对他（们）继续当政严重不满。当这些执政者不了解民心还想通过各种手段“赖”在高位时，甚至要将权力世袭，人民也就选择走上街头示威，赶其下台了。

四是“民主挑战”。中东有的国家，长期实行专制统治，有的国家还实行封建家族制，甚至用“合法”不合法的手段实行统治权的世袭。这些国家还剥夺政治团体和公民以和平民主方式参政的权利，拒绝进行民主进程或民主改革，甚至实行了几十年的“紧急状态法”。随着文化水平的提高和民主意识的增强，人民要求民主的热情不断高涨，当国家体制不能适应这种要求时，民众便会走上街头甚至以暴力形式表达出来。但是这种“民主挑战”止于抗议而不夺权，因为他们知道夺权的结果可能导致独裁或内战。他们把矛头指向贪腐无能专制的当政者，不从根本上否定国家体制和基本的政治法律制度，不去“改朝换代”，不以自己夺权为目标，而只是要将当权者赶下台。

五是“信任危机”。在这次中东政局剧变中匆匆下台的领导人，他们受到最致命的打击就是被控为“贪腐分子”而失去民众信任。埃及原总统穆巴拉克曾是1973年反对以色列战争中功勋卓著的空军将领，曾被埃及人民和阿拉伯民众尊为英雄。可当他拥有数十亿美元家产被揭露出来后，连曾与他关系密切的军队将领都与之“划清界限”，在民众游行示威要求他下台时“保持中立”。穆巴拉克30年统治之无比牢固的社会基础，因其贪腐失去了民众的信任，最后被迫下台。

六是“技术革命”。如果没有现代通讯技术使中东国家的民众能对国际国内情况迅速了解并相互联系，民众挑战政权合法性的事件也许就不会发生，即使发生，也可能仅限于某个城市或国家而不会迅速蔓延。这种拥有现代通讯手段，互相连接而由无数个人构建的网络，成为言论自由的论坛，无需政党作媒介，对民情民意民心具有极大的影响力。高科技的通讯工具已成为统治者和反叛者都可使用的手段，过去要通过选举或反对党政治活动才能使政权更迭的政治游戏规则，由于网络而改变了。以年轻人为主体的反叛者在高科技的通讯工具运用上技高一筹，而中东有关国家统治者应对不当，导致节节败退直至下台。

恒星的陨落

——罗马尼亚共产党政权的丧失

罗马尼亚共产党，应该说是一个具有优良传统并执政几十年的党，但就是这样一个党何以会在短短一周时间内迅速消亡呢？罗马尼亚共产党丧失政权之快，齐奥塞斯库夫妇被枪决之惨，虽然许多人没有料到，但这场风暴迟早要来则是意料之中的。因为齐奥塞斯库倒台，原因很多，但最根本的还是脱离群众，失去民心。冰冻三尺，非一日之寒。老百姓对齐奥塞斯库的不满是日积月累起来的，当然也有个变化的过程。

执政初期，齐奥塞斯库心系人民，经常深入基层一线，到厂矿企业和农村调研。每次到国外出访回来，第二天立即下基层考察，每到一处，都同群众促膝谈心，那个时期人民生活水平有了较大提高，百姓也安居乐业。随着在领袖宝座上的时间越坐越长，他逐渐滋长了各种不良作风，因此引起群众强烈不满。可悲的是，他居位日久，并没意识到这些问题，加上有些人“抬轿子”，想方设法吹捧他，他还感觉良好地认为是人民爱戴他。在剧变前夕的群众大会上，一些人蠢蠢欲动，甚至发出嘘声，起初他还习以为常地认为是群众兴高采烈地对他欢呼。

不仅如此，作为罗马尼亚的“国父”，一个穷苦出身的人，他自从有了不受约束和监督的绝对权力之后，逐渐过起了帝王般的奢侈生活，迈向了骄奢腐败的不归路，更使其与自身执政的根基人民之间的距离越来越远。齐奥塞斯库在首都布加勒斯特的住所是一幢拥有40个房间的别墅，所有的房间里都挂满了各种名画和摆满贵重的装饰品及镀金家具，并配有一台西德电视机，他们随时都能从电视机屏幕上看到法国的、美国的电视节目。在室外，还建有健康中心房，配有游泳池、拳击场、排球场和网球场。当然，齐奥塞斯库并不满足于一套高级住宅，在全国各县他至少有一处行宫、招待所或狩猎木屋。行宫戒备森严，老百姓一概不得接近，更不能参观。由于各地行宫建得太多，有的只被使用过两三次，有的一直未使用过。而齐奥塞斯库的最大“手笔”是1984年下令建造的“人民宫”，布局规划比阿房宫还雄伟，齐奥塞斯库想用这座几乎是世界上最大的“宏伟建筑”为自己树碑立传。“人民宫”有1000多个房间，间间金碧辉煌。从地上铺的纯毛地毯到天花板上的大理石浮雕，无不出自手工。仅大大小小的吊灯，就用了水晶2800多吨，由于太过庞大奢华，修了5年，一直到1989年剧变骤起，“人民宫”还未完工。

此外，齐氏家族穷奢极欲，享尽人间荣华富贵，甚至连他们养的狗的食物和疫苗都是进口的。齐奥塞斯库有一只名叫考布的狗，他给爱犬授予陆军上校军衔，从而使这条拉布拉多猎犬成了世上乃至史上级别最高的狗官。齐奥塞斯库对考布宠爱有加，待遇标准不亚于罗共中央副总书记，行有豪华专车，住有豪华别墅，还配备秘密警察充当保镖，设有专职医生加强日常保健。考布进餐时，须有医生先行尝试确认无毒，考布才开始进膳。考布地位如此尊贵，它的喜怒哀乐对有些重大事情决策起到决定性作用也就不足为奇了。齐奥塞斯库为建设一条“社会主义胜利大街”，大拆布加勒斯特老城，结果许多老人被逐出房屋露宿街头。后来一家名叫布兰科温斯克的医院，成了这条街上的最后障碍物。这是一所平民医院，老百姓希望保留，但它的命运最终由考布决定。有一天齐奥塞斯库视察医院，考布陪同，考布上校发现一只猫在围观，一个箭步窜上去张口便咬，该猫奋起还击，考布穷追不舍，后该猫将考布打出鼻血……齐奥塞斯库愤然离去。几天后一纸拆除医院大楼的命令送到医院，这所每年有5万多名普通老百姓接受治疗的医院随即被夷为平地。

与喜爱自己的宠物犬一样，齐奥塞斯库对族中亲人也是关爱有加，家族成员每年花数十万美元从国外进口首饰、化妆品、食品和各种用品。齐奥塞斯库的子女过生日时，往往从新加坡和泰国订购特种兰花，用专机空运回来。这些兰花每束价值180美元，费用都从罗马尼亚内务部开设的驻外公司特别基金中支付。齐奥塞斯库的小儿子尼库在美国拉斯维加斯和迈阿密狂赌滥饮，一次赌博就输掉了罗马尼亚国内17匹纯种阿拉伯马，而花费也是在罗马尼亚内务部设在纽约的公司报销。最有意思的是齐奥塞斯库的母亲，她原是一位普通的农村妇女，住进豪华的宫殿庭园中尽享荣华富贵，可长期的农村生活使她很不习惯现代交通工具，于是，齐奥塞斯库就专门派人在庭院中饲养她喜欢的毛驴，出门走动可以乘坐毛驴，还有大批保镖前呼后拥。

齐奥塞斯库对考布上校和家人如此关爱，对他统治下的人民又怎么样呢？就在驻英大使馆为考布采购牛肉并源源不断空运回国的时候，罗马尼亚人民却在饥寒交迫中嗷嗷待哺。20世纪80年代初，罗马尼亚颁布了《实行粮食配给制的法令》，规定城市居民每人每年的粮食定量折合150公斤小麦和30公斤玉米，农村每人每天只有300克面包。为了拿出更多的农副产品出口，以还清“大跃进”式经济发展欠下的外债，鲜肉在市场上几乎绝迹，奶制品、鸡蛋也不易买到，市民们凌晨就在副食店前排队希望能买上一点食品回来，但不少人排了数小时长队，结果还是什么也买不到。咖啡是罗马尼亚人必需的饮料，但商店长期无货。从1987年下半年起，市场上的药品供应也开始紧张起来，药店门口人们排起长队，许多药品长时间无货。其他受群众欢迎的工业消费品如冰箱、彩电、小汽车等也大多出口，在国内市场上要么根本买不到，要么得登记排队，有时候等好几年也未必能买到。

齐奥塞斯库对亲人很亲、对宠物很爱，可对老百姓却实行严酷的警察统治，知识分子和官员如果批评政府，得到的命运是失业、软禁或投入精神病院，与真正的精神病患者关在一起，直到无人能区分他们。而最厉害的一招就是书刊、报纸、信件一律实行检查制度，许多正直的新闻工作者，被诬陷患有各种各样的精神病，包括“被害妄想”、“偏执性格”等。到20世纪80年代后期，齐奥塞斯库越来越脱离民众，甚至对周围的人都不相信。他学习利比亚前领导人卡扎菲的模式，建立了一支以保卫他为主要职责的私人卫队——国家保安部队，这支区别于国防军的部队最后发展到大约8万人，17个营，配备有装甲车和直升机，并且分散在全国各地负责保卫他的住所安全。（佚名：《前罗共中央总书记为何被判处死刑》，载《政府法制》，1996年第6期）然而，高压是挡不住洪流的，尽管当局采取了严密的防范措施，但党内外的抗议一直不断，就在1989年的12月巨变中，曾经不可一世的齐奥塞斯库夫妇被“不配他统治”的人民枪毙了，考布上校不知所踪。从此，齐奥塞斯库永远失去了他的狗和人民。（《齐奥塞斯库的狗和人民》，凤凰网历史综合，2009年12月24日）

第六章　中国共产党反腐倡廉的光辉历程

中国共产党成立90多年来，一直旗帜鲜明地反腐败，始终把反腐倡廉作为至关重要的政治任务常抓不懈。不论是在风雨如磐的民主革命时期，还是在治国理政的和平时期，我们党一刻也没有放松自身建设的清正廉洁，一刻也没有停止与党内存在的各种腐败现象的斗争。中国共产党正是靠清廉的力量，树立形象、凝聚人心、赢得信赖，把一支秋毫无犯的革命队伍，从弯弯山道带入了欢声雷动的北京城，继而领导全国人民不断地从胜利走向胜利。认真回顾和总结我们党90多年来反腐倡廉建设的光辉历程和实践经验，对于在新时期继续坚定不移地开展反腐败斗争，把我们党建设得更加清廉，更加坚强，具有重大的现实意义。

一　问渠哪得清如许：中国共产党反腐倡廉建设的历史轨迹

（一）万丈高楼平地起：革命年代的“肃反”与“整风”

新民主主义革命时期，中国共产党长期处于四面受敌的险恶环境，深知党内的任何腐败行为都将导致灭顶之灾。因此，加强廉政建设就成为党面临的一项紧迫任务。党在民主革命时期局部执政的历史条件下，坚决反对官僚主义、贪污浪费等腐败现象，从而保持了党和革命政权的清正廉洁。

1. 中国共产党建党初期的反腐倡廉建设

中国共产党在初创时期，在党内既没有可资谋取私利的政治权力，也没有提供腐败分子滋生的物质条件，但诱惑党内不坚定分子走向腐化变质的社会环境是存在的。因此，建立一个什么样的党，按照什么原则建设党，如何保证党的先进性和战斗力，如何防止党员蜕化变质，成为党的重大课题。1921 年 7 月和 1922 年 7 月召开的中国共产党第一次和第二次全国代表大会通过的党纲中都规定了共产党员必须具有献身精神，不应该有任何入党谋私的意图，以全心全意为人民服务为宗旨，为共产主义奋斗终生。并明确群众路线和受群众监督的原则，建立实行严格纪律的严密组织，对共产党员担任政府官员或国会议员作了规定和制约。所有这些，都对防止党员腐败起到了很好的作用。1924 年国共第一次合作，随着革命形势的发展，党员数量大增，不免混入一些不良分子，又加上国民党腐败分子的影响，导致党员质量退化和极少数人贪污腐败的现象。针对这种情况，中共中央于 1926 年 8 月 4 日扩大会议发出通告要求，迅速审查所属同志，如有此类行为者，务必不容情地洗刷出党，不可令其留存党中，使党腐化，且败坏党在群众中的威望。这是中国共产党历史上颁布的第一个惩治贪污腐化分子的文件。它表明党在幼年时期就十分警惕剥削阶级思想对党的腐蚀，并郑重表示党对腐败现象是根本不能容忍的。从通告的字里行间可以看出，中共当时对党员质量问题尤其是贪污腐化问题是高度重视的，且敢于揭露并认真坚决地加以清除，决不姑息养奸。通告不仅深刻分析了贪污腐化分子的危害因素，还表明了坚定的斗争立场和方针。此通告发布后，各地加强了对党员的教育，对党组织进行了整顿，对党内极少数的贪官污吏、腐化分子进行了坚决清除，从而提高了党在群众中的威望，有力地推动了大革命的顺利发展。

中共建党初期未设立专门的纪律检查机构，但随着革命形势的发展，党的建设日趋完善，受苏共设立中央及各地监察委员会成功经验的影响，为纯洁党组织，中共中央建立专门监督机构的时机已经成熟。1927 年 4 月 27 日至 5 月 9 日，中国共产党第五次全国代表大会在武汉召开，全国各地的 80 多名代表出席了会议，代表了全国 57967 名党员。大会通过了《政治形势与党的任务议决案》、《土地问题议决案》、《职工问题议决案》、《中国共产党第五次大会宣言》等文件，选举了新一届中央委员会，第一次成立了中央政治局、政治局常务委员会，并第一次公开选举产生了中央监察委员会。中央监察委员会由 7 名委员和 3 名候补委员组成，委员为：王荷波、许伯昊、张佐臣、杨匏安、刘峻山、周振声、蔡以忱；候补委员为：杨培森、萧石月、阮啸仙。主席为王荷波，副主席为杨匏安。中央监察委员会的 10 名成员中有 9 人曾担任过中央执行委员、各省区执行委员会书记、副书记或委员、候补委员等职务，具有丰富的实践斗争经验。其中王荷波曾出席中共三大、四大，在三大上当选为中央执行委员会委员，之后又补选为中共中央局委员，在中共四大上当选为中央执行委员会候补委员，曾任中共上海地方执行委员会委员长、中共中央北方局委员、全国铁路总工会执行委员长。中央监察委员会成员结构、区域分布也颇具代表性，10 名成员中有 6 名是工人成分，4 名为知识分子，他们来自上海区的有 3 人，广东区的 2 人，湖北区的 2 人，湖南区的 1 人，江西区的 1 人，北方区的 1 人。中央监察委员会的成立，对纯洁党的组织、严格党的纪律具有开创性意义。但后来由于汪精卫在武汉发动“七一五”反革命政变，蒋汪合流，监委会成员牺牲的牺牲，受处分的受处分，分散的分散，脱党的脱党，中央当时又忙于应对，没能及时进行补充，因而监委会事实上已无法开展工作。

2. 中华苏维埃政府时期的反腐倡廉建设

第二次国内革命战争时期，中国共产党在自己创建的革命根据地内建立了工农民主专政的红色政权，进行了红色政权反腐倡廉的历史性探索。由于新生的苏维埃政权建立在白色政权的包围中，在旧思想、旧风俗、旧习惯势力的影响下，铺张浪费、贪污腐化、以权谋私、官僚主义等腐败现象在一些苏维埃政府时有出现。这些消极腐化现象虽属支流，但危害极大，严重地影响着苏维埃以及广大干部在人们心中的形象。中华苏维埃共和国临时中央政府领导人十分重视这一问题，下决心要刹住苏区内这股歪风。1932 年至 1934 年，中央苏区开展了一场声势浩大的反腐廉政斗争。

中央苏区的反腐廉政建设是围绕着支援革命战争这一中心任务来开展的。1932 年 2 月，中华苏维埃共和国临时中央政府人民委员会发布《帮助红军发展战争、实行节约经济运动》的第三号通令。12 月 1 日，中央工农检察人民委员部发布《关于检查苏维埃政权机关和地方武装中的阶级异己分子及贪污腐化动摇消极分子问题》的第二号训令。1933 年 12 月，中央工农检察部又发出《怎样检举贪污浪费的指示》。随着一系列文件指令的公布实施，一场反对贪污浪费、反对官僚主义的斗争开展起来。当时在中央工农检察部增设了一个控告局，控告局在兴国县高兴区苏维埃政府设立了第一个举报箱。举报箱系木板制成，体积为 16 厘米×18 厘米×18. 5 厘米，正面用毛笔工整地书写上“控告箱”三个大字，箱体左右两面、正面上方则用毛笔写满了“苏维埃政府机关和经济机关有违反苏维埃政纲政策及目前任务、离开工农利益、发生贪污浪费、官僚腐化或消极怠工的现象，苏维埃的公民无论何人都有权向控告局控告”的小字。随后，在各机关单位、街道路口到处可见这样的检举箱。通过发动检举，苏区各地浮现出不少案件。

1933 年 12 月 15 日，中华苏维埃共和国中央执行委员会发布《关于惩治贪污浪费行为》的第 26 号训令，对贪污的量刑有了明确规定。1932 年 5 月 9 日，红都瑞金上空响起了苏维埃临时中央政府成立后惩治腐败分子的第一枪，瑞金县九区叶坪村苏维埃主席谢步升被枪决，这是中共反腐败历史上枪毙的第一个贪官，也是中华苏维埃共和国工农检察机关查办的第一个贪污大案。1934 年 2 月 13 日，中华苏维埃共和国临时中央政府最高法院根据苏区法律判处左祥云死刑，左祥云成为中共历史上因贪污腐败问题而被判处死刑的第一个处级以上干部。这些举措，对中央根据地的巩固和建设发挥了重要作用，也为党在局部执政条件下的反腐倡廉提供了可资借鉴的经验。

3. **抗日民主政权时期的反腐倡廉建设**

抗日战争时期，尽管条件极为艰难困苦，毛泽东依然十分重视党政军内特别是高级干部中的腐败问题，并予以严厉告诫。1944年，历史学家郭沫若作《甲申三百年祭》一文，纪念明末李自成起义胜利三百周年。文中又说明李自成农民起义军在进入北京推翻明王朝以后，因为起义军的不少高级将领生活腐化，又发生争权夺利的宗派斗争，以致在第二年失败。为了吸取这个惨痛的历史教训，毛泽东指示将此文印成单行本在延安和解放区发行，以引起全党全军重视和警惕，这对把抗日战争进行到底和能够克服抗战胜利后党内产生的"三十亩地一头牛，老婆孩子热炕头"的安逸思想和要到国民党政府里去做官享受的腐败思潮起到了重大作用，并为反击国民党发动内战做好了思想准备。

这一时期，党在反腐法制建设上进一步纲领化、制度化和法规化。抗日战争一爆发，中共中央在《抗日救国十大纲领》中，针对国民党政权的贪婪积习，向各族人民承诺，把"实行地方自治，铲除贪官污吏，建立廉洁政府"作为一项纲领性内容，并在共产党领导的近20个抗日根据地各级民主政府中全面贯彻。如陕甘宁边区政府《抗战时期施政纲领》（1939年4月4日）规定，"发扬艰苦作风，厉行廉洁政治，肃清贪污腐化"；1939年8月，陕甘宁边区公布了《惩治贪污条例（草案)》，界定了十种行为以贪污论罪，并依情节轻重、数额多少、影响大小予以相应的惩处；《陕甘宁边区施政纲领》（1941年5月1日）中严令，"厉行廉洁政治，严惩公务人员贪污行为，禁止任何公务人员济私之行为，共产党员有犯法者从重治罪"。据史料不完全统计，1939年至1941年，陕甘宁边区依法审处贪污案件1265起。1943年至1945年，晋察鲁豫边区审处贪污案件1075起。抗战时期各边区政府普遍实行的是低供给制，陕甘宁边区上自政府主席下至基层乡长，每月津贴不过5元，只有同期国民党官员薪俸的几百分之一或几十分之一。面对清贫，他们只讲奉献，不求索取，忘我为公，绝少贪污肥己。正如美国外交官戴维斯在给其国务院报告所述，“共产党人在人民的拥护下，并享有政治改革和廉洁的声誉”，对国民党及其“分赃制度”是一种有力的挑战，意味着“国民党以及许多分据各地的土皇帝退位下台”。

比如，毛泽东“挥泪斩马谡”，判处黄克功死刑。黄克功，1937年26岁，江西南康人，1927年参加革命，参加过井冈山斗争和两万五千里长征，历任红军班长、排长、连长、团长、旅长。1937年10月，在延安时任红军抗日军政大学第三期第六队队长的黄克功，对陕北公学女学生刘茜逼婚不成，在延河畔枪杀了刘茜，经抗大副校长罗瑞卿向中央领导报告批准，陕甘宁边区高等法院将黄克功逮捕收监。在审理这个案件期间，延安各单位围绕这一案件组织了讨论。

有的同志认为，黄克功是红军的重要干部，对党是有功的，主张给他戴罪立功的机会。有的同志认为，黄克功自恃有功，无视法纪，杀人者必须偿命。黄克功本人也写信给毛主席和党中央，他说如果死刑必须执行的话，希望死在与敌人作战的战场上，不死在自己的法场上。他要求给他一挺机关枪，由执法队督阵，要死在向敌人的冲杀中。事件发生后，中共中央、中央军委、边区政府高度重视，中共中央和中央军委在毛泽东的主持下召开会议，经过讨论决定将黄克功处以死刑。

毛泽东致信陕甘宁边区高等法院院长雷经天。在公审大会上，当着黄克功及到会群众，除宣布法庭判决外，并宣布了毛泽东于10月10日致陕甘宁边区高等法院院长雷经天的信。信中说，黄克功过去斗争历史是光荣的，今天处以极刑，我及党中央的同志都是为之惋惜的。但他犯了不容赦免的大罪，以一个共产党员红军干部而有如此卑鄙的、残忍的、失掉党的立场的、失掉革命立场的、失掉人的立场的行为，如果赦免，便无以教育党，无以教育红军，无以教育革命者，并无以教育做一个普通的人。

因此中央与军委便不得不根据他的罪恶行为，根据党与红军的纪律，处他以极刑。正因为黄克功不同于一个普通人，正因为他是一个多年的共产党员，是一个多年的红军，所以不能不这样办。共产党与红军，对于自己的党员与红军成员不能不执行比较一般平民更加严格的纪律。当此国家危急、革命紧张之时，黄克功卑鄙无耻、残忍自私至如此程度，他之处死，是他自己的行为决定的。一切共产党员，一切红军指战员，一切革命分子，都要以黄克功为前车之鉴。

4. 解放区民主政权时期的反腐倡廉建设

在解放战争时期，是中国共产党将由局部执政转变为全国执政的转变时期。中国共产党把防止权力腐蚀、跳出历史兴衰周期率的支配，作为一项战略任务提上了重要的议程。为了迎接中国革命的新高潮，毛泽东在 1947 年 10 月 10 日以中国人民解放军总部的名义，重新颁布三大纪律八项注意的训令。其中三大纪律中的两大纪律，即不拿群众一针一线和一切缴获要归公；以及八项注意中的全部，即说话和气、买卖公平、借东西要还、损坏东西要赔、不打人骂人、不损坏庄稼、不调戏妇女和不虐待俘虏等，全都是反腐爱民纪律。以后，在解放军攻克大城市时，党中央又效法秦末农民起义军刘邦攻克秦都咸阳时与秦民约法三章之举，下令约法八章，禁止部队入城犯纪。共产党及其军政干部官兵正是以这种廉洁为民和严明的反腐纪律，赢得了全国人民的赞许与拥护。

在各解放区人民政权中，中国共产党先后制定并公布了《东北解放区惩治贪污暂行条例》《晋冀鲁豫边区惩治贪污条例》等惩治贪污的条例，并严格执行，惩治了一批贪污犯罪分子。1945 年 9 月，中共中央发出了《关于加强军队纪律坚决执行城市政策的指示》，严格执行入城政策，加强纪律教育。

1949 年 3 月，中国共产党在河北省平山县西柏坡村召开七届二中全会，确定最后夺取革命在全国胜利的方略，制定执掌全国政权以后中国共产党的政治、经济、外交政策。在这个历史转折关头，毛泽东在会议上英明地向全党发出警告，“夺取全国胜利，这只是万里长征走完了第一步……中国的革命是伟大的，但革命以后的路程更长，工作更伟大，更艰苦。这一点现在就必须向党内讲明白，务必使同志们继续地保持谦虚、谨慎、不骄不躁的作风，务必使同志们继续地保持艰苦奋斗的作风。我们有批评和自我批评这个马克思列宁主义的武器。我们能够去掉不良作风，保持优良作风。我们能够学会我们原来不做的东西。我们不但善于破坏一个旧世界，我们还将善于建设一个新世界”。全会还根据毛泽东的提议，作出了防止资产阶级腐蚀和反对突出个人的六条规定：（1）禁止给党的领导祝寿；（2）不送礼；（3）少敬酒；（4）少拍掌；（5）禁止用党的领导者的名字作地名、街名和企业的名字；（6）不要把中国同志和马、恩、列、斯并列，禁止歌功颂德现象。

中国共产党领导颁布的一系列反对权力腐蚀的措施及开展的一系列斗争，对维系党同人民群众的血肉联系，夺取全国政权起到了至关重要的作用，中国共产党夺取全国政权的不争的历史事实，也从一个侧面证明了反腐的成效。

（二）子规夜半犹啼血：建设时期的“三反五反”与“路线教育”

中华人民共和国的成立，标志着中国共产党由领导人民夺取全国政权而奋斗的党跃变为领导人民掌握全国政权并长期执政的党。随着地位的转换，党内部分意志薄弱者产生居功自傲、贪图享乐的倾向，在全国范围内出现严重的贪腐现象，引起党的高度警觉。为保证党的先进性与战斗力，有效防止贪腐现象的滋生与蔓延，我们党进行了卓有成效的严惩贪污、禁止浪费、反对官僚主义作风的廉政建设，对于巩固党的执政地位和新生的人民政权具有积极的意义，但由于“左”的思想的干扰，反腐败的进程中也出现了失误和挫折。

1. 新中国成立初期的反腐倡廉建设

中华人民共和国成立以后，反腐倡廉的形势是严峻的。第一，资产阶级中的不法分子，为了获取尽可能多的利润，往往采用请客送礼、行贿，直至使用美人计等方式，向手中握有权力的国家工作人员进攻，为他们的利益服务，因而必然会发生腐蚀和反腐蚀的斗争。第二，执政党不注意警惕也容易产生腐化现象。中国是一个落后的农业大国，几千年的封建传统和小生产者的思想意识根深蒂固，中国共产党是在这样的历史条件下执政的，容易受到腐朽思想的侵袭。第三，部分留用人员的腐败作风及其恶劣影响。第四，新干部、新党员的大量增加。这支新队伍在新中国的建设中发挥了很大的作用，但是也难免带来一些旧社会的旧思想、旧作风，混进一些不良分子。第五，新中国成立之初，百废待兴，革命和建设的任务都很繁重，有些必要的制度还没有来得及建立或者还很不健全，这也给贪污受贿等犯罪活动以可乘之机。

为了坚决惩治腐败，防止干部蜕化变质，党中央先后颁发了反腐败的法律法规，及时作出了《关于实行精兵简政、增产节约、反对贪污、反对浪费和反对官僚主义的决定》及《关于反贪污斗争必须大张旗鼓地去进行的指示》。《中华人民共和国惩治贪污条例》是新中国成立后的第一个反腐败法规，为反腐败斗争提供了有力的法律武器。这一时期，党领导发动了一次又一次的群众运动，开展反腐败斗争，如 1950 年全党全军整风运动，首先解决领导干部内存在的居功自傲情绪、命令主义和官僚主义问题。1951 年整顿党的基层组织，全国共有 41 万名不合格党员被开除出党或被劝告退党。1951 年年底至 1952 年在全国开展的“三反”、“五反”运动，原中共天津市委书记刘青山、天津地区专员张子善堕落成大贪污犯，盗用公款折合新人民币 171 万元。尽管他们对革命有过很大功劳，党也决不姑息，被依法判处死刑，毛泽东亲自批准处决“地位高、功劳大、影响大”的刘青山、张子善。在全国范围内开展大规模的反贪污、反浪费、反官僚主义运动，对当时防止腐败现象的滋生起了极大的威慑作用。

刘青山、张子善案件是在新中国成立初期“三反”运动中查出的一起党的领导干部严重贪污盗窃国家资财案件。刘青山，1914 年生，河北安国人，雇工出身。1931 年 6 月加入中国共产党，曾任中共天津地委书记，被捕前任中共石家庄市委副书记。张子善，1914 年生，河北深县人，学生出身。1933 年 10 月加入中国共产党，曾任中共天津地委副书记、天津专区专员，被捕前任中共天津地委书记。他们过去在党的培养教育下，为党为人民做过很多有益的工作，无论是在抗日战争还是在解放战争中，都曾进行过英勇的斗争，建立过功绩。但在和平环境中，经不起资产阶级的腐朽思想和生活方式的侵蚀，逐渐腐化堕落，成为人民的罪人。

1950 年至 1951 年他们在担任天津地区领导期间，盗窃地方粮款 289151 万元（注：旧币 1 万元合新币 1 元）、防汛水利专款 30 亿元（还 10 亿元）、救灾粮款 4 亿元、干部家属救济粮款 14000 万元，克扣修理机场民工供应补助粮款 54330 万元，赚取治河民工供应粮款 37437 万元，倒卖治河民工食粮从中渔利 22 亿元；此外还以修建为名骗取银行贷款 60 亿元，从事非法经营。以上共计 1554954 万元。他们还借给机关生产的名义，进行非法经营，送 49 亿巨款给奸商倒卖钢材，使人民资产损失 14 亿元。还派人员冒充解放军，用救灾款从东北套购木材 4000 立方米，严重影响了灾民的生产和生活。他们在获取非法暴利、大量贪污之后，任意挥霍，过着极度腐化的生活。刘青山甚至吸食毒品成瘾。经调查，刘青山贪污达 1.84 亿元（旧币），张子善贪污达 1.94 亿元（旧币）。

1951 年 11 月，中共河北省第三次代表会议揭露了刘、张的罪行。同年 12 月 4 日，中共河北省委作出决议，经中央华北局批准，将刘青山、张子善开除出党。1952 年 2 月 10 日，河北省人民政府举行公审大会，随后河北省人民法院报请最高人民法院批准，判处刘青山、张子善死刑。

2. 全面建设社会主义时期的反腐倡廉建设

在社会主义建设时期，党和政府先后规定了一些干部联系群众的制度，克服官僚主义，中央高层领导率先垂范，公开提倡民主作风，亲自下基层，在全国广大干部中起了很好的示范效应。同时，在全国广泛树立和宣传坚持党的根本宗旨的党员典范，对社会风气和党风好转起了很好的作用。绝大多数党员、干部与人民同甘共苦，发奋图强，度过了天灾人祸造成的三年经济困难时期。20世纪60年代中期，一些腐败现象有所抬头，中央在部分城市开展了以反对贪污盗窃、反对投机倒把、反对铺张浪费、反对分散主义、反对官僚主义为内容的“新五反”运动；在农村基层开展了以清政治、清经济、清思想、清组织为内容的“四清”运动。虽然，其指导方针受到“以阶级斗争为纲”“左”的错误影响，运动中又产生了打击扩大化偏差，伤害了一些基层党员、干部，但对于克服党内存在的官僚主义、纠正干部违法乱纪和强迫命令等不良作风，还是起到了不容忽视的警示作用。

3. “文化大革命”时期的反腐倡廉建设

“文化大革命”是党的反腐倡廉建设史上最为特殊的一个时期，其特殊性就在于它在“左”倾错误路线指导下，颠覆了党在执政条件下所形成的反腐倡廉建设的一切有效形式，造成了无可估量的恶果。在“以阶级斗争为纲”的指导下，无序的大规模群众运动使得各级党组织包括党的纪检机构与公检法机构处于瘫痪状态，党的反腐倡廉建设屈服于声势浩大的阶级斗争。虽然党也从未放弃过反腐败斗争，但由于指导思想的巨大偏差，党的反腐倡廉建设失去民主与法制的有力保障，不能不说是一种历史性遗憾。

（三）不信东风唤不回:改革时期的“反腐”与“倡廉”

党的十一届三中全会标志着我国进入改革开放的新的历史时期。改革开放促进了经济的发展，同时也出现了商品经济的负效应。改革开放在带给人们物质财富的同时，也深刻地影响着人们的思想观念和价值取向。面对风起云涌的开放浪潮，五光十色的外部世界，有的人心乱了，党风廉政出现问题，有些党员干部开始腐化变质。面对改革开放条件下反腐败斗争表现出的新特点，我们党一方面带领全国人民锐意改革、全面开放，努力进行中国特色社会主义现代化建设，同时不断加大党风廉政建设和反腐败斗争的力度，形成了一整套适应社会主义市场经济发展要求的反腐败指导思想、基本原则、工作格局、领导体制和工作机制，初步探索出一条适合我国现阶段基本国情的有效开展反腐倡廉的路子，经受住了执政和改革开放的考验。

1. 十一届三中全会以后的反腐倡廉建设

1978 年中共十一届三中全会之后，党和政府开始实行对内改革、对外开放的政策，中国社会由此进入了深刻的转型时期。这一阶段腐败现象的主要特点，一是出现“官倒”现象。这是官员利用手中的权力资源获取经济利益的“权力寻租”现象的最早雏形。计划经济体制下政府掌握绝大部分社会资源，因而领导干部拥有巨大的资源支配权。由于过去计划控制较严甚至是死板，这种权力用于“寻租”的现象虽然存在但不明显。改革开放过程中，经济体制转型与政府掌握社会资源的矛盾开始凸显，在价值观失衡的情况下，由于对经济利益私人占有的欲望和需求，促使个人或集团在不均等的社会经济结构中牟取自身经济利益，“权力寻租”转化为“官倒”现象就成为不可避免的了。二是经济领域的腐败逐渐显现。一些地方政府利用“价格双轨制”等改革形成的漏洞通过所属企业涉足商业领域，倒卖批文，利用引进设备等机会受贿牟利。据统计，从党和政府 1982 年开展打击经济领域严重经济犯罪的专项运动至 1983 年 4 月底，全国立案审查各类经济犯罪案件约 19. 2 万件，全国投案自首、坦白交代各种经济违法犯罪问题的约 2. 4 万人。三是腐败以“权情交易”形式为主。人们利用各种人情拉关系、走后门、批条子，为自己谋利，这主要是由于在中国传统的熟人社会结构和关系文化中，宗族势力和亲情关系是群体活动的主要载体所致。四是腐败的数量、规模和层次较改革开放前有所增加，但还远未达到后来的严重程度。高官腐败案的涉案金额也都不大。

针对新形势下腐败现象抬头的危险迹象，以邓小平为核心的中国共产党第二代中央领导集体从实际出发，围绕提高党的领导水平和执政水平，增强拒腐防变能力这两个历史性课题，提出了“两手抓、两手都要硬”的反腐倡廉战略方针。1982年，邓小平就严肃地指出，我们自从实行对外开放和对内搞活经济两个方面的政策以来，不过一两年时间，就有相当多的干部被腐蚀了。卷进经济犯罪活动的人不是小量的，而是大量的。他十分赞同陈云关于“执政党的党风问题是有关党的生死存亡的问题”的论断，强调干部在端正党风问题上要起表率作用。他还特别强调“两手抓”方略，在此后的“南方谈话”中明确指出“在整个改革开放过程中都要反对腐败”，“要坚持两手抓，一手抓改革开放，一手抓打击各种犯罪活动。这两只手都要硬”。他不无忧虑地指出，经济建设这一手我们搞得相当有成绩，形势喜人，这是我们国家的成功。但风气如果坏下去，经济搞成功又有什么意义？会在另一方面变质，反过来影响整个经济变质，发展下去会形成贪污、盗窃、贿赂横行的世界。“两手抓、两手都要硬”的反腐倡廉的战略方针在内容上很好地借鉴了我党第一代领导集体的核心毛泽东的廉政思想，是对毛泽东一贯坚持倡导的“拒腐防变”战略方针的继承和发展。

1978年12月，中共中央成立了以陈云为第一书记的中共中央纪律检查委员会，拉开了加强党纪国法、以制度反腐的序幕。1979年11月，中共中央、国务院颁布《关于高级干部生活待遇的若干规定》。1980年2月，中共十一届五中全会正式通过《关于党内政治生活的若干准则》。同时，社会主义民主和法制建设加快步伐。1979年，担任国家法律监督职能的最高人民检察院得以重建。同年6月，五届全国人大二次会议通过《刑法》、《刑事诉讼法》，对腐败现象列专项制裁。1986年12月，六届全国人大常委会第十八次会议决定设立中华人民共和国监察部，同纪检部门共同打击腐败，廉政建设和反腐败斗争揭开了新的一页。

比如，被称为“改革开放第一案”的王仲案件。王仲，改革开放后第一个因贪污腐败被枪毙的县委书记，其腐败行为带有明显的时代特征。王仲出生于天津市蓟县。贫农出身的他1949年参军，同年入党。1950年转到地方工作，先后担任过区委委员、区委副书记、书记等职，1976年任广东省海丰县委副书记、书记、县革委会主任，1981年8月调任汕头地委政法委员会副主任。早在“文革”期间，王仲便利用职权贪占公物，搞生活特殊化，任海丰县委书记后，他的腐败行径更加一发不可收拾。

海丰县与港澳海上交通方便，随着对外开放政策的施行，同港澳的联系日益频繁，从港澳回乡探亲和申请去港澳的人也越来越多。1979年秋，当地一位广播员，给王仲家送了一台17英寸黑白电视机，因此他赴港探亲报告提早获批。不久，海丰县某教师送给王仲一台彩电和收录机，该教师一家5口去港的要求亦顺利获批。尝到甜头后，王仲的胆子越来越大。此后他开始大量收受、索取港商的电视机、收录机、电冰箱等，然后转手卖出。当时，海丰县打击走私贩私斗争正处于高峰期，被查获的私货在汕尾镇堆积如山，令王仲垂涎三尺。他到处“视察”堆放私货的现场，钻入各个缉私货物仓库，想要什么就拿什么，把大量缉私物资攫为己有。

1979年下半年至1981年8月，王仲侵吞缉私物资、受贿索贿的总金额达6．9万元，这在改革开放初期是一个触目惊心的数字。王仲的不法行为在海丰县影响恶劣，沿海猖獗一时的走私活动得不到有效制止，一批干部被腐蚀，一些党的基层组织瘫痪，一些缉私人员执法犯法、监守自盗。海丰县一时成为远近闻名的私货市场，甚至被人称为“远东的国际市场”。对此，群众纷纷写信检举揭发，上级机关也派人调查。此案的处理受到时任中央纪委第一书记陈云的极大关注，他多次听取案情汇报，先后派出100多人次的工作组调查此案。有人说，王仲是老同志，曾为党做出一些贡献，是不是应该从轻处理。但陈云认为，在改革开放的关键时刻，在一个地区出现如此严重的情况，王仲起到了非常坏的作用，如果不依照党纪国法惩处，对打击经济领域严重犯罪活动及改革开放都是不利的。1983年1月17日，在汕头市人民广场举行的审判大会上，王仲被依法判处死刑。

2. 十三届四中全会以后的反腐倡廉建设

进入20世纪90年代，腐败现象的发展出现高峰期。这一阶段腐败现象的主要特点，一是从“小贪小案”向“大贪大案”转变。高官腐败案频发，不少案件都已“刑上省部级”。据中央纪委向中共十六大所作的工作报告披露，自1997年到2002年间，共查处县（处）级干部2.8996万人，厅（局）级干部2422人，省（部）级干部98人，平均每年查处省（部）级干部近20人。其中全国人大常委会原副委员长成克杰、公安部原副部长李纪周、国土资源部原部长田凤山、河北省委原书记程维高、云南省委原书记李嘉廷、江西省原副省长胡长清、安徽省原副省长王怀中等一批腐败分子造成了极其恶劣的影响。二是从“权情交易”向“权钱交易”转变。随着市场经济的发展，私营企业的数量迅速增加，经济和社会结构的变化也影响着人们的交往方式，一些商人为了在竞争中谋求特殊利益，运用各种手段贿赂国家公职人员，为其非法行为充当“保护伞”。例如著名的因赖昌星“厦门远华集团走私案”被揭露的李纪周、石兆彬，因“无锡新兴公司非法集资案”被揭露的王宝森、陈希同等，都是“权钱交易”、“官商结合”的典型案例。三是从“单一犯罪”向“集团犯罪”转变。处于官场金字塔链条中的官员腐败，已不可能绕开身边所有的人。因此一个腐败官员的周围，往往是“拔出萝卜带起泥”。例如对河北李真案的调查，就带出了厅局级干部8人，其他党政领导干部39人。还有北京的陈希同、王宝森、铁英、黄纪诚集团犯罪案，沈阳的慕绥新、马向东集团犯罪案，广西的成克杰、徐炳松、李恩潮集团犯罪案等，都是一扫一大片。同时，腐败官员的妻子、子女、亲属乃至秘书、司机等身边工作人员也常常会共同涉及腐败行为。

十三届四中全会以来，以江泽民为核心的中国共产党第三代中央领导集体，始终高度重视反腐败工作，以“三个代表”重要思想为指针，把党风廉政建设和反腐败斗争作为关系到党和国家生死存亡的大事来抓，坚持“两手抓、两手都要硬”，从人民群众最关心的问题入手，明确把反腐败斗争作为党的重要任务和各级纪检监察机关的重点工作，逐步建立健全反腐败领导体制和工作机制，开展了“三讲”教育，确立了领导干部廉洁自律、查办违纪违法案件、纠正部门和行业不正之风的反腐败三项工作格局，提出了“标本兼治、综合治理”的方针，侧重从源头上反腐败，党风廉政建设和反腐败斗争，取得了新的明显成效，有效推进了反腐倡廉工作的健康发展。在治标工作方面，继续保持了反腐败斗争的高压态势。在治本方面，从源头上预防和治理腐败的工作力度明显加大。“标本兼治、综合治理”反腐倡廉战略方针，在反腐倡廉理论创新和实践创新过程中起到了承上启下的重要作用。

3. 十六大以后的反腐倡廉建设

进入 21 世纪，中国的反腐倡廉建设进入了一个频发与治理相持的时期。在以胡锦涛为总书记的党中央领导下，反腐倡廉建设进入了一个建立健全教育、制度、监督并重的惩治和预防体系阶段，从注重民主、法制、制度建设向教育、制度、监督并重，从惩治为主向惩治和预防并举转变。这一时期腐败现象的主要特点，一是“一把手腐败”现象突出。目前，社会主义政治民主正在逐步发展过程中，一些规章制度还不健全，在一定程度上造成“一把手”权力过分集中而监督不力的现象，一旦“一把手”出问题，多是大案要案。如中央政治局原委员、上海市委原书记陈良宇涉及上海市劳动和社会保障局违规使用社保资金案被中央立案检查，国家统计局原局长邱晓华、北京市原副市长刘志华、公安部原部长助理郑少东和经侦局原副局长相怀珠、最高人民法院原副院长黄松有、国家开发银行原副行长王益等，一系列位高权重的官员不断受到查处。二是团伙犯罪形成气候。与“一把手腐败”紧密相关的现象就是某些地方领导层集体性腐败，其严重后果是导致既得利益集团的形成。在这样的环境下，正直的干部在开展正常工作时，受到的干扰和阻力很大。三是经济类案件持续高发并向各领域延伸。在干部违纪案件中，金融、证券、建筑、房地产、土地批租出租等领域要案不断发生，违纪金额越来越大。如河南省人大常委会原副主任、郑州市委原书记王有杰将评估为3700万元的国有资产以2600万元的价格贱卖，自己从中谋取巨额“好处”。被当地群众称为“程卖光”的漯河市委原书记程三昌等一批腐败官员在短短3年内将全市90%以上的国有企业卖掉，程三昌赚足了不义之财后携巨款潜逃国外。此外，腐败现象向各领域如走私、黄赌毒等延伸，如2005年查处福建福州以凯旋（中国）集团董事长陈凯为首的黑社会性质犯罪团伙，共查处凯旋集团骨干成员及涉案的党员干部113名，其中以陈凯为首的黑社会性质组织成员21名，党员干部76名，其他人员16名。四是涉案地点和逃避地点向海外发展。如2004年被公安部发布A级通缉令抓获的吉林省延边朝鲜族自治州交通运输管理处原处长蔡豪文，利用职务之便，挪用公款350余万元，先后27次到境外参与赌博，将公款作为赌资，挥霍一空。中国银行广东开平支行原行长余振东，与他人盗用约20亿元后，2001年远遁海外，直到2004年才被引渡回国受审。商务部一份调查报告显示，近几年来外逃官员数量大约为4000人，携走资金约500亿美元。五是“59岁现象”、“39岁现象”和“26岁现象”并存。继2002年中国建设银行原行长王雪冰因贪污罪被判入狱12年之后，2005年59岁的中国建设银行原行长张恩照也因19次受贿415万元一审被判15年，59岁左右的县处级干部贪腐犯罪出现高发现象。低龄公职人员职务犯罪现象也陆续出现，成为人们广为关注的“26岁现象”。如2006年大庆市银行储蓄代办员26岁的陈明峰和25岁的刘福彪，利用职务之便提取储户存款人民币43万元，并大肆挥霍公款近10万元。

中共十六大以来，以胡锦涛为总书记的中国共产党新的中央领导集体全面贯彻落实科学发展观，持续不懈地推进源头防腐与制度创新工作，提出了“标本兼治、综合治理、惩防并举、注重预防”的反腐倡廉战略方针，建立健全与社会主义市场经济体制相适应的惩治和预防腐败体系，颁布了《建立健全教育、制度、监督并重的惩治和预防腐败体系实施纲要》，围绕中央关于树立和落实科学发展观、建设社会主义新农村、构建社会主义和谐社会等一系列重大战略决策和部署，结合保持共产党员先进性教育活动和学习贯彻党章以树立社会主义荣辱观为重点，运用多种形式，加强党风廉政教育。推进廉政文化建设，深入开展专项治理，解决损害群众利益的突出问题。

深化体制机制改革，加大从源头上预防腐败工作力度，建立体现科学发展观要求的地方党政领导班子和领导干部综合考核评价体系；颁布实施《中国共产党党内监督条例》，加大巡视工作力度，对权力运行的制约和监督得到加强；坚决贯彻从严治党方针，严肃查办案件，加强了反腐败的国际合作，加大了打击外逃腐败分子的力度。在改革不断深化、开放不断扩大、经济持续发展的情况下，党风廉政建设和反腐败斗争始终保持了平衡健康、不断向纵深发展的良好态势。

二 为有源头活水来：中国共产党反腐倡廉建设的体系构建

（一）教育反腐：构筑起心灵的长城

思想是行为的先导。腐败的产生起源于精神的堕落，大多数腐败堕落之徒，都是先在思想上蜕化变质，然后才在行为上腐败，归根结底是世界观出了问题。理想信念动摇，世界观发生扭曲，拜金主义、享乐主义和极端个人主义滋长，这必然导致生活目标的混乱和行为上的奢侈腐化。所以，反腐败要从思想教育开始，这是第一道防线，它的作用是通过道德教化和法制教育，使人从思想上不想犯罪，即解决“不想贪”的问题，因而也是预防腐败的最佳境界，是从根本上解决问题的反腐败措施。加强思想政治教育工作是中国共产党的光荣传统和政治优势。毛泽东指出，掌握思想教育是团结全党进行伟大政治斗争的中心环节。邓小平根据以往的历史经验和现实的要求也多次强调，改善社会风气要从教育入手。克服特权现象，要解决思想问题。江泽民也指出，惩治腐败，最基本的要靠教育。胡锦涛强调，要教育各级党员领导干部加强党性修养，模范地实践以“八荣八耻”为主要内容的社会主义荣辱观，常修为政之德，常思贪欲之害，常怀律己之心，自觉经受改革开放和发展社会主义市场经济条件下长期执政的考验。

（二）制度反腐：还是制度靠得住

有人曾经说过，良好的制度是防止悲剧最有效的途径和最可靠的安排。胡锦涛在党的十七大报告中曾经指出，在坚决惩治腐败的同时，更加注重治本，更加注重预防，更加注重制度建设。这是中国共产党对我国反腐倡廉建设历史经验的总结与深化。我党历来重视廉政制度建设。早在民主革命时期，就制定了一系列与反腐倡廉相关制度。新中国成立后，制定并完善了廉政建设的各项制度。改革开放后，在总结经验汲取教训的基础上，面对新的形势、任务和要求，陆续出台了一系列有关廉政建设的规定和文件。这些党内法规的颁布与实施，对于从源头上治理腐败的滋生，加强党风廉政建设起了很好的作用，在党内外产生了积极的影响。当前存在的腐败现象在很大程度上仍带有体制性腐败的特点，制度上的缺陷为腐败的不断蔓延提供了可乘之机。依靠制度惩治和预防腐败是做好反腐倡廉工作的根本途径，我们要把反腐倡廉寓于各项政策法规和管理措施之中，把制度建设贯穿于反腐倡廉工作的各个环节和全部过程，围绕反腐败斗争的需要建立健全社会主义法制，特别是要加强廉政的预防性立法建设，通过建立健全的各种规章制度，规范从政行为，充分发挥制度在惩治和预防腐败中的规范和保障作用，形成用制度规范工作人员的职务行为，按制度办事，靠制度管人的机制，不断提高反腐倡廉制度化水平。

（三）监督反腐：群众的眼睛是雪亮的

中国共产党在反腐倡廉建设过程中高度重视运用各种监督形式对党和政府及其工作人员进行多层次、多方位的广泛监督。早在1945年，毛泽东在黄培炎先生关于政权兴亡“周期律”的那次著名谈话中就讲到，“只有让人民来监督政府，政府才不敢松懈。只有人人起来负责，才不会人亡政息”。腐败问题产生的一个重要原因是监督机制形同虚设，要解决腐败问题，极需要建立有效的监督体制，强化对各级领导班子和领导干部的监督，明确监督的重点环节和重点部位，特别是加强对干部选拔任用工作的监督，加强对财务资金运行的监督。充分发挥各监督主体的积极作用，提高监督的整体效能，包括党内监督、人大监督、政府专门机关监督、司法监督、政协民主监督、群众监督、舆论监督等。我们要不断加大监督力度，通过不懈的努力，做到关口前移、过程监控，逐步形成“结构合理、配置科学、程序严密、制约有效”的权力运行监督机制，充分发挥监督在惩治和预防腐败工作中的关键作用。

（四）重典反腐：响鼓还需用重锤

反腐败的最后一道防线是惩处。惩处是腐败行为应该付出的代价。惩处的程度如何，直接关系到腐败的成本。要提高腐败成本，就必须加重惩处力度。新中国成立初期，处决了刘青山、张子善后，在党内外起到了巨大的震慑和教育作用，当时毛主席就指出，只有杀了刘青山、张子善，才能挽救无数个具有刘青山、张子善倾向的人。改革开放后面对腐败现象有所滋长的态势，邓小平严肃指出，1952年杀了两个人，一个刘青山，一个张子善，起了很大作用。现在只杀两个起不了那么大作用了，要多杀几个，才能真正表现我们的决心。在2000年1月14日中纪委第四次全会上，江泽民也指出，“为了保证改革开放和现代化建设的顺利进行，为了教育、爱护和警醒广大干部，为了维护法纪的尊严，对敢于无视法纪、违法犯罪的干部，必须用重典。不论是谁，不论职务多高，该受什么处分就给什么处分，该重判的重判，该杀的坚决杀，决不手软。否则，腐败之风刹不住，也难以服众。”加大对腐败分子的惩处力度，一是能够起到打击、震慑和警戒腐败分子作用，二是能够起到教育国家工作人员和人民群众的作用，三是能够充分彰显中国共产党坚决反对腐败的决心和态度。所以，我们要进一步加大惩处腐败力度，把严惩腐败作为进一步端正党风和干部作风的重要手段，依纪依法严查各类违纪违法案件，坚决惩处腐败分子，以严明的党纪政纪取信于民。

[延伸阅读]

中国古代廉政文化演变启示

在漫长的历史长河中，中国古代廉政文化建设积累了极其丰富的经验，以下几个方面尤其值得借鉴。

一是以民为本。民本思想既是中国历史的优秀传统，也是历代廉政文化的核心内容。历代进步思想家以及比较开明的统治者都能坚持民本思想传统，他们认识到政治的重心在民不在君，统治者的政策只有保护人民，顺应民心，才能得到人民的支持与拥护，才能长治久安，否则人民就会造反，政权就会覆灭。古代的周人首先看到了民众的力量，认为周取代商是民之所欲，天必从之。在《尚书》中有“民惟邦本，本固邦宁”的治国理念。齐国政治家管仲提出，“霸王之所始也，以人为本。本治则国固，本乱则国危”。这是说，成霸业的开始是以百姓为根本，百姓治理得好，国家就巩固；百姓搞乱了，国家就会面临灭亡的危险。孔子也说过，“丘闻之，君者，舟也；庶人者，水也。水则载舟，水则覆舟”。孟子发挥了孔子的思想，提出了“民为贵，社稷次之，君为轻”，“民为水，君为舟，水可载舟，亦可覆舟”等思想观点。西汉时期的刘安，在《淮南子·

泰族训》中提出："国主之有民也，犹城之有基，木之有根；根深则上固，基美则上宁。"即国君要有民众的支持，就好比城墙有城基，树木有树根一样，树根深植，树冠必然繁茂稳固；城基坚固，城墙必然安稳。唐朝的李世民说过，"为君之道，必须先存百姓，若损百姓以奉其身，犹割股以啖腹，腹饱而身毙。"意思是作为君主，心中首先要有百姓，如果以损害百姓的利益来供养自身，就如同割了大腿的肉来填饱肚子，肚子饱了人却死了。因此，唐朝在李世民的统治下发展盛极一时。

二是以德为政。在中国传统文化中，政治和道德是融为一体的，表现出明显的伦理政治化和政治伦理化的特征。以德为政强调为官从政要正，孔子在《论语·为政》中说："为政以德，譬如北辰，居其所而众星共之。"他认为，只要统治者用道德来治理国政，那他就会像北极星那样，泰然处在自己的位置上，而老百姓会像众星捧月般环绕着他。意思是说统治者如果能把"德"作为治理国家的基本原则和理念，国家的秩序就会像天上的星体那样和谐有序。孔子的"为政以德"思想被历代统治者奉为圭臬，并影响了一代又一代政坛风尚。因此，明代哲学家王阳明曾用金子比喻人品官德，纯度越高，品位就越高。

三是知耻之心。中国的传统道德教育十分重视以羞耻心为基础的进德修业，特别强调这方面的培养。早在春秋时期，齐国的大政治家管仲就提出"礼义廉耻，国之四维"的治国纲领，他把"耻"作为治国的四大精神支柱之一，认为如果四维不张，国乃灭亡。这是何等警策的危言！孔子曾标举"行己有耻"、"有耻且格"等作为教导学生修身的标准。孟子说，"人不可以无耻，耻之于人大矣"。孟子把"耻"作为衡量人的首要标准。宋朝朱熹也说，"耻者，吾所固有羞恶之心也。有之则进于圣贤，失之则入于禽兽，故所系甚大"。同是宋朝的陆九渊也认为"耻存则心存，耻忘则心忘"。道德的基本特点之一，是以荣耻标准对社会现象进行评价。人的性格有许多弱点，人生道路有许多陷阱，人最大的勇气是战胜自己，而这样的勇气很大程度上来自于“知耻”。

四是清官文化。清官文化是中国社会特有的一种文化现象，是时代的产物。歌颂清官，鞭挞贪官，是中华文化史上一个经久不衰的主题。它植根于中国传统社会特殊的土壤中，是中国传统文化的一部分，在世界廉政文化发展史上独树一帜。清官文化是附着在历代清官身上的精神品德和社会价值标准，清官文化反映的是在特定时代，社会对执政者的期盼和人们对为官之道的认知水平。清官文化的内涵包括：廉洁自律、清贫寡欲，敢于牺牲，威武不屈，忠勇正直，一心向民。通过研究和宣传清官文化，可以使人们了解历史上的这些清官的光辉事迹，领会到清官的思想道德和人格魅力中蕴含着的中国传统文化中积极的一面。通过扩大对他们的宣传，激励更多的官员向他们学习，做到洁身自好，严以自律，树立责任感。清官文化的一些内容对于我们今天的廉政文化建设仍然具有借鉴意义。所以，对清官文化，应该采取一种扬弃的态度，不能一味地全盘否定。既不能由于清官所处时代的制度局限性而全面抹杀清官们的思想道德和人格方面的价值以及对社会的教育意义，同时也不能盲目地颂扬清官、神话清官，将清官文化庸俗化，而应认清清官产生的时代局限性，从根本制度上推进社会的民主与进步。

中国古代廉政文化对当前我国的廉政文化建设有着重要的启迪作用。我们要紧密结合基本国情，对新时期加强廉政文化建设进行深入思考并采取相应的措施，主要应从四个方面入手。

一是加强反腐倡廉宣传教育，奠定廉政文化建设的思想基础。反腐倡廉教育是党的思想政治工作的重要组成部分，是开展廉政文化建设的基础性工作，是惩治和预防体系的重要内容，是有效惩治腐败的重要手段。反腐倡廉教育对党员干部廉政行为的养成有着潜移默化的作用，只有坚持不懈地开展反腐倡廉教育，才能使党员干部树立科学的世界观、人生观、价值观和正确的权力观、地位观、利益观，自觉遵守党风廉政建设的各项规定，增强拒腐防变和抵御风险的能力；才能使党员干部适应改革开放和发展社会主义市场经济的新形势，坚定理想信念，加强道德修养，牢记宗旨，廉洁从政，真正做到权为民所用、情为民所系、利为民所谋。在开展教育的过程中，要因人施教，注重教育的针对性和实效性；要与时俱进，注重教育的灵活性与时代性；还要完善格局，注重教育的整体性和合力性。

二是强化制度文化、法律规范意识建设，拓展廉政文化建设的内容。制度与文化之间是一种相辅相成的关系，文化为制度的实施提供良好的环境，制度的贯彻执行又有助于良好文化的形成，为文化建设提供保障。但是我们的制度建设存在着诸多问题。首先，在制定环节上，我国的廉政制度建设的基础一直偏向以伦理性为主，内容存在漏洞、设计缺乏系统规划。其次，在廉政制度的执行方面也存在着许多问题。主要是制度执行力度不够，执行时出现疲软。因此，在借鉴中国古代和西方廉政理论成果的基础上，要建立完善的廉政法律法规，做到有法可依，注重制度建设的操作性、针对性、有效性，着力反腐倡廉制度质量的提高；培养廉政法律信仰，形成广泛统一的廉政法律意识。法律信仰对于确立法律权威而言起着决定性作用，因为只有法律权威赢得了普遍的心理认同，才会化作人们的内心自觉，人们才能从内心的深层情感上自觉接受法律，拒绝外来的各种力量和因素的干扰，才能客观公正地运用法律处理社会纠纷。

三是完善监督机制，培育自觉接受监督、主动参与监督的廉政文化意识。对权力的有效监督是廉政文化建设的关键，我国已经形成了相对独立的、较为系统的监督体系。我国廉政监督机制的监控和制约功能，是通过一系列具体的监督形式来实现的，主要有党内监督和党外监督（民主党派监督、舆论监督和公众监督）。这构成了中国特色的社会主义监督体系。但从我国监督机制现状来看，还存在一些问题与不足，因此，加强廉政监督机制建设的基本目标，就是要不断完善和强化监督制约作用，使各种监督形式在时间上同时运行，发挥作用；在空间上互相依存，有机结合，形成监督制约的合力。

四是创新廉政文化建设的载体，充分发挥廉政文化的影响力。要使廉政文化建设更加富有成效，应根据不同的文化背景和市民的文化爱好，为廉政文化的内容选择合适的载体，改变过去那种单一的枯燥死板的文件传达和讲座灌输模式，以形式多样的文化载体，构筑多方位的教育平台，使廉政文化的内容充分表达，从而充分发挥廉政文化的最佳导向功能。可以充分利用报刊、广播、电视、互联网等传播手段，结合广大干部群众的实际需求，积极创作出贴近生活、贴近实际、贴近群众的文艺作品。组织有一定规模的广场文艺晚会，把廉政文化全面推向便于群众参与的开放式广场，使廉政文化进入党员、干部和群众心中，使群众在各种高雅的艺术享受中受到感染、教育和启迪。

新加坡人民行动党的活力和廉洁

贪污是一种历史现象，自从有了国家和政权，就产生了权钱交易。领导层的贪污腐化，必然导致执政党脱离人民，最终丧失政权，这在中外历史上屡见不鲜。自20世纪中叶开始，贪污现象就曾在东南亚各国肆虐，甚至一度被世人称为“东南亚的癌症”。正当东南亚各国对日益蔓延滋长的腐败现象焦头烂额时，新加坡却能独树一帜，在独立后短短的几十年里，经过自身艰苦卓绝的努力，毅然决然地铲除了这一危及国家政权生存的毒瘤，从而使整个国家的面貌焕然一新。多年来，新加坡始终保持亚洲最廉洁国家的地位，并多次被评为世界最廉洁高效的国家之一。作为一个人寡地小的城市国家，新加坡之所以能够获得如此佳绩与殊荣，原因有很多。但追本溯源，首先得益于其执政党在长期的实践中已经成功摸索出了一套融贯中西、切实可行的反腐倡廉之道。

重视教育，强调治本，使人不愿贪

所谓重视教育，强调治本是指通过廉耻教育提高公职人员的道德水平和自律能力，从思想上抵制、杜绝腐败的念头，从而达到使人不想贪的目的。新加坡结合本国的特点，把东方传承了几千年的优秀文化传统加以阐述和发展，使之成为促进本国廉政建设的重要思想根源和理论道德基础，并以此来提高国民特别是国家公职人员的思想道德素质。

新加坡政府认为，要做到廉政和高效，必须营造良好的官场风气和社会风气，特别是要提高政府官员的道德品质。他们提倡一切公职人员都要有服务意识和奉献精神。政府在公务员选拔任用的过程中，特别重视对品德的考核，每一名参加选拔的人都必须接受严格的审查和调查，内容包括有无犯罪前科和不良嗜好、日常交往人员状况、家庭情况、社会背景、个人的兴趣爱好和品德修养等。新加坡大力推行精英政策，其执政党——人民行动党发展党员的方式是邀请式，即通过长期观察认定是德才兼备的成功人士才能入党。这一理念在执政中体现为精英治国，政府从小学阶段就开始寻找从政人才，选拔优秀学生送往国外留学深造，国内大学生学位分为优等荣誉生学位和普通学位，归国留学生和优等荣誉生有较大机会进入高级公务员行列。这样，可以保证有才干、有道德、肯服务的人才参与国家政务，管理国家事务。

在着力提升公务人员思想道德素质的同时，新加坡人民行动党非常注重廉政文化建设。人民行动党从1959年大选获胜，开始执政以来，一直把白衣白裤作为党服。白色是一种象征，也是一种提醒，它要求穿着这种颜色的人民行动党人必须和自己所穿的白衣白裤一样纯洁、清廉。凡是人民行动党的重大活动，党员和干部一律穿白衣白裤。当干部形成廉洁自律意识、全社会形成贪污可耻的文化氛围时，腐败分子必然沦落到过街老鼠境地，势必就少有人贪污了。

健全制度，强化监督，使人不能贪

基于对人性贪婪、易受诱惑而产生腐败的基本假设，法国思想家孟德斯鸠认为，有权力的人都容易滥用权力，这是一个万古不易的经验。新加坡通过建立健全规章制度，减少腐败机会，堵塞贪污漏洞，最终达到使人不能贪的效果。

新加坡制止腐败的经验，除了依靠道德观念的制约和完善法律外，最重要的是建立了严密有效的监督机制。

一是严格的财产申报制度。新加坡法律规定，凡是经过考试、考核和审查获得通过并被正式录用的人，在出任之前必须申报个人财产，不申报者不得进入公务员队伍。任职以后的公务员，如果财产有变动，应主动填写财产申报清单并说明变动原因，经过一定的手续改换原财产清单。这项制度有效地防止了公务员的贪污行为，对公务员来路不明的收入起到了有效的控制作用，同时为执法部门和干部管理部门及时准确地惩处公务员贪污行为奠定了基础。

二是日常考核制度。政府每年发给公务员一本日记本，公务员随身携带笔记本，不得遗失，不准乱丢乱放，随时将自己的活动记载下来。日记本定期接受检查，由主管官查毕签名后发还。如果发现有疑点，要交贪污调查局进行审查核实，否则，如果贪污调查局一旦从另外的渠道查明公务员有贪污腐败的行为，该主管官也将作为知情不报者受到相应的刑事处分。这种具有“连环保”特征的考核方式，不仅迫使公务员本人也包括其主管官员都必须对公务员品德负连带责任。因此，考核非常严肃认真，不走形式，因为一言一行都与自己和他人的前途命运连为一体。

三是行为跟踪制度。这是以贪污调查局为主，有关部门及广大民众配合执行的一项制度。对于所有的公务员，无论其职位高低，尤其是新任职的公务员，暗中派人跟踪，明察暗访他的日常行为，或收到举报后派人跟踪。调查的内容主要是：公务活动中或日常生活中是否有违纪行为，尤其跟踪公务员的私生活是否正常。如是否有嫖娼和赌博行为，有无出入酒吧的行为，有无与不法团体往来的行为。如果发现有违纪行为将严厉惩处。行为跟踪制度是一项非常有震慑性的防腐反贪制度，对新加坡廉政建设起到了不可替代的作用。

严刑峻法，执行有力，使人不敢贪

以法治权是新加坡政府保持清正廉洁的根本途径和重要保证。

一是严密完备的反贪污法律，使腐败者无隙可乘。新加坡完备的法律体系覆盖了政治、经济、社会生活的各个方面，大到政治经济体制、商业往来、公民权利和义务，小到旅店管理、停车规则、公共卫生、人们的言谈举止、衣食住行，形成了严密的法律体系。

二是高效精干的反贪污机构，令腐败者难逃法网。高效、精干、独立、权威的贪污调查局CPIB是新加坡查处贪腐的主要机构和权威机构，成立于1952年，其使命是通过迅速、肯定、坚决和公正的行动打击贪污。该局直属总理公署，局长由总统任命，对总理负责，不受其他任何人指挥和管辖。调查局成员的地位、身份、权力有严格的法律保障，薪水高于同级官员。贪污调查局有处理群众举报、查处腐败案件、预防腐败发生三项职责，有调查、搜查、逮捕、跟踪监视四大权力，贪污调查局官员作风低调、工作高效、雷厉风行。贪污调查局有权对任何高官进行调查而不受干扰。正是强化了反贪机构的权力与执行力，保证监督、调查不受任何行政机关和个人干涉，才确保了新加坡的风清气正。

三是不徇私情的严酷执法，令腐败者望而却步。治贪贵在明正典刑。震慑心灵的严格法律如果不被严格执行，那么不但不会杜绝犯罪而且还会起到相反的作用。新加坡政府正是认识到这一点，所以特别重视执法严明。新加坡对贪污罪的严厉惩罚，并不简单地体现在重刑化上，而是表现在对任何贪污，哪怕是极轻微的贪污行为都毫不姑息，贪污者必须为此付出惨重的代价。

实事求是，适俸养廉，使人不必贪

高薪养贤、厚禄养廉，是新加坡政府反腐败的一项政治策略和重要制度。新加坡政府认为，与其让官员们通过非法途径获取钱财，不如给予优厚待遇，以养其廉。李光耀曾说过：“我要让我的官员过得有尊严。”上世纪70年代至80年代，新政府曾经连续四次给公务员加薪20%。1989年，其公务员工资达到世界各国最高水平。2008年，新政府高级常任秘书年薪为160万新元，部长年薪为192万新元。新录公务员月薪在2350新元到3320新元之间，35岁晋升为超级G级公务员，年薪可达37万~39万新元。同时，在文官系统还拉大工资差距，实行待遇与责任挂钩。同时，畅通官员升迁渠道。这样，既增强了高级官员的责任意识，又激励下级官员忠于职守、以求晋升获得较高的待遇。公务员领取薪金后，不再享有任何额外待遇，住房、用车、日用品全由自己负责，有效地杜绝了这些方面的以权谋私行为。另外，新加坡实行与高薪制度相配套的中央公积金制度，公职人员每月可获得月薪33%的公积金，到退休时一般每年可领取几十万元。如果公务员因贪污受贿等罪被开除或判刑，其养老金亦一并取消。因此，公务员一般都珍惜职务，勤政清廉，绝不敢冒因贪污受贿而被剥夺养老金之风险。

墨西哥革命制度党的下台

2011年7月1日，在中国共产党成立90周年之际，胡锦涛总书记不仅总结了宝贵经验，而且就当前党的执政所面临的问题与严峻形势进行了深刻剖析。胡锦涛总书记在讲话中首次总结提出四种危险，指出目前面临着精神懈怠的危险、能力不足的危险、脱离群众的危险、消极腐败的危险。其中把消极腐败视为我们党急需直面解决的四大危险之一，振聋发聩、发人深省，体现了共产党人的自我警醒及忧患意识。对腐败的严重危害，我们党一直保持高度警惕，坚决惩治和有效预防腐败，关系着人心的向背和党的生死存亡。在根治腐败问题上，无论路还有多远、多难，都要坚持不懈。反腐败的决心不变，反腐败的力度不减，我们就一定能够取得反腐败斗争的新胜利，真正以党风廉政建设和反腐败斗争的实际成效，防止因腐败导致的政治风险，是我们党始终关注的重点。在总结我党反腐败的历程中，他山之石可以攻玉，国外政党一些教训如墨西哥革命制度党由于党内缺乏民主监督、腐败严重、最终覆亡的教训值得我党总结并以之为鉴。

墨西哥革命制度党成立于1929年，2000年7月2日墨西哥进行了历史性的总统选举，由国家行动党和“绿党”组成的反对派竞选联盟“争取变革联盟”获胜，革命制度党失败。在这次选举之前，革命制度党已执政71年，是当时世界上执政时间最长的政党。在此期间，革命制度党度过了党内的多次政治危机，避免了军事暴乱，并且战胜了严重的经济危机——30年代的大萧条、1982年的债务危机和1994年的金融危机。事实上，墨西哥是唯一没有发生过成功军事政变的拉美国家。长期以来，墨西哥的政治稳定被认为是发展中国家民主建设的典范。因此，革命制度党下台的教训与启示值得我们总结和思索。革命制度党缘何在大选中失败而下野？革命制度党的下野给人们什么样的启示？

贪赃枉法，官员腐败。在长期的执政过程中，革命制度党形成了一个较为稳定的利益集团。由于长期独霸政坛，缺乏必要的监督，权力在制度党人中间传递，财富也在他们中间生根。从执政党内部到政府各部门，腐败无所不在，大小官员都有捞取自己好处的办法。他们依仗权势，营私舞弊，官官相护，谋取私利。一些政府要员借国有企业私有化之机，大量侵吞国家资财，国有资产流失严重。仅从近年来陆续曝光的重大贪污腐败案看，上至萨利纳斯总统及其亲属、内阁部长、州长、副总检察长等政府要员，下及政府一般公务员。

在长期的执政过程中，由于缺乏必要的监督机制，革命制度党内部逐渐形成了一个较为稳定的既得利益集团，腐败现象层出不穷。他们依仗权势，谋取私利。在革命制度党下台之前几年，贪污腐化丑闻迭起，影响恶劣，党的威信一路下滑，引起民众的普遍不满。其中，最典型的案件是前总统萨利纳斯的哥哥劳尔·萨利纳斯在私有化过程中非法致富，聚敛巨款。1995 年 2 月，前总统萨利纳斯的哥哥劳尔·萨利纳斯因涉嫌贩毒和非法致富被捕入狱，据称其聚敛的财富高达数十亿美元。与此案有牵连的前总统萨利纳斯因涉嫌此案，自 1995 年起一直流亡国外，至今仍不敢回国。1997 年 2 月，墨西哥全国缉毒局局长雷沃略将军因参与贩毒被捕。除此之外，在塞迪略总统执政期间，因贪污和涉嫌贩毒而被撤职，法办的军队高级将领还有负责军事运输的埃莫西利奥将军、查帕罗将军等人。2000 年 6 月，正当总统大选的关键时刻，曾任革命制度党财务书记、先后任联邦区长官和旅游部长的比利亚雷亚尔因涉嫌贪污 4.2 亿比索而畏罪逃往国外。这些腐败大案极大地败坏了革命制度党的威信。参加 2000 年大选的革命制度党总统候选人拉瓦斯蒂达公开承认这些贪污丑闻是导致他竞选失败的重要原因之一。正如革命制度党的一位参议员巴莱特所言，腐败成为革命制度党司空见惯、习以为常的现象，革命制度党几乎成为惯偷和窃贼的党，是腐败导致党的失败。

北欧诸国执政党的廉政建设

北欧（Nordic Europe）是政治地理名词，特指北欧理事会的五个主权国家：丹麦、瑞典、挪威、芬兰、冰岛。近年来，透明国际的清廉指数排行榜上，北欧五国一直名列前茅。2010 年，丹麦与新西兰、新加坡在全球清廉指数排行榜中并列第一名。2011 年，北欧国家占据最成功国家的世界排名榜首。抛开意识形态纷争，北欧国家的廉洁成果，无疑代表着这些国家政治发展上的最突出成就，也是需要我们研究、关注和借鉴的重要经验。

廉洁在北欧国家有着深厚的社会文化基础。2001 年美国《读者文摘》杂志曾在全世界范围内做了一项试验。试验内容是要测试 30 多个国家（地区）民众的诚实程度。测试方法是在每个国家选择几个地区，故意在每个地区丢下 10 个钱包，每个钱包里面装有相当于

50美元的当地货币。钱包里同时附有失主的联系方式，拾到钱包的人如果想物归原主，可以轻易地联系到失主。最后统计钱包交还给失主的比率。试验发现，最诚实的5个国家是挪威、丹麦、新加坡、新西兰和芬兰。其中挪威和丹麦的钱包归还率竟然达到100%，芬兰也高达80%。耐人寻味的是，这5个国家，在腐败榜中，全部入选最廉洁国家的前十位。这个试验，真实折射出一个国家的人民对待不属于自己财物的态度，也最能检验这个国家的文化和社会风气对腐败的态度。芬兰最高检察院总检察长马蒂·库西马基认为公民的自律是防止腐败的最有效手段。他在任的30年里，没有一个人以任何形式向他行贿。

丹麦驻华大使裴德盛在向记者介绍丹麦的防腐秘诀时曾说："在历史传统上，我们也没有腐败问题。所以我们根本就不用抗击腐败或避免腐败。这是植根于我们的文化中的，我们的文化不相信贿赂、敲诈和腐败。"他认为丹麦获得最清廉国家的称号，最根本的是丹麦没有腐败的理念和文化。丹麦人认为，没有腐败才是正常的社会和政治现象。丹麦人无法容忍政府官员贪腐或享有特权。2005年5月，丹麦爆发了低阶移民官员收受中国留学生贿赂丑闻，其中一件贿赂金额约7.5万元人民币，这竟被称为丹麦三十年最大宗的贿赂案。就连丹麦王室大概也是世界上最节俭的，根据丹麦和英国两国政府2005年的统计，丹麦皇室支出是英国皇室的四分之一。

瑞典是国际社会公认的政务清廉程度高的国家，与其他一些国家相比，和瑞典公务人员联络感情进行公关活动很困难。按照我们的习俗，工作中时常会送给对方工作人员一些小礼物，以表示友好和加深感情。但瑞典人会觉得莫名其妙，他们不但不会接受，而且还会很直率地发问为什么要送礼物？这种提问体现了廉政的自觉、认真和扎实，不但问出了公务人员的廉洁自律，而且问出了干干净净的执政环境，所以国际社会公认瑞典的政务清廉程度很高。

社会风气的好坏，对公务系统的廉洁影响极大。北欧国家通过长期的廉政教育，营造了一个浓厚的崇廉文化氛围，使得贪污受贿、侵吞社会财富等行为如同偷盗抢劫一样，被视为卑鄙肮脏的不义之举。公务员可以接受一杯热啤酒和一个冷三明治，但如果喝上葡萄酒那就危险了。这种观念早已成为北欧国家公务员的共识。反过来，一旦贪污受贿成为社会普遍的一种习惯，送钱送物办事易如反掌，循正常渠道难比登天，守规矩的人吃亏，不守规矩的人发达，甚至腐败以潜规则的形式得以制度化，可想而知，反腐败的阻力和难度将会有多大。

公民的自律不是从天上掉下来的，要靠人们努力去争取。在历史上，北欧诸国曾经以“海盗之国”闻名，也曾是各种犯罪者的天堂。例如，芬兰就曾经是一个贪污受贿横行、腐败成为习惯的国家。芬兰治理腐败的经验，其实与全世界所有成功根治腐败的国家或地区一样，不外乎民主、法治、制衡、监督、公开、透明、教育等这些老生常谈的东西。但是对待制度的诚信态度以及由此形成的制度风尚，则是制度有效性的关键。

北欧国家普通公民对待制度的诚信态度往往给我们带来极大的对比震撼。2007 年 9 月，瑞典社民党在大选中失利，由四个政党组成的中右联盟获胜并组成新政府，可是，新内阁组建刚刚十几天，就有两位大臣引咎辞职，原因就是两个人在多年前漏缴电视费的问题被媒体曝光。根据瑞典法律规定，拥有电视机的家庭需缴纳一年约合 200 美元的公共电视收视费。这笔钱主要用于发展瑞典的文化事业。瑞典人缴纳电视费基本上是靠自觉。在瑞典看电视，只要接上线就能收看，即便是你没缴电视费，也没有人会断了你的线路。不过，瑞典的普通家庭一般都会主动缴纳这笔钱，因为电视机已经成为最基本的家庭用品，如果不缴这笔钱，就会有偷税、漏税之嫌。在瑞典，遵守制度规定是最起码的做人准则。他们对制度的敬畏之情，往往会让我们讶异，这种态度是与他们的信仰、道德和生命价值的情感体验紧密相连的。瑞典的小火车一般有两三个车厢，分月票车厢和现票车厢，月票车厢一般不会设检票员，也不会有人来检查，这也意味着你完全可以逃票而不会有人追究。但瑞典人大都会自觉遵守，即使有人误闯月票车厢，也会马上转到非月票车厢买票乘车。北欧以高福利著称，个人所得税的税率都很高，高收入者可达50%以上，但是这些有钱人都愿意交税，因为他们觉得这是他们个人价值的体现。

诚信是一个社会形成良好秩序的基石。对待制度的基本态度，反映着一个社会的诚信环境，也是任何文明制度发挥作用的前提条件。北欧社会公民对待制度的态度，是一种追求和维护尊严生活的生活态度，反映着一种制度风尚，折射着一种追求诚信做人的普遍社会心理和道德信仰，也是这些国家治理腐败成功的最给力因素。

追求尊严生活是现代先进文化的一个基本特征。人类的精神自觉在现代社会已达到了空前程度，而这种精神觉醒，在文化个体的表现上就是对尊严生活的追求。由此，如何更好地表现这种精神自觉的现实需求，就成为检验文化先进性的重要标准，也是文化软实力的核心指标。廉洁，在我国传统政治文化意义上仅是表征官员个人操守的一个指标，是儒家文化塑造的一种官德典范，廉洁在这里似乎仅仅是官员的事，与黎民百姓毫不相干。但在现代文化的视域中，廉洁绝不仅仅是官员的事，而是身处其中的每个文化个体追求尊严生活必然禀受的一种精神品质。这是现代人精神自觉的必然结果。从传统文化向现代文化转化的内在逻辑上看，廉洁其实也是一种塑造尊严生活的文化自省和自新过程。

文化的自省、自新正是人类精神成长的必然要求。有人认为，中国文化在其特质上就有利于腐败滋生。比如中国的人情社会，中国人信奉的“事不关己高高挂起”，还有各种特权思想，等等。实际上，重视人情并不是一种恶劣的精神品质，反而是任何社会都必须重视和保护的文化根基，真正的问题是如何更好地达到人情的淳睦，这也是现代文化面临的课题。一方面是人情熙熙，另一方面却是社会冷漠，这可能是我们文化的一个真正病根所在。面对“文化之病”，每个文化个体都有进行文化自省和自新的责任，尤其是党员领导干部，更要以铁肩担道义的勇气担负起文化引领之责。

第七章　独具特色的政党制度

俗语说“智慧从劳动来，行动从思想来，荣誉从集体来，力量从团结来”，回顾党的历史也会发现，党在领导全国人民进行革命、建设和改革的各个历史时期，无一不是始终坚持团结一切可以团结的力量，才最终取得革命的胜利和建设的伟大成就。因此，讨论中国共产党成功之道必然离不开两个字——团结。在中国共产党的发展历程中，团结有其特定的内容和含义。首先，从方式上看，团结既不是一团和气，只要团结不要斗争，也不是残酷斗争、无情打击，过分强调斗争的重要性，而是一种有原则的团结，即毛泽东所总结的“以斗争求团结则团结存，以退让求团结则团结亡”。其次，从对象角度看，中国共产党历史上团结的对象是极其广泛的，既包括党的内部团结、党群之间的团结、党与政党之间的团结，也包括军队之间的团结、军民之间的团结、民族之间的团结等。而其中最为典型的就是中国共产党与民主党派和无党派人士之间的团结。因为多党合作制度是我国的一项基本政治制度，且是具有中国特色的一项政党制度。那么，就会有疑问，为什么不从已有的中西方对比中选择一项比较好的政党制度，一定要探索这样一项崭新的制度形式，这种制度究竟有什么独到之处，我国搞一党制或多党制行不行？这些疑惑正是下面我们要探讨和回答的主要问题。

一 溯源穷流：政党制度面面观

（一）褒贬自有春秋：政党的前世今生

从社会历史层面看，我国政党的产生及演变与国外特别是与发达资本主义国家有完全不同的历史背景。最早诞生政党的英国是在300多年前的1679年，由于新兴的资产阶级和新贵族与封建势力保皇派在议会上围绕一份反天主教的《排斥法案》，而分割成支持与反对两大阵营，从而组织建立了“辉格党”和“托利党”。美国政党的产生与英国类似，同样是在国会上，围绕美国的“建国目标”，主张国家权力应集中于联邦政府的一派形成联邦党，而主张国家权力不应过分集中，并要求在宪法中规定公民权利内容的一派为民主共和党。可见，催生政党的萌芽似乎就是“议会中不同的政治意愿”之争。但绝不能把“共同的政治意愿”简单归结为政党产生的必然条件，因为政治主张不同仅是表象，其背后实则是不同的利益诉求，也就是代表不同的阶级和阶层的利益。因此，政党从一产生就和利益紧密联系在一起。

中国政党的出现比英国迟200余年，比美国也要晚100余年。从社会历史、文化传统、社会制度看，当时的中国尚处在封闭的晚清封建王朝，国家权力皇帝独揽，老百姓没有任何从事政治活动的权利。两千多年闭关锁国的封建制度，也形成了特有的政治文化，只要是反对或想推翻皇权的人或团体组织，都会被斥责为“反贼”、“朋党”。所以，在繁体字里，党由“尚”和“黑”两字构成，指的就是今天所说的结党营私，在古代是一个标准的贬义词。在漫长的封建社会，即便是知识分子，也形成了“君子不党”的传统观念。

在这种观念的束缚下，可以说中国政党的产生是在西方列强坚船利炮轰开封闭的国门后，才逐渐浸润萌生的。由于屡受列强欺辱，国人开始艰难寻觅，思索如何救国。先期是地主阶级的先进分子代表，倡导“洋务运动”，以保住所谓“正统”。洋务运动失败后，一些接受了西方政治理念的仁人志士开始意识到国家制度才是根本。于是19世纪末出现了以康有为为代表的“改良派”，他们主张采取和平手段，实行由上而下的改革，走君主立宪道路发展资本主义。实际上康有为1898年成立的“保国会”已有明确的政纲和章程，并有较完整的组织体系，具备了政党的特征和雏形，其不敢称“党”，缘于受封建专制“君子不党”观念所制约。

中国第一个近代意义上的政党是以孙中山等为代表创建的“同盟会”。孙中山主张以“革命”方式达到改变国家制度之目的，随后成功地发动了辛亥革命，推翻了清政府。同盟会后经分化、重组，于1912年改建为中国国民党。1927年以蒋介石为首的右翼势力，背叛了孙中山的诸如联俄、联共、扶助农工等政治主张，使国民党逐渐演变为一个代表大地主大买办资产阶级的政党。

在此期间，1921年中国共产党作为工人阶级的政党宣告成立。中国共产党一成立就旗帜鲜明地把社会主义和共产主义规定为奋斗目标。从1921年到1949年，中国共产党两次同中国国民党合作，又两次分裂。在反对国民党一党专制独裁的斗争中，中国共产党逐渐同各民主势力形成了团结合作的关系。

其实早在新民主主义革命早期，就曾产生过一些“中间党派”，如邓演达组织创建的第三党。当时叫中华革命党，并不叫第三党，之所以被称为第三党，原因是其主张既不同于国民党，又不赞成中共当时组织工农起义，建立农村根据地的做法。抗日战争胜利后，出现第二次组党高潮，现存的民革、民建、民进、农工、九三、台盟，大都是那一时期的产物，这些民主党派一致反对内战，反对国民党一党专政，先后接受共产党的领导，共同参加了中华人民共和国人民政权的建立，为中国革命的胜利做出了贡献。

新中国成立后，曾先后两次对民主党派工作所针对的主要对象、成员组成进行了详细的界定和划分，表一是十一届三中全会之后第二次划分的结果，以及当前各党派的简要发展情况。

表一　各民主党派代表的社会阶层和群体

民主党派名称	创建时间	创立人	社会阶层与群体
中国国民党革命委员会（简称民革）	1948. 1. 1	宋庆龄 李济深	民革以同原中国国民党有关系的人士、同民革有历史联系和社会联系的人士、同台湾各界有联系的人士以及其他人士为对象，着重吸收其中有代表性的中上层人士和中高级知识分子。目前，民革在30个省、自治区、直辖市建立了组织，现有党员8.1万多人。
中国民主同盟（简称民盟）	1941. 3. 19	黄炎培 张澜 梁漱溟	民盟主要由从事文化教育以及科学技术工作的高中级知识分子组成。目前，民盟在30个省、自治区、直辖市建立了组织，现有盟员18.1万多人。
中国民主建国会（简称民建）	1945. 12. 16	黄炎培 胡厥文	民建主要由经济界人士组成。目前，民建在30个省、自治区、直辖市建立了组织，现有成员10.8万多人。
中国民主促进会（简称民进）	1945. 12. 30	马叙伦	民进主要由从事教育文化出版工作的高中级知识分子组成。目前，民进在29个省、自治区、直辖市建立了组织，现有会员10.3万多人。
中国农工民主党（简称农工党）	1947. 2. 3	第三党 改名	农工党主要由医药卫生界高中级知识分子组成。目前，农工民主党在30个省、自治区、直辖市建立了组织，有成员9.9万多人。
中国致公党（简称致公党）	1925. 10	美国 旧金山 李济深 陈其尤	致公党主要由归侨侨眷中的中上层人士组成。目前，致公党在19个省、自治区、直辖市建立丁组织，有党员2.8万多人。
九三学社	1946. 5. 4	许德珩	九三学社主要由科学技术界高中级知识分子组成。目前，九三学社在30个省、自治区、直辖市建立了组织，现有成员10.5万多人。

民主党派名称	创建时间	创立人	社会阶层与群体
台湾民主自治同盟（简称台盟）	1947.11.12	谢雪红 杨克煌	台盟由台湾省人士组成。目前，台盟在13个省、直辖市建立了组织，现有成员2100多人。

通过对以上历史人物先后建党的历程考察，可以印证马克思主义关于政党阶级性的学说，也就是说，政党都有一定的阶级基础，是阶级斗争发展到一定阶段的产物。但二战结束后，特别是20世纪60年代后，放眼半个世纪世界政党的新变化，政党的“阶级性”渐行渐远，趋于淡化。所以，“政党是代表某个阶级、阶层或政治集团，为维护其利益、实现其政治主张而共同行动的政治组织”这个定义，对于政权争夺强调的成分少了，代表利益的集团或组织这样的成分多了。强调利益的代表作用对于当今时代的政党界定来说，更为恰当。

（二）有比较才有鉴别：政党制度变奏曲

政党制度是一个国家政治制度中重要的组成部分，它从制度层面规定了政党在国家政治生活中一整套运转机制和运作机制。纵观世界大小不同的200余个国家和地区，除了20余个实行严格君主立宪和政教合一而没有政党的国家和地区外，绝大多数国家和地区都存在着政党和政党政治。在实行政党政治的国家中，由于历史、文化、经济发展水平及政治生态等因素不同，各国所选择的政党制度也千差万别。然而，归结起来不外乎四种形式：一党制、两党制、多党制和多党合作制。

一党制指在国家法律层面上规定“只有一个合法政党执掌政权”。一党制有三种类型：二战时期的法西斯主义一党制（德国、意大利），非洲的民族主义一党制（津巴布韦、几内亚、安哥拉等），以苏联为代表的社会主义一党制（包括原东欧各国，现在的朝鲜、越南、古巴）。两党制指在一个国家中，政治上存在两个居于垄断地位而相互间又势均力敌的合法政党，它们通过定期选举，长期有组织地轮流控制国家机器和权力（如美国、英国）。多党制指三个以上政党执掌国家政权的制度，曾出现两种类型，一是由于没有一个政党独占绝对优势而需要与其他政党联盟来执政（如法国、意大利）；二是多党合法并存，但一党独大，长期独掌政权（如日本）。多党合作制指从宪法上规定，一党领导，多党合作，一党执政，多党参政（如中国）。

这里需要指出的是，我国的多党合作制度，既不同于西方国家的两党或多党竞争制度，也有别于有的国家实行的一党制。首先，中国现行的政党制度虽然也是多党共存，但性质与西方多党制截然不同。其区别主要表现在两个方面，一是我国多党合作的基本特征是“共产党领导、多党派合作，共产党执政、多党派参政”，中国共产党对各民主党派实行政治上的领导，西方政党间无政治领导关系；二是多党合作的奋斗目标是共同致力于建设中国特色社会主义，在中国执政的只有中国共产党，各民主党派只是参与到政权中来，而绝非执政，与此不同的是西方政党大多以谋取政权而组党，掌握政权者称执政党，落败则称在野党或反对党。各党派或者轮流执政或者联合执政，与中国的多党合作存在明显差异。其次，多党合作也与现存的朝鲜、古巴、越南社会主义一党制不同。一党制通常有两种情况，一是法律规定只允许一个政党存在，不允许其他存在；二是法律规定一个政党执掌政权，而其他政党可以存在，但绝对不能掌握或参与到政权中来。很显然，我国在宪法中明确规定中共与民主党派长期共存，这与一党制第一种情况不同，同时规定民主党派要作为参政党参与到政权中来，这与一党制绝不允许其他党派参与到政权中来的规定也截然不同。

所以，多党合作制度既不同于多党制，也不能简单地归结为一党制，这一制度是在我国长期革命、建设、改革实践中形成和发展起来的，是适合我国国情的一项基本政治制度，是具有中国特色社会主义的新型政党制度。

当今许多西方国家都实行两党制或多党制。有人因此认为西方的政党制度是进步和民主的象征，中国的政党制度也应效法西方施行两党或多党轮流执政。对此，中共中央政治局常委、十一届全国人大常委会委员长吴邦国在十一届全国人大四次会议上所作的常委会工作报告中明确指出，“从中国国情出发，郑重表明我们不搞多党轮流执政，不搞指导思想多元化，不搞“三权鼎立”和两院制，不搞联邦制，不搞私有化。”胡锦涛在2011年“七一”重要讲话中也明确将“坚持和完善中国共产党领导的多党合作，深入开展政治协商、民主监督、参政议政、发展最广泛爱国统一战线”，作为党90年来坚持推进政治体制改革，发展社会主义民主政治方面所取得的一项重大进展。

任何一种政治制度是否民主并不取决于是否实行两党制或多党制，而主要看这种制度是否适合本国国情，是否有利于本国经济发展和社会稳定。一个国家实行什么样的政党制度应该由这个国家的国情、国家性质和社会发展状况所决定。相反，盲目移植别国的政党制度，结果只能是政局不稳，甚至混乱，比如泰国。泰国紧邻中国，曾叫暹罗。当1932年多少国家在为自己的主权而战时，泰国经过两次政变完成了从君主专制制度到君主立宪的政体转型，并在此过程中盲目移植了西方的多党制度。此后，问题就出现了。从1932年到2007年期间，总共经历21次政变，平均每3年多一次，宪法制订了18部，举行了20多次大选，20多位首相相继组建了50多届内阁。出现这样的问题要归因到泰国的历史。历史上泰国一直是一个贫富差别巨大的国家，截至2010年，泰国的贫富差距还在不断扩大，20%的富人占据55.06%的收入，20%的穷人占据4.3%收入。至于存款额达到100万泰铢以上的富人占银行账户量的1.2%，但金额占总额的71%。对泰国的穷人而言，这种历史累积的苦难刚好民选总理他信能够解决，但恰恰这位能人的政策得罪了有钱人，包括国王。于是，代表富人利益的军人又一次出手，强行解散了民选的亲他信政府。没有了表达渠道，占全国总人口70%的穷人成立了

“红衫军”以示抗议。相反，占20%人口的富人，也在反他信的政治斗争中走到了一起，组成“黄衫军”，直到富人代表阿披实政府上台后才自我遣散。

然而阿披实上台也只是取得暂时平衡，民选结果还会是代表穷人利益的执政者上台。果然，2011年8月5日，泰国议会投票的结果正式选举他信的妹妹泰党代表英拉·西那瓦上台，成为泰国历史上首位女总理。但可以预言，只要穷人和富人之间的矛盾不能得到彻底解决或至少缓解，那么，在现行政党体制下，泰国政局的长期稳定局势仍旧不容乐观。因为穷人、富人矛盾不断，政党之间的斗争无休止，国家的政变也会不断，内乱不止。

没有适宜的民主选举土壤，而盲目移植别国政党制度，结果只能是政局动乱，影响国家安定和长远发展。所以，作为国家政治生活组成部分的政党制度必须依据本国历史和国情来选择。其实中国近代自从政党产生后，前人也曾苦苦探索和实践过“多党制”和“一党制”，但历史证明都行不通。

二 历史的尘埃：多党合作制度作用考

（一）必然还是偶然：谁替中国作选择

1. 民国初年多党制的尝试及其失败

辛亥革命胜利后，民国初年《中华民国临时约法》就规定实行“议会制”、“内阁制”，政党合法化突破了传统政治对政党的敌视，建立起一种全新的政党观念，于是各种政治力量掀起了中国第一次“组党”高潮。据统计，当时仅上海、苏州、南京、广州、武汉、天津、北京七地，从1911年10月至1913年4月的一年半时间里，先后成立的党、社加上少量1911年10月前成立在这一时期继续活动的团体，共计386个，其中具有明显政治色彩的社团271个。当时经过不断的分化、瓦解、合并，最终总体上形成了“四党、三派、两阵营”的政治格局。

四党即宋教仁、孙中山领导的国民党，黎元洪为首的共和党，章太炎牵头的统一党和梁启超、汤化龙一度为领袖的民主党。“三派”指代表不同阶级和阶层利益的革命派、立宪派和保皇派。两阵营指所有政党都站到两个阵营，其分界点是拥护孙中山还是拥护袁世凯。

有了政党，就有党争。当时的资产阶级都能正确认识并接受政党竞争，且都采取积极和肯定的态度对待多党竞争并投身其中。围绕议会（国会）选举，各政党运用各自的政治资源进行激烈争斗，最后国民党胜出。以宋教仁为主要代表的国民党在参、众两院共获392 席，占议席的 45%，而共和党、民主党、统一党三党议席总数为 223 席。宋教仁是当时最热衷于政党政治、议会民主的资产阶级民主革命家，幻想成立政党内阁制约袁世凯的专制。但是，他因此也受到袁世凯的敌视。1913 年 3 月 20 日，宋教仁准备北上组阁时，被袁世凯的爪牙暗杀于上海，年仅 31 岁。随后就出现了中国近代政治史上的两出闹剧，袁世凯的胁迫选举和曹锟的贿选。就这样，中国第一次实行西方议会民主制和多党政治的尝试以失败而告终，说明资产阶级的多党制在中国行不通。

2. 一党制的专制独裁统治被淘汰

1927 年 4 月 18 日南京国民政府建立后，蒋介石将孙中山创立的国民党变为大地主、大资产阶级统治中国的工具，从此建立了国民党一党专政。为达一党专政之目的，蒋介石极力扩大和加强其所控制的军事力量，并将国民党组织制度改为总裁制，推行“一个党，一个主义，一个领袖”，独揽国家一切权力，极力排斥工人阶级、农民阶级、小资产阶级和民族资产阶级，并对中国共产党和各民主党派实行排斥、迫害和镇压政策。因此，实际上，从 1927 年到 1949 年，中国的政党制度实质是“一党制”。

但在此期间，迫于国内外压力，国共两党也建立了抗日民族统一战线，国民党政府表面上允许中国共产党和其他党派合法存在，中国共产党及其他民主党派获得了一定的合法地位。中共和各民主党派还发起过两次民主宪政运动，参加了国民参政会，可这一切都收效甚微。即使1946年1月10日旧政协会议召开，取得了有利于和平民主的五项决议，但写在纸上的政协决议要成为事实，要取决于国民党的态度。现实是蒋介石迫于形势在政协决议上签了字，但内心并没有打算付诸实施。所以，会议一结束就不断制造事端，蓄意破坏政协决议。甚至1946年7月，悍然发动全面内战，残暴暗杀民盟领导人李公朴、闻一多等，彻底暴露了其一党制独裁的野心。因此，总体看来，这一时期中国的政党制度实质是“一党制”。最终结果是1949年4月23日南京解放，国民党政府在全国人民“反独裁、要民主、反腐败”的声浪和解放军的隆隆炮声中土崩瓦解，国民党一党专制随之覆灭。实践证明，一党制也不符合中国国情。

相反，孕育于民主革命时期，形成于1949年9月21日新政协会议中的中国共产党领导的多党合作制度最终证明是历史也是人民的必然选择。

（二）尘埃落定：历史定格于多党合作

1. 多党合作的良好开端

中共中央于1948年4月30日发布了纪念五一节口号，提出成立民主联合政府的主张，得到了各民主党派和无党派人士的积极响应。从1948年8月起，应中共中央邀请，各民主党派、无党派人士和华侨代表人士，从全国各地和海外陆续到达东北解放区的哈尔滨市和华北解放区的河北省平山县李家庄。

1949年1月22日，已经到达解放区的各民主党派领导人、无党派民主人士55人联合发表《我们对时局的意见》，宣布接受中国共产党的领导，明确表示愿在中共领导下，献其绵薄，共策进行。从此，我国多党合作有了新的发展。各民主党派不仅在政治上坚决支持中共将革命进行到底，而且，在行动上密切配合中共的军事斗争，为推翻蒋介石国民党反动派统治，建立新中国做出了积极的贡献。

在解放战争后期，民主党派对解放战争胜利做出了巨大贡献。最突出的是民主党派抓住了国民党军政人员在战争即将胜利时抉择自己最后归宿、国民党集团内部分崩离析、人心浮动的有利契机，利用和国民党军队中许多将领的社会关系和历史联系，在中共领导和帮助下发挥穿针引线的作用，通过多种渠道，从国民党内部开展工作，争取国民党军政人员起义或接受和平改编。如1948年9月济南战役，当时农工党的章伯钧、民革的李济深、陈铭枢与中共地下党相互配合，成功策动了国民党96军军长吴化文率部3个旅两万余人起义，把济南西线阵地连同飞机场，完整地交给了解放军，使解放军迅速取得了济南战役的胜利。同样，1948年年底平津战役时，民革和民盟华北支部积极协助中共作傅作义的工作，北大和北师大的九三学社成员和其他民主党派教授，也联名写信给傅作义，劝他认清形势举行和平起义。最终，促成了北平和平解放。此外，1949年5月到12月，由于民革、农工、民盟等配合中共做了大量策反工作，促使湖北、湖南、广东、四川、云南等地的国民党军政要员起义，配合了解放军大军南下，为南方的解放做出了贡献。

与此同时，各民主党派组成武装力量直接参加人民解放战争。从1948年起，民革、农工、民联、民促、民盟等民主党派在广东、广西、云南、贵州、湖南、四川、福建、浙江、江西、安徽等省区建立了不同规模的数十支武装，以配合人民解放战争的胜利推进。仅农工党在浙江的诸暨、金华一带就组织了300多人的游击武装力量；在广州、北江、北海、惠东一带，建立了四支武装队伍；在广西组织了数百人的富川游击队。在江西九江等18个县、区组织了民主自卫军共4500多人；在湖南湘西一带成立了溆沅辰人民解放军总队。这些武装力量或直接与国民党部队作战，或协助人民政府剿匪、征粮、维持治安，新中国成立后他们都按中共的政策进行了改编。

由于革命形势迅猛发展，解放区急需各种知识分子参加革命，于是各民主党派动员和输送自己的成员去解放区工作。民盟北京支部一次就组织了200名知识分子去冀中解放区。农工党上海市地下组织向浙东解放区输送了170多名青年，向苏北解放区输送了约50人，其中包括教授、名记者、音乐家、舞蹈家等。他们到达解放区后，充分发挥自己的特长，为开展斗争和建设解放区发挥了作用，并且在配合人民解放战争的斗争中，不少民主党派成员为解放事业献出了宝贵的生命。据不完全统计，在人民解放战争时期，仅民盟就有100多位成员被国民党当局所杀害，他们为中国人民的解放事业流尽了最后一滴血。

另外，在人民解放战争即将在全国取得胜利之际，国民党反动派对城市中的工厂、机关、学校和一切重要设施采取了能迁走的迁走，不能迁走的彻底破坏的方针。针对这种情况，中共中央指示各地，要发动群众保护工厂、机关、学校，防止国民党破坏，配合解放军接管城市，维护社会秩序，迅速恢复生产。各民主党派在中共地下党领导下，积极开展护厂、护校等一系列迎接解放的斗争。民革成员得知伪教育部命令北平图书馆存沪图书，中央图书馆、中央博物馆、故宫博物馆存宁古物等移往台湾的消息后，立即想方设法阻止外运，为迎接解放、保护人民财产和国家重要文物做出贡献。民盟湖北支部发动该省建设厅和交通运输部门的盟员，在国民党省政府行将逃跑时拖延搬迁，保护了档案、器材和交通工具，武昌盟员组织纱厂工人组成护厂队，帮助民众组织自卫队，还协助武昌市市长与中共地下党取得联系，成立了武昌人民临时救济委员会，维持了武昌真空期间的秩序。民建上海分会负责人、民盟上海执委黄竞武和民盟成员吴藻溪等专门调查了国民党四行两局的组织、业务和人士情况，发动银行职工罢工拒运金银去台湾。

在新中国的建立过程中，各民主党派成员同样功不可没。1949年9月21日至30日，在北平召开了中国人民政治协商会议第一届全体会议。由中国共产党、各民主党派、各人民团体、各地区、人民解放军、各少数民族、国外华侨及其他爱国人士的代表662人组成，担负起筹建新中国的工作。在662名代表中，共产党员占44%，各民主党派占30%，工农和各界无党派代表占26%，充分体现了民主性和利益的多元性。

表二　14 个党派代表人数分布简表

党派名称	正式代表	候补代表	代表总数
中共	16	2	18
民革	16	2	18
民盟	16	2	18
民建	12	2	14
无党派	10	2	12
农工党	10	2	12
救国会（1949. 12 解散）	10	2	12
民联（三民主义同志会）	10	2	12
中国新民主主义青年团（共青团 1957. 5）	10	2	12
民进	8	1	9
中国国民党民主促进会	8	1	9
致公党	6	1	7
九三学社	5	1	6
台盟	5	1	6

会议通过了《中国人民政治协商会议组织法》《中华人民共和国中央人民政府组织法》、《中国人民政治协商会议共同纲领》等重要文件。选举产生中央人民政府委员会，毛泽东当选为中央人民政府主席，朱德、刘少奇、宋庆龄、李济深、张澜、高岗为副主席。

具有宪法效力的《共同纲领》中有关的法律性条文的规定，表明了中国共产党领导下的多党合作和政治协商制度的建立，党与民主人士的团结合作实际上以制度形式予以确立，而这一点也可以从新政府中各民主党派的组成情况中得到明显的体现。

中国人民政治协商会议第一届全体会议于 1949 年 10 月 1 日选举出中央人民政府委员会委员 56 人。中央人民政府组成人员如下：

主席副主席共7人，其中中共占4人，毛泽东为主席，朱德、刘少奇、高岗为副主席；无党派和民主党派副主席3人，分别为无党派代表宋庆龄、民革主席李济深、民盟主席张澜。在中央人民政府56名委员中，中共30人，约占53.5%；党外人士26人，约占46.5%。其中党外人士有何香凝、赛福鼎、陈嘉庚、马寅初、马叙伦、郭沫若、沈钧儒、陈叔通、司徒美堂、李锡九、黄炎培、蔡廷锴、彭泽民、张治中、傅作义、李烛尘、李章达、章伯钧、程潜、张奚若、陈铭枢、谭平山、张难先、柳亚子、张东荪、龙云。

1949年10月19日，中央人民政府委员会举行第三次会议，任命了政务院及下辖34个部、会、院、署、行的正职领导，10月21日，中央人民政府政务院成立。其组成如下：总理副总理共5人，中共3人，周恩来任总理，董必武、陈云为副总理；党外人士2人，分别为民建的黄炎培和无党派人士郭沫若。15名政务院委员中，中共6人，党外人士9人。他们是谭平山、章伯钧、马叙伦、陈邵先、王昆仑、罗隆基、章乃器、邵力子、黄绍竑。在政务院所辖34个部、会、院、署、行中，担任正职的党外人士有14人，占正职人数的1/3强。他们是郭沫若，文化教育委员会主任；谭平山，人民监察委员会主任；黄炎培，轻工业部部长；朱学范，邮电部部长；章伯钧，交通部部长；李书城，农业部部长；梁希，林垦部部长；傅作义，水利部部长；沈雁冰，文化部部长；马叙伦，教育部部长；李德全，卫生部部长；史良，司法部部长；何香凝，华侨事务委员会主任；郭沫若，中国科学院院长；胡愈之，出版总署署长。最高人民法院院长由民建主席沈钧儒担任。

表三　新政府中各党派所担任的领导职务

职务	总数	共产党		民主党派与无党派民主人士	
		人数	比例	人数	比例
政府委员会副主席	6	3	50 %	3	50 %
政府委员会委员	56	30	53.5 %	26	46.5 %

职务	总数	共产党		民主党派与无党派民主人士	
		人数	比例	人数	比例
人民革命军事委员会	22	16	72 %	6	28 %
政务院副总理	4	2	50 %	2	50 %
政务院委员	15	6	40 %	9	60 %
各部、委、院、署、行正职	34	19	59 %	14	41 %

※（注：政务院所辖各部、委、院、署、行正职中，郭沫若兼任两个正职。）

从以上统计数据中能清晰地看出来，新中国成立之初，三大权力中民主人士的代表组成占据了很大比重，确实体现了鲜明的多党合作、联合政府特点。党与各民主党派人士共同为新中国的缔造做出了巨大贡献。

在新中国成立后，民主党派团结在党的周围，为新中国各方面建设做出了巨大贡献。如抗美援朝战役爆发后，李济深支持儿子李佩黔报名参加中国人民志愿军。后来，李佩黔被分配在东北某地参加武器研制工作，因在工作中奋不顾身，眼睛被炸伤而立功受奖。1951 年 6 月，中国人民抗美援朝总会发出了向志愿军捐献飞机大炮的号召，李济深立即响应，成立了民革抗美援朝捐献委员会，民革各地方组织也纷纷成立了分会，有组织有计划地开展捐献工作。当时李济深提出民革捐献的首次目标为 15 亿元（旧币），半年完成。目标确定后，李济深带头认捐，将自己在香港的一栋房子卖掉并捐献了全部款项。在他之后，民革领导和普通党员纷纷踊跃捐献，仅五天时间 15 亿元的捐款目标就超额完成。

然而，新中国成立之初我国属于新民主主义国家，工人阶级、农民阶级、小资产阶级、民族资产阶级共同构成新中国的阶级基础。随着国家政权日趋巩固和革命形势不断变化，逐步实现从新民主主义国家向社会主义国家过渡就显得十分重要。在此背景下，共产党提出了过渡时期总路线。从 1953 年中共中央公布过渡时期总路线到 1956 年社会主义改造基本完成这段时期内，各民主党派团结在共产党周围，为顺利实现过渡时期社会主义改造和发展国民经济的任务做出了有益贡献。但是社会主义改造完成后，民族资产阶级和上层小资产阶级及其知识分子逐步改造为社会主义劳动者的一部分，那么，民主党派赖以生存的阶级基础已经发生改变，以民族资产阶级、上层小资产阶级及其知识分子为主要社会基础的民主党派还有没有作用，要不要存在呢？

在这样的情形下，毛泽东提出了“两个万岁”的口号，即“共产党万岁，民主党派万岁”。与此同时，提出了“长期共存、互相监督”的方针，解决了民主党派的发展前途问题。共产党要更好地执政，就需要包括民主党派在内的人民的监督，规范权力运行。毛泽东也在《关于正确处理人民内部矛盾问题》中对民主党派的监督作用作了明确表述，刘少奇在中国共产党第八次全国代表大会上所作的政治报告中，进一步强调了民主党派的监督作用，为我国社会主义时期的多党合作奠定了思想理论基础。

2. 多党合作的曲折发展

但是多党合作蓬勃发展的时期并不长。1957 年下半年以后，党领导的多党合作经历了一个曲折的过程，不仅干扰了国家的社会主义经济建设，而且损害了社会主义民主，使多党合作受到严重损害。1957 年 7 月 1 日，《人民日报》发表毛泽东撰写的《文汇报的资产阶级方向应当批判》的社论，点名批判了“章（伯钧）罗（隆基）同盟”，错误地把民盟和农工党说成是反党反社会主义的。此后，以揭批“章罗同盟”反党集团为中心的斗争在民主党派中迅速开展起来。民盟中央和地方组织中不少人被打成“章罗同盟”的“军师”、“谋士”、“代理人”、“骨干”。农工党中也有一些人和地方组织被诬为“章罗同盟”分店，牵连了一大批人，严重扩大了打击面。据统计数据显示，在反右派斗争初期，中央指示需要在各种范围点名批判的右派人数，全国约 4000 人。但是，随着斗争扩大化，到 1958 年反右斗争基本结束时，全国共划右派分子 55.2877 万人。其中，民主党派成员被划为右派分子的 1.25 万多人。反右斗争扩大化对民主党派和多党合作带来严重的消极影响。从此，许多人不敢讲真话，不敢向共产党的领导干部提意见、作批评，社会主义民主政治建设遭受重创。

面对党与民主党派不团结所引起的一系列严重后果，党中央积极采取措施纠正“左”的错误。1958 年 7 月中共中央统战部召开了全国统战工作四级干部会议。这次会议是反右斗争和民主党派、无党派人士整风运动基本结束的标志。此后，中共主动采取一系列措施改善同民主党派、无党派民主人士的合作关系。这些方针政策的贯彻落实，缓和了共产党与民主党派、无党派人士的紧张关系，巩固了统一战线的内部团结，为克服三年困难和实现国民经济调整提供了安定团结的政治局面。

在三年困难时期，各民主党派成员也克服困难，努力工作，为国家建设做出了重要贡献。民革党员响应中共中央号召，开展增产节约运动，兴办街道工厂和小型农场等从事副业生产，以各种方式克服困难渡过难关。民盟成员在贯彻文教政策方面做了大量工作，取得了显著成绩。从 1958 年到 1960 年 7 月，民盟盟员被评为各级先进工作者的有 2700 多人。即使在反右斗争扩大化中被错划为右派分子的盟员，在身处逆境的情况下，仍然忠于事业，努力工作。突出代表如民盟成员、原教育部副部长、著名化学家曾昭抡。

1957 年，党中央根据毛泽东提出的“百花齐放、百家争鸣”的方针，公开号召党外人士帮助党整风。曾昭抡作为民盟中央常委积极响应了这一号召。为了解决当时科研工作中存在的一些问题，他和华罗庚、童第周、钱伟长等经过调查和座谈，向国务院科学规划委员会写了一份《对于有关我国科学体制问题的几点意见》的报告，就关于保护科学家、培养新生力量等问题，提出了许多宝贵的建设性意见。然而这些意见在当时不仅没有被采纳，反而被视为“反党反社会主义的科学纲领”，在全国范围内受到了批判。1958 年 4 月，曾昭抡应武汉大学李达校长之邀，经中央有关部门同意后，只身一人前往武汉大学化学系执教。到武汉大学后，他专心致志地做学问，除了上讲台、实验室外，其余时间大多是在图书馆里度过。在他领导下，武汉大学化学系很快建立了元素有机化学教研室，成为我国最早开展元素有机化学教学和研究的单位之一，并先后建立了有机硅、有机氟、有机硼和元素有机高分子等科研组。1963 年 12 月，在天津召开“全国高等学校有机化学讨论会”，身患癌症的曾昭抡抱病参加会议，并由两人扶着走上讲台，向大会做“元素有机化学进展”的学术报告，使到会代表十分感动。1967 年 12 月 8 日，曾昭抡默默无闻地离开了人世，终年 68 岁。

不同于民革和民盟，民建依据其成员构成的独特性，会员中相当一部分担任了公私合营企业或国有企业的经理、厂长，他们在各自岗位上尽职尽责，为改善企业经营管理、提高生产技术、改进产品质量等方面做出了积极贡献。民进会员则立足本职工作，在文化教育事业方面做出积极贡献。仅据 1962 年统计，民进会员被评为各级先进教师、先进工作者和获得各种光荣称号的就有 1200 多人。农工党成员中也涌现了一大批先进工作者、三八红旗手和劳动模范。1960 年全国教育、文化、卫生、体育、新闻方面社会主义建设先进单位、先进个人代表大会中 19 人列席。致公党负责人和成员也响应中共号召，不仅自己参加劳动生产，而且联系和推动国外亲友投资和运进化肥支援祖国农业建设，并介绍不少外商前来参加在广州举办的中国出口商品交易会，为促进国家对外贸易贡献一份力量。

同样，九三学社成员在我国科学文化教育事业发展上做出了重要贡献。例如著名核物理学家、两弹元勋邓稼先，他既是中共党员，也是新中国成立后加入九三学社最早的成员之一。在近两年的理论准备建设工作中，他使用所谓“中国式的计算机”，就是几台手动、电动计算器外加算盘，模拟出原子弹爆炸的全过程，为我国原子弹、氢弹的研制成功做出了卓越贡献。邓稼先一生主持过 15 次核试验，长期的劳累、过量的辐射严重损害了他的健康。这位年轻时曾被朋友们称为“熊”的人，63 岁就被癌症夺去了生命。

因此，中共与民主党派和衷共济，进一步增强了中共同包括各民主党派在内的全国人民的团结，在三年困难时期为保持全国局势的稳定和克服严重的经济困难局面创造了条件。然而，严重困难逐步得到克服，经济形势有了明显好转之后，党和人民的事业又经历了再一次的巨大挑战，那就是“文化大革命”。

十年“文革”期间，虽然毛泽东和中共中央一再强调运动重点是针对中共党内的“走资本主义道路的当权派”，但“文革”第一个被“开刀祭旗”的受害者却是著名历史学家吴晗。他被公开点名批判时不仅是中共党员、北京市副市长，而且身任民主同盟中央副主席和民盟北京市委主任委员的党派职务。此外，最先揪出的所谓“三家村黑帮”的三人中，除了吴晗，另一人是中共北京市委专门与民主党派及无党派民主人士打交道的统战部部长廖沫沙。“三家村”中有两人与民主党派有关，这也预示了民主党派在“文革”时期的命运。

1966 年 8 月 24 日，北京市红卫兵向各民主党派中央机关发出最后通牒，限令在 72 小时内自动解散一切组织并登报声明。此后，红卫兵多次冲击并查封了各民主党派机关，各民主党派地方组织也相继被冲击和查封。从此，各民主党派中央和地方组织无法进行正常工作，被迫停止一切活动，组织瘫痪，房屋被占，档案丢失，人员流散。

因此，“文化大革命”十年内乱，使中国共产党领导的多党合作遭受严重破坏。但不容忽视的是，在民主党派发展遭遇挫折的同时，共产党内同样经历了巨大挫折，大批优秀的共产党员包括领导干部，甚至是时任国家主席的刘少奇都遭到不同程度的迫害、打击。这也正是为什么在“文革”之后提出中共与各民主党派一荣俱荣、一损俱损、肝胆相照、荣辱与共的一个重要原因。幸而周恩来等中共老一辈革命家，在极端困难和复杂的情况下保护各民主党派，并在“文革”后期恢复了民主党派的一些活动，使多党合作经历了十年浩劫而没有被摧毁，并随着十一届三中全会的召开，多党合作揭开了新的历史篇章。

3. 多党合作进入新的历史时期

“文革”期间之所以多党合作遭遇严重挫折，很重要的一个原因就是对民主党派的性质问题在认识上出现了偏差。所以，“文革”结束后，首先就需要明确民主党派的性质。因此，1979 年 10 月 14 日，中共中央批转全国统战工作会议文件《新的历史时期统一战线的方针任务》，对于民主党派性质进行了重塑，即“我国各民主党派原来的社会基础，是民族资产阶级、城市上层小资产阶级和它们的知识分子。三十年来，它们的社会基础和政治面貌都发生了根本变化。各民主党派都已经成为各自所联系的一部分社会主义劳动者和一部分拥护社会主义爱国者的政治联盟，都是在中国共产党领导下为社会主义服务的政治力量”。这就以党的方针形式重新界定了新时期民主党派的性质。

性质确定了，新时期党与民主党派之间的关系如何处理？1982 年 1 月，胡耀邦首先提出要同一切党外朋友建立“肝胆相照、荣辱与共”的关系。同年 9 月，在中共十二大的报告中，把“长期共存、互相监督，肝胆相照、荣辱与共”这十六个字联在一起，作为新时期中国共产党领导的多党合作的方针确定下来。

性质和方针明确之后，需要进一步以制度形式确认民主党派的地位，推动多党合作走向制度化、法制化、规范化的道路，推进多党合作制度进一步发展和完善。这首先体现在 1989 年 12 月 30 日中共中央颁布的《关于坚持和完善中国共产党领导的多党合作和政治协商制度的意见》（即 14 号文件）上，其中高度肯定了民主党派的参政党地位，即“各民主党派是各自所联系的一部分社会主义劳动者和一部分拥护社会主义的爱国者的政治联盟，是接受中国共产党领导的，同中共通力合作、共同致力于社会主义事业的亲密友党，是参政党”。亲密友党、参政党的明确界定，就把民主党派性质定位上升到了一个新的理论高度。同时，保证了民主党派作为参政党身份与共产党长期共存，它成为建设中国特色社会主义政党制度的纲领性文件，标志着中国共产党领导的多党合作和政治协商制度，逐步走向制度化。

1993年3月，在《中华人民共和国宪法》（修正案）中，增加了“中国共产党领导的多党合作和政治协商制度将长期存在和发展”，多党合作制度正式载入宪法，步入了法制化轨道。2005年《中共中央关于进一步加强多党合作和政治协商制度建设的意见》（即5号文件），将民主党派的性质作了进一步扩展，把社会主义建设者囊括其中，即“在新世纪新阶段，民主党派是各自所联系的一部分社会主义劳动者、社会主义事业建设者和拥护社会主义爱国者的政治联盟，是接受中国共产党领导、同中国共产党通力合作的亲密友党，是进步性与广泛性相统一、致力于中国特色社会主义事业的参政党”。这是当前民主党派性质最完整、最权威的界定。特别是十六大、十七大又把坚持和完善多党合作制度同建设社会主义政治文明联系起来，成为中国民主政治建设的一项重要内容。在这样的背景下，党与民主党派、无党派人士之间的团结合作日益紧密，民主人士在中国特色社会主义现代化建设进程中也发挥了越来越重要的作用。据统计，目前我国各级人民代表大会代表中党外人士18万多人，各级政协委员中党外人士35万多人，各级政府和司法部门中担任初级以上领导干部的党外干部3．2万人。2007年4月24日，全国人大常委会决定任命同济大学校长、中国致公党中央副主席万钢为科技部部长，成为35年来中国第一位非中共党员担任的正部级干部。之后，无党派人士陈竺被任命为卫生部部长，成为新形势下民主党派和无党派人士在国家建设中扮演重要角色的典型代表。

民主党派成员、无党派人士在新时期社会主义现代化建设进程中也涌现出一大批优秀人物，7142人次获全国性、国际性荣誉称号和奖励。突出代表有“杂交水稻”之父、无党派代表人士袁隆平首创了杂交水稻，为解决中国粮食自给做出了重大贡献；九三学社中央原副主席、中国计算机汉字激光照排技术的创始人王选，是汉字激光照排系统的创始人和技术负责人。20世纪70年代末，在国家组织下，王选大胆提出跳过正在攻关的第二代、第三代照排机，直接研制当时尚无商品的第四代激光照排系统。正是他和其团队一连串的创新，促进了汉字激光照排产业的形成，取代沿用了上百年的铅字印刷，推动了我国报业和出版业的跨越式发展，创造了巨大的经济和社会效益，被誉为“汉字印刷术的第二次发明”。

同时，顺应经济建设作为国家工作重点的这一转变，各民主党派凭借自身优势，对经济工作顺利开展大力献计献策，提出的促进经济发展的意见建议，数量质量上都有很大提高。仅就民建统计，咨询服务机构提供咨询服务1.5万余项，创造经济效益达12亿元。特别是在开展为经济建设咨询活动中，一些民主党派中央的领导亲自带领专家学者深入地方，针对一些企业或区域的经济发展问题开展调查研究，为地方发展经济出谋献策。如民革中央副主席朱学范在1985年考察了京、津、沪等地的邮政工作后，提出了邮件处理机械化、邮政编码等建议，国务院专门组织有关部门进行专题研究并付诸实施。民盟中央副主席费孝通、钱伟长等也率专家组到各地考察，为甘肃定西、闽南三角地区、海南黎族苗族自治州、四川遂宁等制定了近期或长期的区域经济发展和综合治理规划，取得了明显的社会和经济效益。

与此同时，各民主党派还积极开展科技、文教、医药卫生等咨询活动，并大力开展智力支边扶贫工作。据统计，在1983～1988年这段时间里，民革开展支边扶贫项目600多项，有3000多位党员参加了这一工作。民盟共派出盟内专家学者4000多人次，完成项目2500余项。民进有2470人次参加支边扶贫工作。农工党、九三学社的支边扶贫工作也顺利进行。

此外，民主党派在为社会主义物质文明做出积极贡献的同时，也为社会主义精神文明建设做出了巨大贡献，比如积极办学和举办各类讲座、培训班、补习班。各民主党派兴办的各类学校、培训班的共同特点就是直接为改革开放和经济发展需要服务，目的是帮助在职职工和社会青年提高文化水平，掌握专业技术，为升学就业创造条件，并向高等院校输送优秀人才。可见，民主党派成员、无党派人士已成为发展先进生产力、弘扬社会主义先进文化、构建社会主义和谐社会的一支重要力量，在全面建设小康社会、加快推进社会主义现代化进程中具有不可替代的作用。

回顾中国近现代史可以发现，我国曾尝试过实行多党竞争和一党制，但都没有成功。现行政党制度是历史和人民选择的必然结果，有利于巩固安定团结的政治局面，促进人民内部的政治团结和社会和谐。所以，在新的历史时期，应继承传统，更好地发挥多党合作的独特优势。

三　奏响世纪乐章：政党关系和谐化走向

（一）内外兼修：党内和谐与政党和谐

在中共十七大报告中，胡锦涛指出“促进政党关系的和谐，对于增进团结、凝聚力量具有不可替代的作用”，“以增进党内和谐促进社会和谐”。可见，在通过增进党内和谐促进社会和谐的过程中离不开政党关系和谐的传输作用。实际上，政党关系和谐就是指共产党与民主党派之间关系的最优状态，而这两者之间实现和谐首先就离不开各自内部和谐的推动作用。

在中国共产党领导的多党合作和政治协商制度中，共产党是执政党，民主党派是参政党，共产党处于领导地位，因此，要实现政党关系和谐，作为领导者、执政者的共产党内部和谐就显得更加重要。建党90多年来，共产党在内部和谐方面积累了丰富的经验，同时也有惨痛的教训，这就为民主党派内部和谐提供了示范和警示，而这必然通过共产党的执政活动影响和带动民主党派内部和谐。所以，民主党派要认真吸取共产党内部和谐的做法，以共产党内部和谐为示范，不断推进民主党派内部和谐。同时，除了参照共产党内部和谐的有益经验外，民主党派还应积极探索适合于自身和谐特点的有效途径，这样才能真正提升自身能力。当然，民主党派内部和谐的实现，反过来也有助于推进共产党内部和谐发展。实际上，政党关系和谐的实现就是在共产党内部和谐与民主党派内部和谐的相互作用、相得益彰、彼此帮衬下实现的。政党关系和谐的实现离不开共产党与民主党派的共同努力，只有两者相互促进，才能真正彰显和谐政党关系的显著优势与独特价值。

（二）比翼双飞：亲密友党互相促进

执政党建设与参政党建设互相促进是中国多党合作制度建设的一条重要经验，也是实现政党关系和谐的一项重要举措。对此，胡锦涛曾在全国统战工作会议上指出，既要全面推进党建设新的伟大工程，又要积极支持民主党派加强自身建设，使执政党建设与参政党建设相互促进，更好地统一于多党合作、共创伟业的历史进程中。可见，执政党建设和参政党建设是一种相辅相成、互相促进、双向互动的关系。

1. 共产党执政能力与民主党派参政能力互相促进

实现执政党建设与参政党建设互相促进，首先应从提高共产党执政能力着手。共产党执政能力的不断提升是确保共产党长期执政的前提条件，也是巩固多党合作制度的基本保证。同时，民主党派参政能力的增强反过来又影响和鞭策了共产党执政能力的进一步提升。因为尽管共产党在执政能力建设方面业绩显著，倘若民主党派参政能力过低，那么，多党合作制度的优越性也只能以民主党派参政能力为标准。所以，为了彰显多党合作制度的独特价值与优势，实现执政党建设与参政党建设互相促进，务必在高度重视共产党执政能力的同时，大力加强民主党派参政能力建设。

2. **共产党反腐倡廉建设与加强民主党派民主监督互相促进**

绝对的权力导致绝对的腐败。因此，作为执政党的共产党，其本身的权力必须受到监督，否则不受监督的执政党权力必将走向腐败。而民主党派的民主监督对于共产党反腐倡廉建设起到至关重要的作用。正是有了民主党派民主监督，才从客观上对共产党反腐倡廉建设产生积极作用。

3. **建设学习型执政党与建设学习型参政党互相促进**

任何政党都要通过学习不断优化和完善自己，才能永葆生机和活力。因此，建设学习型执政党是新形势下加强执政党建设、保持和发展共产党先进性、提高共产党执政能力的重大举措。同时，建设学习型执政党也为民主党派提供示范和参照，引领了民主党派前进的方向。因此，民主党派必须把自己建设成为与共产党的马克思主义学习型执政党相适应的学习型参政党。这也是实现执政党建设与参政党建设互相促进的必然要求。

（三）外力牵引：协商民主促政党和谐

协商民主的理论来源于西方，其提出是因为竞争民主所固有的恶性竞争、内耗丛生的弊端始终无法解决。实际上，从历史和实践角度讲，协商民主的实践最早出现在中国。早在1946年，中国就召开了政协会议，力图通过协商民主的形式实现国民党、共产党和各民主党派和平建国的方案。到了1949年，新政协会议召开，标志着中国共产党领导的多党合作和政治协商制度正式确立。同时，协商政治作为共产党与民主党派进行多党合作的有效途径开始运行。至今为止，协商政治一直作为我国社会主义民主的重要形式。正是通过中国式协商民主独特价值与优势的发挥，才为中国政党关系和谐提供了行之有效的重要途径。

而我国的协商民主主要是通过政治协商的形式来具体实践的。在通过协商民主促进政党关系和谐的过程中，人民政协起到了举足轻重的作用，一方面，人民政协为通过协商民主促进政党关系和谐提供场所，只有在人民政协才能通过协商民主来实现政党关系和谐；另一方面，人民政协在通过协商民主促进政党关系和谐中扮演着重要角色。因此，我们应该充分发挥人民政协在协商民主中起到的作用，推动共产党与民主党派更加紧密的团结合作，推动党和国家决策科学化、民主化，从而实现政党关系和谐。

我国现行的政党制度具有历史必然性、现实的合理性和优越性。当然，用事物发展的眼光看，从借鉴和吸取世界政治文明成果来考虑，仍然有发展和完善的空间。但我们坚信，在中国共产党坚强的领导下，执政党通过不断增强执政能力，参政党努力提高参政议政水平，我们的国家将会不断开创盛世，实现中华民族的伟大复兴。

[延伸阅读]

民主：中国共产党的胜利之基

民主是中国共产党领导人民发动革命所追求的重要目标，也是实现团结的重要手段。民主是中国共产党人尊奉的一条真理，也是中国共产党走向胜利的基础和根本。民主是党团结各民主党派、团结人民群众共同致力于中国特色社会主义的一个重要武器。中国共产党90多年的历史，是一段不断探索和推进民主建设的历史。90多年的脚步，踏响的是中国民主进步的节拍。

中国共产党自建党以来为争取党内民主、学习党内民主、实践党内民主，作出了不懈的努力和探索。党成立之初，就把民主集中制作为基本的组织原则，把发展党的民主作为提高党的战斗力、凝聚力的重要手段。民主革命时期，毛泽东指出，扩大党内民主，应视为巩固党和发展党的必要步骤，是使党在伟大斗争中生动活泼、胜任愉快、生长新的力量、突破战斗难关的一个重要的武器。从中华人民共和国成立到1956年这一段时期，党内外的民主状况处于一个较好的时期，党内民主一直处在坚持与完善之中，广大人民群众和各个民主党派对党的监督积极而有序，全党从中央到地方都比较注意实行民主集中制，总体呈现的是一种“生动活泼的政治局面”，民主得到逐步的发展与完善。在社会主义改造完成之后，关于民主党派是否还应该继续存在这个问题，毛泽东提出“共产党万岁”，“民主党派也万岁”两个万岁口号，周恩来的“两个鼻孔出气肌体才健康”的提法，可以说是中共第一代领导人对党内民主理念进一步的升华。

从1957年到改革开放是我们党的民主20余年曲折发展的时期。在1957年之后，民主气氛逐步紧张，指导思想越来越“左”倾，党对国内外形势做出不切实际的判断，比如1957年的反右派斗争和1959年庐山会议，以及随后开展的党内“反右倾”斗争。

1957年，在中国共产党开展的整风运动中，中共中央发动群众向党提出批评建议，是发扬社会主义民主，加强党的建设的正确步骤。但极少数资产阶级右派分子乘机鼓吹所谓“大鸣大放”，向共产党和新生社会主义制度放肆地发动进攻，妄图取代共产党的领导。针对这种情况，1957年6月8日，中共中央发出《关于组织力量准备反击右派分子进攻的指示》。同日，《人民日报》发表了《这是为什么?》的社论。从此，在全国开展了反右派斗争。当时对极少数资产阶级右派分子进行反击是正确的、必要的，但同时也发生了严重扩大化的错误，把一批知识分子、爱国人士和党内干部错划为右派分子，造成了不幸的后果。

这期间，党内外民主遭受严重破坏，很多党外人士对党和国家的工作从此不敢再随便提出意见和建议，更不敢监督党和政府。由此一来，新中国成立后形成的党内外团结协作的政治局面不复存在。1959年庐山会议和“反右倾”斗争对党内民主也造成严重损害。1959年7月2日至8月1日，党中央在江西庐山召开了政治局扩大会议，中央政治局委员和各省、市、自治区党委第一书记，中央、国家机关一些部门的负责同志参加了会议。会议从7月3日开到10

日，按六个大区进行小组讨论。在讨论过程中，与会同志摆情况、谈意见，边开会、边学习，自由交谈，各抒己见，轻松愉快，生动活泼，没有一点紧张气氛，大家称之为“神仙会”。会上对如何估计国内形势问题产生了两种分歧意见，一部分同志认为农村食堂、供给制、“共产风”等损害了农民的积极性，应从实际出发，认真总结1958年的经验教训；另一部分同志对于批评实际工作中的错误和缺点很不满，认为是泼冷水，是右倾。7月10日，毛泽东在组长会议上讲话，强调总路线无非是多快好省，是不会错的，并说“大跃进”和人民公社化运动中的缺点错误是一个指头和九个指头的问题。

7月14日晚，国务院副总理兼国防部部长彭德怀元帅针对当时客观存在的问题，给毛泽东写了一封信，谈了自己不便在小组会上谈的想法，陈述了他对1958年以来“左”倾错误及其经验教训的意见（被称为万言书）。信中首先肯定1958年大跃进的成绩是正确的，接着指出大跃进的问题所在，他直截了当地指出“浮夸风、小高炉等等，都不过是表面现象，缺乏民主。个人崇拜，才是这一切弊病的根源”。7月16日，毛泽东突然批示将彭德怀的信印发给与会全体同志，随后，会议转入对这封信的讨论。在小组会上，黄克诚、周小舟、张闻天等发言认为信的总的精神是好的，表示同意彭德怀信中的意见。7月23日，毛泽东在大会上讲话，认为彭德怀的信表现了“资产阶级的动摇性”，是向党进攻，是右倾机会主义的纲领。从此，会议转为对彭德怀、黄克诚、张闻天、周小舟等所谓“右倾机会主义”、“反党集团”问题的揭发批判。

1959年8月2日至16日，在庐山召开了党的八届八中全会。这次会议的议题一是对彭德怀、黄克诚、张闻天、周小舟等进行批判，二是讨论调整1959年经济计划指标。毛泽东在会议期间作了多次讲话。全会决定撤销彭德怀、黄克诚、张闻天和周小舟4人分别担任的国防部长、总参谋长、中央书记处书记、外交部第一副部长和湖南省委第一书记职务，但保留他们的中央委员、中央候补委员、政治局委员和政治局候补委员职务，以观后效。

民主与我党奋斗的事业密切相关，民主是党的事业发展的强大动力，又是党与各民主党派等党外人士同舟共济、团结奋斗的手段与途径。“大跃进”和人民公社化运动都是违背经济和社会发展的客观规律的，都体现了年轻的党“对社会主义建设经验不足”，但是面对党所患的“急性病”，却没有诊断的医生出现，党内大多数同志以及曾经与中共并肩作战的党外人士几乎是鸦雀无声。其实，当时很多有思想有见解的人不是没有意见，而是根本不敢提出意见。党在错误的道路上继续前进，继续“大跃进”，直至1959年至1961年国民经济陷入严重困难。这段时期，我国的建设事业付出了巨大的代价，社会发展的步履相当沉重，这就是民主的丧失给国民经济带来的严重后果。我们缅怀历史，深深感受到民主对党的事业发展的极端重要性，因此得出这样一个结论——民主是我党事业的胜利之基。

改革开放至今，是我们党的民主健全发展时期。十一届三中全会以来，中国共产党迅速恢复了“文化大革命”中遭到严重破坏的党内民主，继续积极探索党内民主建设的新路径，开辟党内民主的新空间和新境界。在中共十六大上，我党提出“党内民主是党的生命，对人民民主具有重要的示范和带动作用”，这成为全党的重要共识。中共十七大又把党内民主与思想理论、执政能力、干部人事制度、基层党建、反腐倡廉并列为六项党建新工程，并且提出全党同志要以改革创新精神全面推进。十七届四中全会重申“党内民主是党的生命”、“坚持以党内民主带动人民民主”等一系列重要观点。在“科学执政、民主执政、依法执政”的基础上进一步提出了“科学决策、民主决策、依法决策”。这些观点和思想，是近年来党的重要文献中对“党内民主”表述最完整、最实质、最具高度的一次。

中国共产党要想长期执政，以什么来激发自己的活力？又以什么作为自己前进的动力？答案就是民主。目前我们党内空前团结，党内外民主机制正在逐步完善。我们要像爱护自己的眼睛一样爱护团结，珍惜今天来之不易的团结局面。只有自身团结，才能共建和谐。斗争容易，团结不易，和谐更难。团结要能体谅容忍，善于求同存异。谁都明白，斗则两败，和则双赢；谁都知道，和谐相处，是种幸福。我们党积极推进党的先进性建设，加强党内民主建设，着力增强党的团结统一，以扩大党内民主带动人民民主，以增进党内和谐来促进社会和谐。

派阀争斗：执政54年的日本自民党下野探析

2009年8月，日本第45届众议院大选的结果揭晓之后，日本政坛再次掀起波澜，被称为“万年执政党”的日本自民党落选，而在野第一大党民主党获得胜利。世人不禁会问，执政了54年的日本自民党缘何下野？创造了巨大辉煌的日本自民党留给了我们哪些启示？

日本自民党成立于1955年11月15日，由日本政坛上的两个保守政党——自由党和民主党合并而成，以抗衡当时广受欢迎的日本社会党。自民党自成立后一直把持日本执政地位。虽然日本政坛上时有新政党出现，并在大选中与自民党争夺政权，但是它们的力量根本无法与自民党相提并论。在自民党领导下，日本创造了“日本模式”，国力空前强大，经济高速发展，并跻身于世界发达国家行列。长期以来，自民党被称为“万年执政党”，在野党被称做“万年在野党”。

但是，在进入20世纪90年代后自民党开始日渐衰落，逐步丧失了参众两院的过半数席位，处处受制于在野党。2009年8月，在日本第45届众议院大选上，在野第一大党民主党以绝对优势取得压倒性胜利，将日本政坛的“千年老大”自民党掀翻在地。至此，日本“一党优位制”就好像明日黄花，时过境迁，正式走向终结。

一个创造了本国经济奇迹的执政党，缘何在选民面前遭到如此空前的惨败？为何日本国民丧失了对自民党的信任？我想除了自民党的金权政治、腐败、一党独大等原因之外，派阀纷争是其中的主要原因。

派阀争斗是日本自民党走向末路的主因。派阀政治是日本自民党的一大特色。自1955年自民党成立以来，党内的派系斗争就没有停止过。纵观日本自民党的历史，俨然是一部“派阀”的盛衰和聚散离合的历史，是一部无休止的“派阀”抗争的历史。所谓“派阀”是指在某一个集团内部形成的非正式的小集团。这些小集团形成的基点是它们在思想、出身、利益、好憎、对特定人物的忠诚心等方面的某些共同点。而典型日本式的派阀是由一批追随者和一位领袖人物或在某种情况下是以领袖名义行事的一个小的领导集团所组成的。长期以来，自民党内一直存在着三四个较大的派阀（每个派阀有40至80人），另有一些小的派阀。每个派阀通常都有一个明确公认的派阀领袖，这个领袖当然是国会和党内的强有力人物。

日本派阀的产生是历史的遗留问题，日本自民党是由不同利益、不同政策、不同人际关系的集团集合在一起的混合体，一开始便呈现出派阀林立的局面。1956年的大选之后，自民党内部形成了八大派别：岸信介派、石桥湛山派、三木武夫派、河野一郎派、佐藤荣作派、池田勇人派、石井光次郎派和大野伴睦派。日本自民党内部派阀的产生是深受日本的历史、政治运行方式和文化传统影响的。一是派阀的产生有其深厚的历史原因。日本早年的政治史就充满了文武重臣、幕府藩臣组成的派阀之间的勾结与对立。明治维新后，日本建立西方的政党政治，但是，其政党组织及运作都带有派阀的历史烙印。1955年，自由党和民主党合并成立自由民主党后，并没有将各派系的隔阂消除。据称，当时党内就保存了11个派阀，这些派别规模大小不一，最小的也就是几个议员的松散结合，这些保留下来的派阀在党内相互抗衡竞争，这就构成了后来派阀繁衍的基础。二是公开选举自民党总裁的制度的确立。总裁公选制度是由国会参、众两院的议员和地方代表选举产生党的总裁，想当首相的人首先必须赢得自民党总裁的选举。在这种制度下，派系就成了争夺本党的最高领导权，进而掌握政府权力的有效手段。于是，党内有实力的人物就开始培养各自的势力，组织派阀。而且，在分配党政官职的时候，也是按照派阀的大小比例分配，党内的议员必须团结在有实力的人周围形成派系来获得官职。因此，只有强大派阀的支持，才能当上总裁并成为首相，派阀由此产生。

派阀政治对自民党来说可谓是一把双刃剑。自民党的荣与衰都和派阀政治息息相关。在自民党执政时期，首相职位一直在不同派阀领袖之间交替，用派阀竞争取代了党派之间的竞争，这就使得日本政权具备了民主的外形。另外，政权由一个派阀转移到另一派阀，所以自民党能够比较灵活地采纳国民的意见和要求。派阀政治也为自民党提供了制约平衡机制。派阀与派阀之间形成了互相牵制的态势，达到了防止权力独断专行的功效。

但是，这些正面的积极作用只是微乎其微，最关键的是派阀之间的争斗所起的负面作用使自民党走上了一条不归之路。派阀之间的政治争斗削弱了政党的整合功能，造成党内冲突与对立，严重阻碍政党形成一个统一团结的整体。由于自民党派阀是以利益为基础而集结的小集团，因此，各个派阀在提出能够促进自己利益的政策并竭力推行这一政策时，就不可避免地损害其他派阀的利益，也就不可避免地会遭受来自其他派阀的攻击、破坏，甚至是对其政策的扭曲。这肯定会影响当政者的决策，削弱当政者政策执行的效能，造成政治资源的浪费。尤其是在出现利益冲突的时候，各派阀为维护自己的利益，互不妥协，就很容易引起尖锐冲突，政党分裂也就难以避免了。20 世纪 90 年代初，自民党内最大派阀竹下派的分裂，最终导致了自民党长期执政的结束。但自民党并未吸取教训，相反派阀斗争更加激烈，仅 1992 年至 1993 年的一年间，自民党就出现了大大小小 7 次分裂，自民党的四分五裂必然影响自民党在新一届大选中的得票率。实际上，1993 年上台执政的七党一派联合政府中，有三个党——先驱新党、新生党和日本新党就是从自民党内部分裂出来的。更令人咋舌的是这三个党在选举时高举的旗帜竟是

“结束自民党的一党统治”和“推进政治改革”。

派阀争斗损害和削弱了自民党的政治权力。派阀争斗不仅造成了竞选经费的大量浪费，还导致了党内几个主要派阀长期不和及矛盾益深。由于各个派阀相互“揭露”党内的一些丑闻，从而在相当程度上损害了自民党的形象并削弱了党的影响力。当竞争胜利者获得自民党总裁和日本内阁总理大臣一职时，因其当选得到了自己派阀之外其他几个派阀的支持，故其在挑选党的领导干部和内阁大臣时就不得不考虑到这几个派阀的利益，通常因此不能全力以赴地去处理有关国务，而是要将相当一部分精力和时间用于去维持与协调各派阀之间的平衡。这样党的政策得不到有效的制定和及时的贯彻落实，还使当选者常常必须谨小慎微，从而不敢在制定政策和处理国务时采取较大的改革行动，更不敢以强者的面目出现在政治舞台上。

派阀争斗引起社会各界的不满。自民党派阀斗争越激烈，日本金权政治腐败越严重。因为自民党的派阀领袖需要巨额经费，用以支付竞选经费和支付资助他那一派的议员在两次国会选举期间的活动经费，所以各个派阀必须依附某些垄断财团或大企业，才能长期而且稳定地获得经费。这些经费的获得是要付出代价的，即必须在党内政策问题上实行有益于资助者的政策和措施，而其他派阀的反对必然引起激烈的派阀争斗，这就造成严重的党内损耗，从而不时招致社会各界的不满。金权政治腐败是自民党派阀争权斗争的产物，日本国民深恶痛绝。20 世纪 70 年代以后，由于派阀抗争越来越激烈，选举所需要的政治资金越来越多。单靠合法的政治资金难以维持派系正常活动，只有从非常途径才能集聚更多的政治资金，不免就闹出了“金权”丑闻。如 1991 年的野村、日奥“证券丑闻案”，以及 1992 年的“佐川案”都与派阀争斗有关系。1993 年，又暴出了自民党金丸信贪污丑闻。自民党长期存在的金权政治腐败丑闻，激起国民的强烈不满。选民对自民党执政日益失去信任。人心思变，选民渴望日本政坛出现新气象，把自民党拉下马也就成了万众的期待。终至2009年，争来斗去的自民党派阀最终把自己斗下了台，使自己走上了一条不归之路。

激烈的派阀争斗不仅造成了自民党的严重内耗，同时也招致了国民的厌弃和反感，严重危及了自民党的统治。派阀争斗最终把自民党推向了分裂的深渊，走上了穷途末路。因此，团结统一就是日本自民党留给我们党的启示。

人们都说团结就是力量，放在政党政治中也是如此。因为日本自民党内部派阀无休止的斗争，党内矛盾重重，影响了执政党的凝聚力。因此，维护我党的团结统一，提高执政党的凝聚力及创造力，是我们党从日本自民党激烈的派阀斗争中总结出来的教训与启示。我们党是一个拥有7500多万党员、370多万个基层组织的大党，维护党的团结统一至关重要。每一个党员特别是党的领导干部都应做到不结帮、不拉派，把维护党的团结统一作为自己应尽的责任与义务。只有保持党的团结统一，不断增强党的创造力、凝聚力，才能保证国家的统一，民族的团结及社会的和谐。当今，我们党正在面对错综复杂的国内外形势和艰巨繁重的改革建设任务，只有团结统一，才能够保证步调一致，保障改革开放和现代化建设的顺利进行。另外，我们党要想长期执政，也必须维护党的团结统一，提高执政党的凝聚力和战斗力。我党执政已经有63个年头了，如何以新的政策来适应新时代、满足民众新要求，如何以新的成就来集民心、聚民意，如何以新的举措形成团结统一的政治局面，这些都是我们共产党所关注和急需解决的问题。因此一定要保持一种危机感，时刻警惕党内分裂，使我们党成为一个凝聚力、战斗力超强的政党。

日本自民党留给我们的另一启示是我们党必须做到时刻树立危机意识，夯实执政基础，来维护政党内部及政党之间的团结统一。执政基础是执政党在执政过程中赖以掌握政权、巩固政权必须具备的根本条件和前提，是一个执政党赖以生存和发展的立足点。一旦执政基础发生动摇，势必会影响权力的稳定，甚至失去执政地位，因此，长期执政的政党必须时刻具有危机意识，时刻敲响分裂失败、团结成功的警钟。

与日本不同，我们政党之间的关系更具特色。在我国，执政党与参政党的关系是共同致力于中国特色社会主义事业的亲密合作的友党关系。显然，维护团结较日本容易得多，但是，我们党不能掉以轻心，应把日本自民党的教训谨记心中，引以为戒，不断强化我们党执政地位问题上的危机感和忧患意识，增强党内的团结统一。这样才能长盛不衰，始终立于不败之地。

第八章 与时俱进的不竭动力

始终坚持与时俱进，始终保持改革创新，是中国共产党不断前进的一个重要因素。这一点无论是在革命战争年代，还是在改革开放岁月，都表现得十分突出。

一 历史的回眸：中国的红旗为什么打得这么久

曾几何时，在革命战争年代，就有人提出了“红旗到底能打多久”的问题，毛泽东还针对这种思想写了一个名篇——《星星之火，可以燎原》，来回答这个问题。历经28年的革命斗争，中国革命最终取得了胜利。如果我们换一个视角来看待这个问题，我们就会发现，中国的红旗之所以能够打得这么久，一个重要因素就是中国共产党一向坚持了与时俱进。

“与时俱进”指的是要适应时代发展，适应外界的变化，适时并且及时地改变自己的思想、观念，并采取相应行动，使自己得到发展。党在革命战争年代，就善于准确把握时代特征，始终站在时代前列和实践前沿，始终坚持解放思想、实事求是和开拓进取，在大胆探索中继承发展马克思列宁主义，从而不断推进中国革命和建设事业前进。

（一）谁主沉浮：新民主主义革命关键问题的解决

1. 要不要武装革命问题的解决

中国共产党始终是一个以解放劳苦大众为己任的党。要不要革命的问题本来不是中国共产党需要思考的问题。通常，我们认为中国共产党一成立就明白了怎么革命，明白了如何开展革命，实际上并不是这样。在我们党成立之初对于革命形势的判断并不那么准确，对于如何革命也没有那么清晰的认识，对此，1962 年在扩大的中央工作会议上，毛主席就认为："过去，特别是开始时期，我们只是一股劲儿要革命，至于怎么革法，革些什么，哪些先革，哪些后革，哪些要到下一个阶段才革，在一个相当长的时间内，都没有弄清楚，或者说没有完全弄清楚。"也就是说，我们党在成立之初对于如何革命并没有特别清晰的认识，而从国际共产主义运动的历史经验来看，巴黎公社、十月革命都是在城市中进行的，所以在革命初期我们党也自然将工作重心放在了城市，并且很快就掀起了第一次工人运动高潮，但是很快又被反动军阀所镇压，以京汉铁路大罢工失败为标志，第一次工人运动高潮跌入谷底。而后，在共产国际的推动下，党的三大决定与国民党进行合作，1924 年 1 月国民党第一次全国代表大会召开，共产党员以个人名义加入了国民党，这个时候包括毛泽东在内的许多共产党人都以个人名义加入了国民党，同时保留了共产党员的身份，实现了通常所讲的第一次国共合作。

两党合作之后是如何分工的呢？共产党当时仍然将主要精力放在了下层的民众运动，比如工人运动、农民运动等等，而国民党人不愿意从事吃苦的下层工作，这样一来国共两党的合作形态就是国民党做上层工作，共产党做下层工作。正是我们党的先进性区别于其他旧式政党，所以很有吸引力、很有魅力，甚至于吸引了一些国民党员开始转而加入共产党，这是一个具标志性的变化。两党的合作方式一开始是共产党员以个人名义加入国民党，现在也有一些国民党人加入了共产党，合作由单向的加入变成了双向的互动，这在国民党内产生了很大的警觉。他们一方面对于自身的组织松懈感到忧虑，另一方面又因为共产党组织的严密而感到恐惧，这种忧虑和恐惧发展成为分共与反共的主张与行为。这种思想变化从蒋介石对此的认识中就可以很清晰地看出来。他在 1926 年 3 月 10 日的日记中，写道："所受痛苦，至不能说，不忍说，是非梦想所能及者。政治生活至此，何异以佛入地狱耶!"翻译成普通话就是：近来我很痛苦，痛苦到很郁闷，很难受，痛苦到就像把佛祖扔到了地狱里经受煎熬。可见当时蒋介石对于共产党痛恨的心理已经很严重了，结果过了一年就发动了"四一二"反革命政变。我们都说宣传是我们共产党的强项，大家不要忘了国民党也不弱。1927 年 4 月 12 日国民党发动反革命政变，4 月 18 日他们就在举办枪决赤党的摄影展了。

这次政变是我们党成立之后遭受的第一次重大损失，党员由六万人减到了一万人。蒋介石屠杀了两万多人，更多的是脱党、逃党、叛党。翻开当时的报纸，就像我们今天看的报纸广告栏一样，都登着某某开始宣布脱离中国共产党，某某与中国共产党一刀两断，都是这样的声明。这次失败我们败得很惨，打击很大，面临的问题是还要不要革命了？如果答案是肯定的话，那下一步如何革命？

回顾这一段历史，我们看到，中国共产党从血海中看清了不革命不行，不马上革命不行，不马上武装革命更不行。所以，为了明确下一步的行动方向，总结过去失败的教训，我们党就召开了"八七"会议。

2. 革谁的命问题的选定

国民革命失败后，中国共产党总结了失败的教训，继续高举革命的旗帜，把中国革命推进到一个新阶段，南昌起义和"八七"会议是这个新阶段的开端。南昌起义是中国共产党临时中央政治局常务委员会为了挽救革命的失败而决定发动的。南昌起义最后失败了，但是它打响了反抗国民党反动派的第一枪，树立了坚持革命斗争的光辉旗帜。紧接着，1927 年 8 月 7 日，中共中央在湖北省汉口秘密召开紧急会议——这就是在中国共产党历史上有着重大转折意义的

"八七"会议。

这次会议的主要目的是总结大革命失败的经验教训，确定今后革命斗争的方针。出席会议的有部分中央委员、候补中央委员及中央机关、共青团中央、地方代表共21人。共产国际驻中国代表罗明纳兹等参加了会议。会议由瞿秋白、李维汉主持。由于当时环境极其险恶，会议只开了一天。

"八七"会议是在中国革命的危急关头召开的，会议正式确定了实行土地革命和武装起义的方针，并把领导农民进行秋收起义作为当前党的最主要任务，从而使全党没有在白色恐怖面前惊慌失措，指明了今后革命斗争的正确方向，特别是毛泽东在会上提出"须知政权是由枪杆子中取得的"，为挽救党和革命做出了巨大贡献，从此中国革命逐渐走上农村包围城市、武装夺取政权的新的征程。

3. 怎样革命问题的破解

中国共产党从成立开始，就把马克思主义与中国革命具体实际相结合。以毛泽东为代表的中国共产党人在长期的革命斗争实践中，通过坚持不懈的积极探索，逐步形成了一整套系统的理论。

1921年7月中国共产党成立时，由于对当时中国社会的性质以及由此决定的中国革命的性质、特点等，尚缺乏明确的认识，因而，只是笼统地提出要领导无产阶级进行推翻资产阶级的社会主义革命并最终实现共产主义的任务和奋斗目标。然而，在当时中国社会的条件下，中国人民如果不首先推翻沉重压在他们头上的帝国主义和封建主义这两座大山，国家就不能独立，人民就不能解放，从而也就谈不到实现社会主义、共产主义的理想。实践要求中国共产党人在坚持共产主义理想的同时，必须确定现阶段革命的任务和相应的斗争策略。

1922年7月，中国共产党召开第二次全国代表大会，正式制定了党在民主革命阶段的纲领：消除内乱，打倒军阀，建设国内和平；推翻国际帝国主义的压迫，达到中华民族完全独立；统一中国为真正的民主共和国。这样，中国共产党就在中国近代史上破天荒第一次明确提出了反对帝国主义和反对封建主义的革命任务。1840 年鸦片战争以来，无论是农民的太平天国革命、义和团运动，还是孙中山领导的资产阶级革命，都没有能提出反帝反封建的明确纲领。而中国共产党刚刚成立一年，就把这个问题基本解决了。这说明，只有中国共产党才能为中国革命指明方向。

1923 年 6 月，中国共产党第三次全国代表大会决定同孙中山领导的资产阶级革命政党——中国国民党实行合作，以建立最广泛的民主革命统一战线，共同进行反帝反封建的国民革命运动。国共合作战略的提出和实施，使一系列新的问题提到中国共产党人面前，特别是如何处理无产阶级同资产阶级的关系问题，亦即如何认识无产阶级在资产阶级民主革命中的地位和作用问题。

但是，党的三大认为，中国工人阶级尚未成为一个“独立的社会势力”，代表民族资产阶级利益和要求的“中国国民党应该是国民革命之中心势力，更应该立在国民革命之领袖地位”。三大前后，党的主要领导人陈独秀在《资产阶级的革命与革命的资产阶级》、《中国国民革命与社会各阶级》等文章中提出，“工人阶级在国民革命中固然是重要分子，然亦只是重要分子而不是独立的革命势力”，“工人阶级不但在数量上是很幼稚，而且在质量上也很幼稚”；资产阶级的力量则“比工人雄厚”，而且随着产业的发展会不断增强；民主革命的前途，“在普通形势之下，自然是资产阶级握得政权”。这种认为中国民主革命只能以资产阶级为主体、革命胜利后先由资产阶级掌握政权、然后无产阶级再进行社会主义革命的思想，实际是一种旧民主主义革命的观点。

与陈独秀的观点不同，李大钊在 1923 年 6 月党的三大上即指出，“过去和将来国民运动的领导因素都是无产阶级，而不是其他阶级”。瞿秋白在 1923 年 9 月写的《自民治主义到社会主义》一文中指出，“中国客观的经济状况及其国际地位，实在要求资产阶级式的革命”；但是中国劳工阶级必须在这种革命运动中“勉力做主干”，“日益取得重要的地位，以至于指导权”。

领导权属于无产阶级而不属于资产阶级，这是新民主主义革命区别于旧民主主义革命的主要之点。因此，这些观点的提出和阐明，具有重要的价值。

在国共合作的统一战线正式形成后，在国民革命形势日渐高涨之际，1925 年 1 月中国共产党召开了第四次全国代表大会。这次大会总结了建党以来特别是国共合作以来的经验，在党的决议中明确提出了无产阶级在民主革命中的领导权问题和工农联盟问题。

1927 年革命失败后，中国共产党独立地负起了领导中国革命的重任，并成功地开创了一条农村包围城市、武装夺取政权的具有中国特色的革命道路，使中国革命逐步走向了复兴。到了这时，如何革命的最根本问题被毛泽东解决。

抗日战争时期，党领导广大人民为打败日本侵略者、建设新民主主义中国进行了顽强的奋斗。为了向全党和全国人民说明中国共产党对中国革命和新中国建设的全部见解，回答“中国向何处去”这个重大问题，驳斥国民党顽固派关于“一个政党、一个主义、一个领袖”的论调，毛泽东集中全党智慧，对中国革命的经验进行了系统的理论思考和总结，先后发表了《〈共产党人〉发刊词》（1939 年 10 月）、《中国革命和中国共产党》（1939 年 12 月）、《新民主主义论》（1940 年 1 月）等重要著作。在这些著作中，毛泽东系统地论述了半殖民地半封建中国的革命必须分为民主革命和社会主义革命两个性质不同的阶段，论述了两个阶段的区别与联系；论证了在帝国主义和无产阶级革命的时代，中国的民主革命已经不再是旧式的、由资产阶级领导的、以建立资本主义社会和资产阶级专政为目的的革命，而是无产阶级领导的、以在第一阶段建立新民主主义社会和各革命阶级联合专政的国家为目的的新民主主义革命；阐明了农民的力量是中国革命的主要力量。无产阶级只有同农民结成巩固的联盟，才能领导革命取得胜利。在这些著作中，毛泽东在中国共产党内创造性地提出了新民主主义的科学概念，完善和深化了新民主主义的革命理论，这标志着马克思列宁主义同中国实际相结合的毛泽东思想有了进一步的发展。

1948 年 4 月，毛泽东在《晋绥干部会议上的讲话》中对新民主主义革命总路线作了科学概括，这就是：新民主主义革命是无产阶级领导的，人民大众的，反对帝国主义、封建主义和官僚资本主义的革命。这条总路线规定了新民主主义革命的性质不是一般的旧式的资产阶级民主革命，也不是无产阶级的社会主义革命，而是新式的特殊的资产阶级民主革命，这个革命的终极前途不是资本主义，而是社会主义。这条总路线，正确地解决了新民主主义革命的对象、任务、动力、领导权、性质和前途等一系列基本问题，丰富和发展了马克思列宁主义关于民主革命的学说。至此，中国共产党领导中国人民如何革命的问题得以彻底解决。在这个阶段，毛泽东总结出中国革命取得胜利的三大法宝：武装斗争、统一战线、党的建设。

（二）挺立潮头：马克思主义中国化的推进

在中国革命波澜壮阔的征途中，中国共产党不但敢于对外革命，同时也善于对内改革。我们回顾一下中国革命史，就会发现，中国共产党不但具有对敌革命的能力，也具有对己改革的本领，革命与改革是中国共产党发展史上的两大基因。我们要客观地看到，中国共产党之所以能做到这点，是因为中国共产党有一个最大本领，就是将马克思主义与中国实际相结合。对此我们以下面三点为例予以说明。

1. 发展了列宁的革命道路学说

在战争与革命的时代，中国共产党具有改革意识的第一个标志性事件就是走出了一条与十月革命不同的革命道路。

十月革命是俄国工人阶级在布尔什维克党领导下，联合贫农所完成的伟大的社会主义革命，又称布尔什维克革命。1917 年 11 月 7 日（俄历十月二十五日），列宁领导的布尔什维克武装力量向资产阶级临时政府所在地——圣彼得堡冬宫发起总攻，推翻了临时政府，建立了苏维埃政权。由此，世界上第一个社会主义国家宣告诞生。

这次革命导致了1918年至1920年的俄国内战和1922年苏维埃社会主义共和国联盟（苏联）的成立。因为革命发生在俄历（儒略历）十月，故称为“十月革命”。

俄国十月革命道路的特点是：工人武装起义夺取中心城市，革命由城市向农村扩展，最后夺取全国胜利。其原因是：俄国革命的主要力量是工人、士兵，掌握武装，多集中在大城市；以列宁为首的布尔什维克党正确决策，周密准备；1917年二月革命后，临时政府继续进行帝国主义战争，并企图消灭工农代表苏维埃；一战促使俄国国内各种矛盾激化，成为帝国主义链条上最薄弱的环节；临时政府前线失利，后方空虚，等等。

毛泽东领导中国共产党开创的中国革命道路则是：建立农村革命根据地，农村包围城市，最后夺取全国政权，也就是我们常说的农村包围城市，武装夺取政权之路。中国革命之所以走上不同于十月革命的道路，其原因是：中国当时是半殖民地半封建社会，全国政治经济发展不平衡，农村的反动势力最薄弱，帝国主义和国民党反动派力量主要集中在城市；中国是农业国，无产阶级力量相对较弱，广大农民与无产阶级有着天然的联系，是革命最可靠的同盟军；中共以中心城市为目标的武装起义都受到挫折；毛泽东总结了井冈山革命根据地的经验，提出了“工农武装割据”，“农村包围城市，最后夺取全国胜利”的理论，等等。

2. 发展了国际共运的阶级斗争策略学说

1927年8月7日，中共中央在湖北汉口召开紧急会议，即“八七”会议，会议坚决纠正并结束了陈独秀的右倾投降主义，确定了土地革命和武装反抗国民党反动派的总方针，在中国革命的危急关头，挽救了党、挽救了革命，是中国共产党历史上的一个重要转折点。但是“八七”会议也有缺点和错误，存在很大的历史局限性，表现为“在反对右倾错误的同时，却为‘左’倾错误开辟了道路。它在政治上不认识当时应当根据各地不同情况，组织正确的反攻或必要的策略上的退却，借以有计划地保存革命阵地和收集革命力量，反而容许了和助长了冒险主义和命令主义（特别是强迫工人罢工）的倾向。它在组织上开始了宗派主义的过火的党内斗争，过分地或不适当地强调了领导干部的单纯的工人成分的意义，并造成了党内相当严重的极端民主化状态”（《毛泽东选集》第3卷，人民出版社1991版，第957页）。这些错误在后来很短时间内迅速发展，形成了以瞿秋白为代表的“左”倾盲动主义错误，使刚刚经受大革命失败惨重损失的中国共产党再次遭受严重挫折。那么“八七”会议的这些错误根源是中国共产党自身的原因呢，还是由于共产国际的错误指导？

“八七”会议关于中国民主革命性质和阶级关系“左”的错误观点，完全来源于共产国际。

在中国民主革命的危急关头，能否制定出正确的路线、方针、政策和策略，关键在于能否正确地分析阶级矛盾和阶级关系。然而“八七”会议却在这一重大原则问题上作出了错误分析，强调反对资产阶级包括民族资产阶级和上层小资产阶级，扩大了打击面，孤立了自己，造成党在政治策略上的严重被动和失误。这一错误可以说完全是由于斯大林、共产国际及其代表罗明纳兹，在大革命失败后对中国社会各阶级分析中以教条主义的公式化、定型化方式作出的与中国实际情况极不相符的判断结果。具体表现为斯大林在1927年4月21日提出的关于中国革命“三阶段论”及稍后罗明纳兹提出的“不断革命论”，这一理论实际上也成为瞿秋白“左”倾盲动主义错误产生的理论根源。

斯大林在《中国革命问题》一文中认为中国革命必然经历和正在经历三个阶段。第一阶段是无产阶级、农民、小资产阶级和民族资产阶级四大阶级联合的全民族反对帝国主义的革命阶段；第二阶段是无产阶级、农民、小资产阶级联合的资产阶级民主革命；第三阶级是无产阶级和农民联合的苏维埃革命阶段。斯大林同时还将蒋介石视为民族资产阶级的代表，将汪精卫看成小资产阶级的代表，这种把国民党代表人物定型化的形而上学思维，使得共产国际和斯大林错误地认为蒋介石的政变表明民族资产阶级退出革命，转到了反革命阵营，中国革命进人了第二阶段。1927年7月，汪精卫集团背叛革命后，斯大林和共产国际又认为小资产阶级知识分子也脱离了革命，无产阶级的同盟者只剩下农民和城市贫民了，中国革命从此进入了第三阶段。

斯大林的“三阶段论”实质上是以俄国革命的经验和模式来设计中国革命。俄国革命也经历了三次即1905年革命、1917年二月革命和1917年十月革命。据此，1927年7月28日，斯大林在《时事问题简评》一文中认为中国大革命的失败“类似布尔什维克在1917年7月遭到的失败”，“成立工农代表苏维埃的问题就会提到日程上来成为当前口号，以与资产阶级政府相对立”。中国革命将进入自己发展的更高阶段，“直接为建立工人阶级和农民的专政而斗争的阶段”。也就是说，中国革命面临着准备实行类似俄国十月革命的任务了，民族资产阶级和上层小资产阶级作为革命的对象将被排斥于革命联合阵营之外。这些分析显然是生搬硬套俄国革命经验，不符合当时中国民主革命的实际情况。

但是，斯大林的上述论调却被共产国际所接受，并以此作为大革命失败后指导中国革命的理论和政策依据。1927年7月23日，罗明纳兹作为共产国际的代表来到中国，他接受并且发展了斯大林的上述观点。“八七”会议后，罗明纳兹继续发展了其在中国民主革命性质和阶级关系上的“左”的错误，提出“不断革命论”，认为中国革命是马克思所称的“无间断的革命”，在革命性质上，决不能有民权革命自告一段落的局势，“必然是急转直下从解决民权革命的责任进于社会主义的革命”。他还认为，广州时期是四个阶级的联合，武汉时期是三个阶级的联合，南昌起义只有工农两个阶级，中间不经任何停留，不经任何阶段，一直发展下去就是社会主义革命，并将蒋介石、汪精卫叛变视为中国革命由民主革命阶段向社会主义阶段转变的标志，进而将民族资产阶级和中间势力统统作为危险的敌人和打击对象。周恩来后来在1944年3月曾评价说：“罗明纳兹的

意见，在我们党员中间是有影响的。”（《周恩来选集》上卷，人民出版社1980版，第160页）

共产国际、斯大林和罗明纳兹的上述错误，不仅混淆了中国民主革命的阶段性，也混淆了中国民主革命和社会主义革命的界线，造成对中国民主革命性质和任务的错误认识，也使得对中国民主革命的长期性、艰巨性、复杂性和曲折性估计不足，这就不能不造成指导中国民主革命的“左”倾错误。导致上述错误的根源在于其犯了公式化和定型化错误，教条地将俄国革命的经验和模式移植到中国，在进行对中国各阶级分析时看不到中国阶级关系的复杂和变化，不懂得人是可以变的，最典型的例子就是在对蒋介石和汪精卫等人的评价上，定型化地将蒋介石和汪精卫作为民族资产阶级和小资产阶级的代表。实际上，蒋介石和汪精卫在大革命失败前后所代表的阶级属性是复杂多变的。蒋介石在大革命开始时民族资产阶级性多些，但与地主买办资产阶级也有关系。特别是孙中山逝世以后，他的立场逐渐转变到大地主大资产阶级方面，成为民族资产阶级的右翼代表（大革命时期，中国民族资产阶级实际上分化为左右两翼）。因此，蒋介石叛变革命只是民族资产阶级右翼转而站在大地主大资产阶级立场叛变革命，并不等于整个民族资产阶级叛变革命。汪精卫也根本不是代表小资产阶级的国民党左派，他“在大革命初期，是资产阶级的代表，在大革命中期，他很激进，接近小资产阶级，但是在武汉时期，他又转到大地主、大资产阶级方面去了。”（《周恩来选集》上卷，人民出版社1980版，第208页）因此，汪精卫集团叛变根本不是小资产阶级知识分子脱离革命的问题，而是同蒋介石集团有矛盾的另一部分资产阶级右翼代表也转而站在大资产阶级大地主立场上走上了反革命道路。实际上，大革命失败后，民族资产阶级和小资产阶级同封建主义、帝国主义、大资产阶级仍有矛盾，仍有可能成为无产阶级的同盟者。中国共产党应当对他们仍然采取既联合又斗争的政治策略，尤其是对真正代表小资产阶级的邓演达和其他真正的国民党左派（第三党）采取联合政策，因为他们并没有脱离革命，这也是当时处于低潮的中国革命所需要的。至于当时中国民主革命的性质，由于引起中国民主革命的基本矛盾不仅一个没有解决，而且越来越激化，因此仍然需要进行一场彻底的反帝反封建的资产阶级民主革命，而非直接的社会主义革命。

围绕着对中国资产阶级在革命中的作用所展开的争论，无疑要求中国共产党人必须对中国资产阶级作进一步的实际的考察和分析。陈独秀还在中共三大召开之前，就已经开始尝试着对中国资产阶级做具体的分析了。在1925年，中国革命不仅要打倒帝国主义和封建军阀势力，而且还要打倒反革命的买办阶级，这已经成为中国共产党人的一种共识。

在进入1930年代中期以后，中国共产党的阶级政策已经不再是简单地根据一种固定的理论观念和经验模式来决定了，它在很大程度上是根据实际政治关系的变动和自身策略的变动来决定的。重新肯定资产阶级和小资产阶级具有某种革命作用，这意味着中共此前的黑白分明的阶级政策正在发生某些重要的变化。在1935年12月的瓦窑堡会议上，中共中央虽然再度肯定工人和农民是中国革命的基本动力，但同时也承认“广大的小资产阶级群众，革命的知识分子是民族革命中可靠的同盟者”，并重提“工农小资产阶级联盟”的口号。与此同时，他们认为，一部分民族资产阶级也有到反日战线中来的可能，就是“地主买办阶级的营垒中间，也不是完全统一的”，有利用的可能。这种情况不可避免地导致中共开始改变此前的阶级政策。

1939年秋天起，毛泽东先后撰写了《〈共产党人〉发刊词》、《新民主主主义的政治与新民主主义的文化》和《中国革命与中国共产党》等文章，开始系统地研究和论述中国资产阶级及其历史地位和作用问题。在经过了将近二十年时间的摸索和摇摆之后，中国共产党在1940年代初期开始形成了一套相对稳定也是比较成熟的关于中国资产阶级的理论观点和政策策略。与我党此前的阶级政策相比，它的突出特点就在于，它强调区别对待的政策，主张最大限度地团结一切可以团结的人，可团结者尽量团结之，可利用者尽量利用之，集中力量打击最少数的敌人。区别对待的政策使得它甚至能够清醒地注意到："国民党是一个复杂的政党。它虽被这个大地主、大银行家、大买办阶级的反动集团所统治、所领导，却并不整个儿等于这个反动集团。"（毛泽东：《论联合政府》，1945年4月24日，《毛泽东选集》第1047页）它有一部分领袖人物不属于这个集团，它有不少干部、党员群众和三民主义青年团的团员群众不满意这个集团的领导，它的军队以至政府机关中有着不少民主分子，甚至这个反动集团本身也分为几派，并不是一个统一体。这就为它在与蒋介石国民党的斗争中制定具体的分化政策提供了极其有利的条件。与此同时，团结利用的策略也使得我党在联合民族资产阶级的问题上能够坚持到底，它并未因所谓民族资产阶级具有两重性并在以后的政治斗争中有一部分人表现出某种要求独立的倾向，而抱以敌视甚或改取全面打击的态度。我党在几乎整个1940年代里坚持把民族资产阶级看成是"人民"的一部分，强调"团结尽可能多的能够同我们合作的城市小资产阶级和民族资产阶级的代表人物，它们的知识分子和政治派别，以便在革命时期使反革命势力陷于孤立，彻底地打倒国内的反革命势力和帝国主义势力；在革命胜利以后，迅速恢复发展生产，对付国外的帝国主义，使中国稳步地由农业国转变为工业国，把中国建设成一个伟大的社会主义国家"。（毛泽东：《在中国共产党第七届中央委员会第二次全体会议上的报告》，《毛泽东选集》第1435页）改变对资产阶级的态度，并长期坚持团结民族资产阶级政策，可以想象，对于坚信资产阶级是自己的敌人的共产党人来说，也并不是一件容易的事情。但是，在1940年代，它做到了，也因此而战胜了中国的资产阶级。（本部分的编写主要参考了张嘉友著《试论"八七"会议历史局限性与共产国际的关系》，载四川大学党委宣传部追求网 http://www.scu.edu.cn/xcb/llxx/lljy/webinfo/2011/10/1318036602634874.htm；杨奎松著《中国共产党对资产阶级的认识及其策略》，载《近代史研究》1993年03期）

3. 发展了无产阶级专政的国家学说

十月革命以后，经过短暂的列宁时代之后，在斯大林时期的苏联建立了无产阶级专政国家。所谓无产阶级专政（dictatorship of the proletariat），指无产阶级（经过共产党）领导的、以工农联盟为基础的社会主义国家政权，又称工人阶级专政，是无产阶级与资产阶级的阶级斗争的必然结果，是达到消灭一切阶级和进入无阶级社会的过渡。

无产阶级专政的理论是马克思主义的精髓。马克思主义关于无产阶级专政思想的形成和发展，同无产阶级的革命实践紧密相连。在1848年，马克思、恩格斯在《共产党宣言》中就对无产阶级专政思想作了表述："工人革命的第一步就是使无产阶级上升为统治阶级，争得民主"；"无产阶级将利用自己的统治，一步一步地夺取资产阶级的全部资本，把一切生产工具集中在国家即组织成为统治阶级的无产阶级手里，并且尽可能快地增加生产力的总量"。《共产党宣言》在阐明无产阶级专政在政治方面的历史使命的同时，也指出了无产阶级专政在经济方面的历史任务。1850年，马克思在《1848年至1850年的法兰西阶级斗争》中第一次明确提出了"工人阶级专政"的口号。1852年3月5日，在致魏德迈的信中进一步肯定了"无产阶级专政"这一结论。随后在1875年批判"哥达纲领"时，又强调了无产阶级专政的历史必然性，并进一步提出，从资本主义社会到共产主义社会之间的整个历史时期的国家，只能是无产阶级的革命专政。

列宁继承和发展了马克思主义的无产阶级专政理论。面对十月革命后苏联国内阶级斗争异常尖锐复杂的局面，列宁曾反复强调无产阶级专政必须使用革命暴力，使用铁的手腕镇压剥削阶级的反抗。但是，列宁并没有因此把无产阶级专政仅仅归结为镇压，而是在强调镇压反革命破坏的同时，提出"无产阶级专政是破坏资产阶级民主和建立无产阶级民主"。列宁着眼于无产阶级专政的阶级本质即国体，指的是这个专政与无产阶级民主不可分割的联系。但列宁仍然非常重视无产阶级专政的经济任务：“当无产阶级夺取政权的任务解决以后，随着剥夺剥夺者及镇压他们反抗的任务大体上和基本上解决，必然要把创造高于资本主义社会的社会经济制度的根本任务，提到首要地位。”

无产阶级专政采取的形式，依据各国的情况、历史特点和革命发展过程而有所不同。巴黎公社是无产阶级和劳动人民在巴黎建立的人类历史上第一个无产阶级专政政权。列宁领导的俄国无产阶级革命，缔造了世界上第一个无产阶级专政的社会主义国家。第二次世界大战以后，中国以及欧洲、亚洲、拉丁美洲的一些国家，也纷纷建立了无产阶级专政的政权。

中国共产党根据中国的实际情况，创造性地运用马克思列宁主义的基本原理，在中国采取了人民民主专政的形式。人民民主专政的实质也是无产阶级专政。马克思列宁主义认为，无产阶级在夺取政权以后，必须建立无产阶级专政，但无产阶级专政采取什么形式，只能根据各国的历史条件和具体情况而定。在中华人民共和国成立以前，中国是帝国主义支持的封建地主阶级和官僚资产阶级掌握政权的半封建半殖民地国家；无产阶级人数很少，产业工人只有 200 万，但它很集中；农民众多，占全国人口的 80% 以上；民族资产阶级具有两面性；分散落后的个体农业和手工业占国民经济的 90% 以上。这种国情决定了中国无产阶级领导的革命斗争必须分两步走，第一步进行新民主主义革命，第二步进行社会主义革命。中国的工人阶级必须与广大农民联盟，团结一切可以团结的力量，建立广泛的统一战线，才能取得政权和巩固政权。在长期革命实践过程中，中国共产党把马克思主义的基本原理同中国革命的具体实践相结合，逐步形成了关于中国新民主主义革命的理论体系。在党的许多文件和毛泽东的许多著作如《新民主主义论》、《论联合政府》、《将革命进行到底》、《论人民民主专政》等文中都明确地提出了工人阶级领导的、以工农联盟为基础的人民民主专政的主张。《论人民民主专政》一文指出，“对人民内部的民主方面和对反动派的专政方面，互相结合起来，就是人民民主专政”。把专政同民主联系在一起，这是对无产阶级专政最本质的概括。在新民主主义革命阶段，中国共产党在广大农村根据地建立的革命政权，就是人民民主专政的雏形。1949 年 10 月中华人民共和国成立，人民民主专政政权就正式建立起来。

人民民主专政这种政权形式，不仅与资产阶级政权形式有本质的区别，而且与十月革命后俄国建立起来的无产阶级专政也不完全相同。它既担负着过渡时期的各项任务，又担负着社会主义初级阶段及其后的各项任务。但是，中国的人民民主专政的阶级实质同无产阶级专政是相同的，其共同点表现为：工人阶级通过自己的政党对国家政权实行领导；新型民主和新型专政相结合的国家政权；以工农联盟为基础的国家政权；多数人对少数人的专政；对内和对外的职能是相同的；担负着建设社会主义的历史使命。

二　现实的审视：中国的发展为什么风生水起

在现实的世界中，历经改革开放，浴火重生，中国经济社会发展犹如一朵奇葩，持续三十多年发出夺目的光芒。人们有理由问：这三十多年，中国的花儿为什么这样红？答案是简单的，那就是中国共产党一直坚持了与时俱进，改革创新。

在波澜壮阔的改革开放历程中，我们党培育形成了解放思想、实事求是，与时俱进、开拓创新，知难而进、一往无前，独立自主、艰苦奋斗，勇于探索、敢闯敢干，锐意改革、务求实效等一系列体现时代特征的思想观念和精神风尚。在这一系列思想观念和精神风尚中，改革创新居于核心地位，贯穿于改革开放的全部实践，贯通于时代精神的各个方面。在实际生活中，改革创新突出表现为一种突破陈规、大胆探索、勇于创造的思想观念，表现为一种不甘落后、奋勇争先、追求进步的责任感和使命感，表现为一种坚韧不拔、自强不息、锐意进取的精神状态。

改革开放的伟大实践催生以改革创新为核心的时代精神，以改革创新为核心的时代精神支撑改革开放的伟大事业。改革开放三十多年来，在党中央的坚强领导下，我们党坚持以改革创新引领当代中国发展进步，不断开创中国特色社会主义事业新局面，谱写了社会主义现代化建设的新篇章。

（一）浴火重生：中国神话的缔造

34 年前，中国共产党十一届三中全会在北京召开。这一天，标志着一个新的时代开始。从此，一幅波澜壮阔、改写中国和世界发展图景的画卷在中华大地徐徐展开。实践是检验真理的唯一标准，预示着党在新时期从实践到理论一系列伟大创造的开始，也标志着中国人民顽强拼搏、奋发图强的开始。历史的巨轮驶过三十多个春秋，今天的中国站在了一个新的更高历史起点上。

改革开放的三十多年，是实践的三十多年，探索的三十多年，更是辉煌的三十多年。

改革开放之初的 1980 年，当时中国确定的目标是用 20 年的时间实现国内生产总值翻两番，人民生活达到小康。这意味着经济的年均增长速度要达到 7% ~8%。当时全世界没有几个国家相信，像中国这样的一个人口众多的农业大国，经济如此落后，能够在长达 20 年的时间里实现这样的持续高增长。

结果怎么样呢？中国的 GDP 从 1978 年的 2683 亿美元，猛增到 2010 年的 5.879 万亿美元，三十余年间增长了 20 余倍，平均增速接近 10%，开创了中国经济发展史上前所未有的“高速”时代。2004 年中国 GDP 为 1.65 万亿美元，排在美、日、德、英、法、意之后，名列全球第七。2005 年中国的经济总量就超过英、法、意，一跃成为全球第四经济大国。2008 年超过德国，2011 年超过日本，成为世界第二大经济体。

经过三十多年的改革开放飞速跨越的发展，中国从传统社会向现代社会、从农业社会向工业社会、从封闭型社会向开放型社会转变，建立了独具中国特色的现代国家发展模式。改革开放前的中国在外界眼中还是一个“封闭的中央大国”，到今天被誉为“最具活力的新兴经济体”。综合实力证明，中国在国际舞台上的作用与角色日渐提升，已经成为一支不可或缺的重要力量。于是，从北京亚欧首脑会议到华盛顿 G20 国际金融峰会和利马 APEC 峰会，“中国的作用”一次又一次成为焦点话题。（参见刘力著《站在新的历史起点上纪念改革开放》，载东方网 http://pinglun.eastday.com/p/20081218/u1a4052279.html）

如果没有特殊的经济和社会问题，如果未来 30 年中，中国以外的全球 GDP 年平均增长 4%，中国年平均增长 7%，中国 GDP 规模将从目前占世界 GDP 总量的 6% 上升到 13.6 9%，如果未来人民币对美元升值 100%，2040 年时，将会恢复到 1700 年时中国 GDP 占世界总量1/4的水平，再经过 10 年的努力，到 2050 年时，恢复到 1820 年时中国 GDP 占世界总量1/3的水平，中华民族经过近 200 年艰苦卓绝的奋斗，将在 21 世纪中叶实现伟大复兴！（周天勇：《中国向何处去》，封底，人民日报出版社 2010 年 3 月第 1 版）

（二）红旗飘飘：改革创新时代精神的弘扬

在中国共产党的领导下，以党的十一届三中全会为标志启动的改革开放，是社会主义制度得到巩固和完善的伟大革命，为当代中国探索了一条真正实现国家繁荣富强、人民共同富裕的伟大道路。正如胡锦涛强调的，改革开放是强国之路，是我们党、我们国家发展进步的活力源泉。

中国经济社会发展的惊人成就，是在改革创新的时代精神指引下取得的。以改革创新为核心的时代精神是弥足珍贵的精神财富。以改革创新为核心的时代精神，既是对改革开放实践经验的概括提升，又是对马克思主义与时俱进理论品格的坚持发展，也是对中华民族革故鼎新、富于进取优良传统的传承延续。它顺应当今世界大势和时代潮流，为中国特色社会主义这一前无古人的历史伟业提供了强大精神动力，并深深融入人们的思想意识和社会心理，成为全党全国人民团结奋斗的强大精神支撑。

中国共产党的改革创新，归纳起来就是：开辟了中国特色社会主义道路，形成了中国特色社会主义理论体系。

中国特色社会主义道路，就是在中国共产党领导下，立足我国处于社会主义初级阶段的基本国情，以经济建设为中心，坚持四项基本原则，坚持改革开放，解放和发展社会生产力，巩固和完善社会主义制度，建设社会主义市场经济、社会主义民主政治、社会主义先进文化、社会主义和谐社会，建设富强民主文明和谐的社会主义现代化国家。具体来说，在经济方面，坚持以公有制为主体、多种所有制经济共同发展的基本经济制度和以按劳分配为主体、多种分配方式并存的分配制度；在政治方面，坚持人民代表大会制度、中国共产党领导的多党合作和政治协商制度、民族区域自治制度以及基层民主制度；在文化方面，坚持以马克思主义为指导，建设社会主义核心价值体系，用中国特色社会主义共同理想凝聚力量，用以爱国主义为核心的民族精神和以改革创新为核心的时代精神鼓舞斗志，用社会主义荣辱观引领社会风尚；在社会建设方面，着力保障和改善民生，推进社会体制改革，扩大公共服务，完善社会管理，促进社会公平正义，努力使全体人民学有所教、劳有所得、病有所医、老有所养、住有所居。三十多年的实践证明，中国特色社会主义道路是十几亿中国人摆脱贫困、解决温饱、奔向小康，最终达到共同富裕的必由之路，是实现国家富强、民族复兴、社会和谐的幸福之路，是发展中国、发展社会主义的唯一正确的道路。中国特色社会主义道路，既坚持了科学社会主义的基本原则，又根据我国实际和时代特征赋予其鲜明的中国特色。在当代中国，坚持中国特色社会主义道路，就是真正坚持社会主义。

在走中国特色社会主义道路的实践进程中，我们党形成了中国特色社会主义理论体系。中国特色社会主义理论体系，就是包括邓小平理论、“三个代表”重要思想以及科学发展观等重大战略思想在内的科学理论体系。这个理论体系，坚持和发展了马克思列宁主义、毛泽东思想，凝结了几代中国共产党人带领人民不懈探索与实践的智慧和心血，是党最宝贵的政治和精神财富。邓小平理论、“三个代表”重要思想和科学发展观，既相互贯通又层层递进，体现了改革开放以来我们党理论创新成果的科学性体系、阶段性成果和发展性要求的内在统一，是我们党领导的改革开放和社会主义现代化建设伟大实践的理论结晶。中国特色社会主义理论体系是不断发展的开放的理论体系。在当代中国，坚持中国特色社会主义理论体系，就是真正坚持马克思主义。（本部分的编写主要根据鲍振东、孙洪敏、牟岱、陈东冬著《深刻认识改革开放历史新时期》，载2008年10月13日人民网 http：//theory. people. com. cn/GB/49150/49152/8163304. html，来源于2008年10月13日《辽宁日报》）

三　明天的考量：敢问路在何方

（一）形势逼人：改革深水区业已显现

1992年1月18日至2月21日，邓小平南巡武昌、深圳、珠海、上海等地，发表了重要讲话，明确指出：“要坚持改革开放不动摇，不改革开放只能是死路一条”。

20年后的今天，经历了大发展之后的中国改革又面临着艰巨的挑战：世界经济萎靡不振，改革难点、重点屡突不破，长期积累的矛盾到达临界点，反改革之声又逐渐尘嚣直上。中国改革到了攻坚阶段，下一步如何改、朝哪个方向改，甚至还要不要改，这些问题都处于激烈的争论当中，中国改革再一次处于重大的历史关头。

对未来的改革，学者们各抒己见。

迟福林认为，下一步改革最重要的问题，恐怕就是现在社会各方面期盼的，我们需要改革的勇气魄力，但是更需要弄清楚下一步改革的行动路线图是什么。他将下一步改革概括为以“公平可持续”为目标的二次转型、二次改革，其重点任务是20个字，即“消费主导，民富优先，绿色增长，市场导向，政府转型”。（参见《郑永年对话迟福林：政府向社会放权是未来改革方向》，载凤凰网2012年3月1日）

高尚全认为，要突破改革的羁绊，必须从思想、组织、制度上落实南方谈话精神。小平同志告诫我们：不敢解放思想，不敢放开手脚，结果是丧失时机，犹如逆水行舟，不进则退。当前，深化改革必须加快以政府转型为主线的行政管理体制改革，加快以适应社会公共需求转型为主线的社会体制改革，加快以完善生产要素市场为重点的经济体制改革，在行政、社会、经济体制等各领域吸收先进经验、大胆创新。我们必须有紧迫感，真正拿出更大的决心和勇气推进改革，同时要加强改革的顶层设计，避免改革目标落空的危险。

常修泽认为，从全球范围看，2011年世界爆发的几起重大事件（如美国“占领华尔街运动”和北非变革事件等）表明，尽管各国民众诉求的侧重点和表现形式不尽相同，如发达国家的民众主要不满经济不公平，发展中国家的民众除了不满经济不公平外，还不满政治不公平。由此看来，民众呼唤“保障和改善民生”、“社会公平正义”的诉求是共同的、本质的。这是时代的最强音，也是中国体制创新的基本价值取向，坚持这一点，可凝聚社会各方面的改革共识。

还有学者认为，中国下步改革重点在于调整利益格局，政府向社会分权。（上述三段材料均来自周慧兰、曹理达：《南巡二十年：中国改革再出发》，载 http：//www.21cbh. com/HTML/2012-2-25/zOMDM2XzQwNDYzOA.html，来源于2012年2月27日《21世纪经济报道》）

据2010年6月份的《经济参考报》报道，国家发改委宏观经济研究院副院长马晓河发表题为“改革需要顶层设计”的主题演讲。

马晓河说，过去的30年，中国发生了翻天覆地的变化，最根本的原因是进行了改革开放，没有改革开放就没有中国的今天。改革开放本身就是一种制度创新。他认为，改革开放30年，中国有三大制度创新改变了中国。这三大制度创新是：产权制度改革、吏制改革、对外开放。这三大制度创新的核心是解决了两个群体的问题：第一是解决了弱势群体或者说是穷人的吃饭问题，第二是解决了精英的出路问题。他还提出，中国需要新的改革路线图。

对深化改革，2012年的“两会”做了重大部署，作为党的喉舌的《人民日报》也发出了自己的声音。2012年2月23日，《人民日报》发表了《宁要“不完美”的改革不要不改革的危机》一文，表达了中央对深化改革的态度，该文说：

自1978年至今，中国的改革已如舟至中流，有了更开阔的行进空间，也面临着“中流击水、浪遏飞舟”的挑战。

发展起来的问题、公平正义的焦虑、路径锁定的忧叹……在邓小平南方谈话20周年、党的十八大即将召开之际，人们对改革的普遍关切，标注着30多年来以开放为先导的改革进入了新的历史方位。

冲破思想藩篱、触动现实利益，改革从一开始就挑战着既定格局，也无可避免地伴随着“不同声音”。无论当年的联产承包、物价闯关、工资闯关，还是今天的官员财产公示、垄断行业改革、事业单位改革，改革总是在争议乃至非议中前行。

所不同的是，从“摸着石头过河”到“改革顶层设计”，从经济领域到社会政治领域，改革越是向前推进，所触及的矛盾就越深，涉及的利益就越复杂，碰到的阻力也就越大。用一句通俗的话来讲，容易的都改得差不多了，剩下的全是难啃的“硬骨头”，不能回避也无法回避。

改革就会招惹是非，改革就是“自找麻烦”，改革也很难十全十美。30多年后，身处深水区和攻坚期，无论方案多么周密、智慧多么高超，改革总会引起一些非议：既得利益者会用优势话语权阻碍改革，媒体公众会带着挑剔目光审视改革，一些人甚至还会以乌托邦思维苛求改革。对于改革者来说，认真听取民意，又不为流言所动，既需要智慧和审慎，更要有勇气与担当。

在改革进程中，可怕的不是反对声音的出现，而是一出现不同声音，改革就戛然而止。现实中，或是囿于既得利益的阻力，或是担心不可掌控的风险，或是陷入“不稳定幻象”，在一些人那里，改革的“渐进”逐渐退化为“不进”，“积极稳妥”往往变成了“稳妥”有余而“积极”不足。这些年来，一些地方改革久议不决，一些部门改革决而难行，一些领域改革行而难破，莫不与此有关。

然而，“改革有风险，但不改革党就会有危险”。纵观世界一些大党大国的衰落，一个根本原因就是只有修修补补的机巧，没有大刀阔斧的魄力，最终因改革停滞而走入死胡同。对于当前各地各部门千头万绪的改革来说，面对“躲不开、绕不过”的体制机制障碍，如果怕这怕那、趑趄不前，抱着“多一事不如少一事”的消极态度，甚至将问题矛盾击鼓传花，固然可以求得一时轻松、周全某些利益，但只能把问题拖延成历史问题，让危机跑在了改革前面，最终引发更多矛盾、酿成更大危机，甚至落入所谓“转型期陷阱”。

小平同志在20多年前就曾告诫：“不要怕冒一点风险。我们已经形成了一种能力，承担风险的能力”，“改革开放越前进，承担和抵抗风险的能力就越强。我们处理问题，要完全没有风险不可能，冒点风险不怕”。事实上，从改革开放之初的崩溃边缘，到南方谈话前的历史徘徊，我们党正是着眼于国家和人民的未来，以“天变不足畏，祖宗不足法，人言不足恤”的改革精神，敢于抓住主要矛盾、勇于直面风险考验，才能化危为机，推动改革开放巨轮劈波斩浪，让中国成为了世界第二大经济体。

宁要微词，不要危机；宁要“不完美”的改革，不要不改革的危机。一个长期执政的大党，尤其要时刻警惕短期行为损害执政根基，防止局部利益左右发展方向，力避消极懈怠延误改革时机，所思所虑不独是当前社会的发展稳定，更有党和国家事业的长治久安。

面对全新的改革历史方位，当以“不畏浮云遮望眼”的宽广视野，以无私无畏的责任担当，按照胡锦涛总书记所要求的，“不失时机地推进重要领域和关键环节改革”，“继续推进经济体制、政治体制、文化体制、社会体制改革创新”。如此，我们就一定能把风险化解在当下，让发展乘势而上，为党和国家赢得一个光明的未来。

（二）征程漫漫：时代精神更需弘扬

2012年年初，《人民日报》、新华社等主流媒体、通讯社接连发表文章，纪念邓小平“南方谈话”20周年。中国改革发展研究院院长迟福林指出，传媒频频发声无疑将为中国继续推进改革开放凝聚共识、吹响号角。

2012年2月20日，新华社发表8000余字的文章《从春天再出发》，纪念南方谈话20周年，并配发评论《深化改革开放　推动科学发展》。中共中央政治局在同一天召开的审议《政府工作报告》的会议上，也强调要着力深化改革开放。

2012年2月23日，《人民日报》观点版头条刊发系列评论“深化改革认识论”，首篇为《宁要微词，不要危机》，引发了5万余新浪网友的关注和议论。评论中针对改革的一针见血令不少网友赞不绝口，并纷纷力挺！大多数网友赞成进一步深化改革，并建言献策。

2012年3月2日15时举行的全国政协十一届五次会议新闻发布会上，大会发言人赵启正回答记者提问时也指出，“深化改革的时机到了”。温家宝总理在2012年两会上也号召要深化改革。

当前改革面临的难点是什么？

迟福林认为，目前的改革在某些方面的确存在着严重滞后的问题，有些改革是久推不决，比如财税体制改革和收入分配改革，推到现在也没有进展；有些改革是扭曲的，比如垄断行业改革，原来改革的设计已经有了一个很大推动，成立了国有企业改革行动组，但是这些年由于多种因素的影响，垄断企业的改革还没有破冰，还有一些固化。他还认为，局部性短期性的改革多，中长期的、全局性的、深刻性的改革比较少。迟福林强调指出，现在改革最大的制约来自于利益关系的失衡。在他看来，30多年的改革过程当中形成一些既得利益集团，这些利益集团不愿意再改革，又不愿意回到计划经济体制时期，想保持现状，现在垄断行业改革也好，收入分配改革也好，所遇到的阻力都与此有关，可见，利益关系的失衡，尤其是既得利益的形成是进一步改革最重要的制约。

中国社科院社会政策研究中心秘书长唐钧认为，当前改革最大的困难就是我们的经济社会运转没有真正走到以人为本的路上来，遇到的阻力主要是既得利益集团。他认为，我们不能走西方的老路，因为总有一天我们也会遇到今天欧美同样的问题。在他看来，我们的改革要真正以人为本，从人的需要出发来构建我们的社会，来构建我们的经济，把我们13亿人的国内市场做起来。（上述资料来源于周子勋报道：《两会聚焦一：全面深化改革　迈向新的春天》，载2012年3月4日《中国经济时报》）

（三）破茧成蝶：顶层设计已成共识

党的十七届五中全会和“十二五”规划建议中，反复提到加强“改革顶层设计”这一全新概念。在2012年3月举行的全国政协十一届五次会议上，全国政协委员、著名经济学家厉以宁在会议期间表示，中国改革现在最需要的不是第二次“南巡讲话”，而是大力度的“顶层设计”。

在我们看来，胡锦涛在2010年年底中央经济工作会议上，实际上对“顶层设计”从三个方面进行了论述：一是指导方针，明确指出要着力提高发展的全面性、协调性、可持续性，在实践中不断开拓科学发展之路。二是基本内容，主要强调要坚持统筹兼顾、突出重点，从党和国家全局出发，提高辩证思维水平，增强驾驭全局能力，把经济社会发展各领域各环节协调好，同时要抓住和解决牵动全局的主要工作、事关长远的重大问题、关系民生的紧迫任务。三是实现路径，重点解决体制性障碍和深层次矛盾，全面协调推进经济、政治、文化、社会等体制创新。

可以说，“顶层设计”概念的提出，是我们党对中国社会矛盾和社会问题认识深化的表现，是我们党关于中国社会主义社会发展理论成熟的表现，是对科学发展观的丰富和完善。“顶层设计”要求我们政府在改革与发展中必须从战略管理的高度统筹改革与发展的全局，以社会主义核心价值和科学发展的理念，为未来中国社会的发展谋划新的发展蓝图。能从战略高度把握改革与发展的全局，标志着中国的发展取向结束了“摸着石头过河”的历史，进入一个目标明确、规划具体、战略得当的新的发展时代。

为什么现在提出要高度重视改革的顶层设计呢？

首先，中国改革开放的目的目标发生了变化。改革开放前30年，中国要从低收入国家迈向中等收入国家，改革开放目标重在解决穷人有饭吃、知识精英有上升通道问题。今后，中国要从中等收入国家迈向高收入国家，解决的是“强国富民”的问题，老百姓要穿好衣服、住好房子，要有体面身份、“阳光”生活，要有越来越多的中等收入者，建立一个中等收入者占多数的“橄榄型”社会，这将是一个成熟的、理性的社会。中产阶层有理想、有知识、有财产，他们对社会的需求更加多元，既要求公平分享改革发展成果，又要求社会公正、平等和透明，而且有着强烈的参政意识，希望建立一个更加完善的社会主义民主和法治社会。

其次，改革开放的受益群体发生了变化。改革开放之初，受益群体多为农民、工人，后来，受益群体越来越向精英发展，农民、工人在一定程度上被边缘化。比如城市住房改革，计划经济时代用公共财政建设的住房，在改革中都货币化给了个人，而自行解决住房问题的农民和单位效益不好的工人并没有享受到改革的好处。随着社会进一步改革开放，老百姓纷纷要求共享改革开放成果。正因为共享不了，才需要改革。

再次，中国改革的动力机制发生了变化。改革初的动力来自国内的农民、工人和知识分子，前者要饭吃，后者要“出路”。今后的改革动力既来自内部又来自外部。

从内部来说，中国正处于经济结构、社会结构发生转折性变化的时期，主要特征是由“三少”向“三多”转变，建立“三多”型社会。一是由过去城市人口占少数向城市人口占多数转变。中国要成为一个高收入国家，城市化率势必要提升到60%以上。在这种情况下，与既往城市人口占少数、农村人口占多数相适应的社会经济文化体制甚至政治体制，势必都要加以变革。二是从低收入者占多数向中等收入者占多数转变。与此相对应，现有的贫富差距大、中间小两头大的社会体制，要转变为“橄榄型”社会体制。这一体制势必也要在回应中等收入者政治经济文化等多元化需求的过程中而有所变革。三是从消费占GDP比例过低、过少向消费占GDP比例为多数转变。这样，政府组织招商引资、设立开发园区、做大GDP、做多财政收入的生产型社会的管理体制，势必要转变为政府更多地关注老百姓收入提高、做大中产阶层的消费型社会管理体制。

除了从长远看要大力培育和创建“三多”社会之外，近期要高度关注“三失”人群，严防“三失”群体非理性结合，干扰中国结构转换进程。“三失”群体为：在历次改革和结构调整中“失意”的知识分子和精英群体以及“毕业即失业”的大学生；在历次土地征占和房屋拆迁过程中失地、失房人群；城乡失业人口特别是城镇的一些失业群体，包括国有企业下岗员工。我们一定要通过体制改革和合理科学的政策安排，来解决“三失”人群的问题，防止形成社会不稳定因素，影响中国从中等收入国家向高收入国家迈进。

从外部来说，随着中国的繁荣富强，国际地位不断上升，中国最终将成为世界多极格局当中重要的一极。这样，作为开放社会中的一员，中国每一项改革的推进更会与国际息息相关。

上述变化提出的改革任务，均不能局限于政治、经济、社会、文化的任何一个方面，而需要基于其上的顶层的、高屋建瓴的改革设计，需要整体改革方案，需要明确改革的方向、原则和最终目标。（上述有关改革顶层设计的资料来源于：汪玉凯：《我看顶层设计》；

马晓河:《科学理解“更加重视改革顶层设计”》，载共识网，http://www.21ccom.net/articles/zgyj/ggcx/2011/0803/42312.html)

进一步来看，现在不但需要顶层设计，还需要顶层的推动。在改革的顶层推动方面，我们曾有过一些成功经验。据张卓元回忆，1990~1991年生产资料价格双轨制并轨的时候，像水泥等建材其实已经供求平衡了，但主管部门都不愿意把价格放开，怎么协调都不行，最后靠国务院一个《通知》才解决价格放开问题。该《通知》把需要国家定价的目录定下来，不需要国家定价的目录就放开，很多建材产品没有列入需要国家定价的目录，一下子就放开了。张卓元认为，没有自上而下的设计，特别是没有自上而下的推动，有些改革是很难协调的；有了自上而下强力的推动，才能使我们的改革，特别是改革的攻坚能够顺利推进。(参见张卓元:《改革需顶层设计，更需顶层推动》，载中国改革网，http://www.chinareform.net/show.php?id=3341)

中国的未来靠深化改革，中国的未来更会彰显改革创新时代精神的力量。改革顶层设计的提出，说明我国改革已经步入“深水区”，改革的难度和复杂性同时加大，但也表明改革发展的蓝图和实现路径也逐渐清晰，改革的自信力和驾驭改革的能力增强，只要我们在实践中认真去做，中华民族的振兴就一定会实现。

[延伸阅读]

中国古代的改革及启示

2012年是中国共产党建党91周年，中共十八大的召开之年，中国改革开放已然34年。站在这样的历史节点上回眸中国历史，我们可以发现，改革是历史发展的鲜明主题。在某种程度上，中华民族的历史就是一部改革史，是一部自上而下的改革和自下而上的革命交相更替的运动过程。中国古书《周易》上说："穷则变，变则通，通则久。"改革就是变，就是革除已经过时的旧制度、旧文化和旧思想，创造富有旺盛生机的新制度、新文化和新思想，解放生产力，推动社会的进步和历史的发展。今天，改革开放是时代的主旋律，古代改革成功的经验和失败的教训，可以给我们今天的改革提供很多有益的启示。

中国数千年历史上有大大小小数百次政治及经济上的改革，虽然历史上改革采用了改良、改制、变法、维新、更化等不同的说法，但本质上都是改革，只是各种改革在深度和广度上各有差别。依照古人的解释，"改革"一词意味着"鼎新革故"或者叫做"变法乱常"；用现在的话说，就是除旧布新，打破常规。它意味着对原有的权力配置、利益关系、社会秩序及人们的生活习惯、思维方式、价值观念进行新的调整。

追溯起来，中国社会改革最早可以上溯到远古氏族社会尧与舜的改革，此后便是夏禹创立国家的改革，商王盘庚和武丁的改革，周朝开基是周文王的改革，这些可以说是社会改革的早期阶段。到了春秋战国时期，我国进入第一个汹涌澎湃的改革大潮期，当时东方各主要国家如齐国、楚国、燕国以及三晋中的韩国、赵国、魏国都先后改革变法，例如，齐国的管仲改革、魏国的李悝改革、晋文公改革、越王勾践改革、楚国的吴起变法等等，这些改革虽然一度使所在诸侯国变富变强，但远不及秦国的商鞅变法那么彻底和成功。商鞅变法使秦国强大起来，后来灭掉了其他的国家。秦朝以后两千多年封建时代的改革都属于修补性、局部性的改革。比如说秦汉大一统王朝时期的改革主要有秦始皇的改革、王莽改制。三国魏晋南北朝时期是历史在动荡中迂回前进的时期，主要有三国时期曹操的改革和诸葛亮的改革、西晋武帝的改革和北魏孝文帝的改革等。到了隋唐时期，改革体现出了连续性，隋文帝的改革尝试，被唐太宗、武则天发扬光大，使大唐盛世成为封建社会的黄金时期。五代宋辽金元明各朝代及清朝中前期的改革，具有了封建社会走向衰落的特点，主要有后周世宗改革、宋朝范仲淹的“庆历新政”和王安石变法、金朝太祖改革和世宗改革、元朝世祖改革，明朝比较著名的有张居正改革，清朝中前期社会改革在康熙、雍正、乾隆三朝，成就了封建社会最后的辉煌。(参见顾奎相、陈涴：《二十年来中国改革史研究述评》，载《史学月刊》2003 年第 12 期) 因此我们说，中国的古代史就是一部不断改革的历史，各朝各代都曾经探索过革新变法，现在的改革开放就是中国改革历史舞台上的一部重头戏。

改革是社会的强大动力，改革就像一只巨大的手，推动社会不断向前进步。“以史为鉴，可以知兴替”，研究考察中国古代的改革，目的是让当代的人们学其精华，弃其不妥，推进今天的社会发展，助力于当代的改革开放。

改革成败最根本的因素就是合乎社会发展规律，顺应历史发展的潮流。生产力与生产关系，经济基础和上层建筑之间的辩证关系的规律也适合改革。当政治、制度不能保证国家正常向前发展，政策制定违背生产力发展要求的时候，就要改变这种制度，也就是对上层建筑中的某些老化腐朽的环节进行必要的调整、更新和改造。历史上的商鞅变法，就是带有解放生产力性质的改革，当生产力高度发展，奴隶制的社会制度已经不能适应其发展程度了，必须转向更高的社会制度，由奴隶制向封建社会转型，从而进一步促进生产的发展。

孙中山先生说过，“世界潮流，浩浩荡荡，顺之则昌，逆之则亡”。改革也是如此，顺应历史发展潮流的改革必然会借助于历史前进的推力一跃而起取得成功。比如，商鞅变法正是顺应了春秋战国时期各国纷纷变法、称霸争雄的历史发展趋势，颁布“废井田、开阡陌”、奖励军功等措施，增强了国力，使秦国的实力一跃而起，为日后秦始皇统一六国奠定了基础。

国家的最高统治者也就是改革的主导力量强大与否，往往是改革成败的关键。改革是一项极为复杂的工程 ，中间难免出现矛盾、曲折和反复。因此，改革要想取得成功，最高领导者的改革意志必须坚定不移，不能犹豫不决，三心二意。商鞅的改革就得到了秦孝公的充分理解和鼎力支持。秦孝公在位24年，一直致力于变法，新法颁布后，商鞅的严刑酷法使众人很是不满，孝公从不动摇，甚至太子触犯法律，也对其师傅处以黥、劓之刑。商鞅在渭河边一次行刑700人，孝公也没有对商鞅失去信任。商鞅能够施展变法的宏图大略，终使变法成功，秦孝公支持的功劳是最大的。然而北宋的王安石变法，顽固派势力过于强大，宋神宗作为主导力量中的最高领导者，改革的决心不坚定，当王安石提出“天变不足惧”时，遭到神宗的驳斥，当神宗看到保守势力代表上书以及太后的哭泣，变法的决心就荡然无存，宋神宗对于变法总是动摇、犹豫，变法就像拉锯战，既曲折又反复。其间的两次罢相终于使王安石心灰意冷，导致变法失败。

改革的另一重要因素就是获得人民的支持。只有符合民意，得到人民支持的改革，才能有强有力的社会支持和坚实的社会土壤，才能有雄厚的社会基础，否则改革就会成为无源之水，无本之木。比如说，商鞅变法的“废井田，开阡陌”的措施，就满足了人们追求利益最大化的需求，通过承认农民对土地拥有所有权、收益权和转让权，奖励垦荒，赢得了社会中下层人士对改革的支持，尽管变法刑罚极为严厉，但是变法使部分旧贵族失去了世袭爵位以及种种特权，老百姓从中看到了希望，心理获得平衡，社会中下层人民不仅改善了经济状况，甚至还可以得到以前可望而不可即的爵位，自然会积极支持并推动变法运转，加速变法的成功。反之，变法如果找不到与人民利益的结合点，或者说在改革方案的设计中忽视了对民众利益的照顾，必然容易失败。比如说王安石变法，不但未能贯彻有利于人民的初衷，还加重了百姓的负担，最后民怨鼎沸。他不明白国家富裕应该发展生产，而发展生产必须调整政策，减轻赋税，让百姓休养生息。但是这么做，需要长期的努力，短期之内成效不会明显，统治者大都等不及。北宋统治者急功近利地调整、理财、取财，不仅富人受到打击，而且广大老百姓也不堪新法的重负，自然使变法没有了社会基础，没有任何社会力量根基的改革怎能不败？

历史上一些成功的改革者，都是顺应历史潮流、把握时机、适时进行改革的。如商鞅选择在秦孝公决心继承先人之志，变法图强，下达求贤令之后，西行入秦，用强国之法取得秦孝公的信任，进而在秦国顺利实行变法。变法在秦孝公的大力支持下，取得了成功。一般而言，封建王朝初期的改革往往易于成功，原因之一是很多王朝的建立者都经历过农民战争的洗礼，而农民战争的涤荡基本动摇或摧毁了旧的社会秩序，“建章立制”的阻力较小。例如汉高祖刘邦，通过实行休养生息政策发展了经济，通过和亲政策改善了与匈奴的民族关系。原因之二是每个王朝初期的统治者大多亲身经历过战乱，深刻体会民生疾苦，容易吸取前朝灭亡的经验教训，调整统治政策以稳定社会，发展经济，巩固统治。唐太宗李世民吸取了隋亡的教训，调整了一系列统治政策，他还善于纳谏，知人善任，加强同少数民族的关系。原因之三，就是王朝初期皇权都比较强大，成为改革的坚强后盾。然而王朝中后期的改革，却容易失败，因为到了王朝中后期，顽固势力日积月累、十分强大，改革的阻力极大。改革往往着眼于缓和矛盾，稳定政局，对“旧制”进行局部修补，无法从根本上消除由来已久的统治危机。另外就是中后期的皇权相对衰落，起不到强有力的改革保障作用。可见，选择一个适宜的时机是改革取得成功的重要因素。

中国古代历史上的改革，就像一朵朵永不衰败的奇葩，为我们今天的改革开放提供经验与参照。英国学者约翰·伯格有这样一句话：一个始终将自己置身于历史的民族，相比于一个经常与历史割断的民族，在行动和选择上要自由得多。是的，研究历史是为了今天的我们更好地发展。在当今中国，改革开放正处在一个新的历史转折点，对我国古代改革历史的研读思考，无疑有助于我们从历史的积淀中找到今天改革之动力，让改革朝着更加光明的道路前进。

回眸中国共产党领导下的法制建设

2011年3月10日上午，在十一届全国人大四次会议上，中共中央政治局常委、全国人大常委会委员长吴邦国郑重宣告：中国特色社会主义法律体系如期形成。庄严的宣告向世界传递出这样的声音：中国已从根本上实现从无法可依到有法可依的历史性转变，各项事业发展步入法制化轨道。中国特色社会主义法律体系是中国特色社会主义伟大事业的重要组成部分，是全面实施“依法治国”基本方略，建设社会主义法治国家的基础。现在，以宪法为统率，以宪法相关法、民法商法等多个法律部门的法律为主干，由法律、行政法规、地方性法规等多个层次的法律规范构成的中国特色社会主义法律体系已经形成，国家经济、政治、文化、社会生活各个方面实现有法可依。

改革开放前中国共产党的法制建设

1. 新中国成立前中国共产党的法制建设

中国共产党从建党建军之初就开始了根据地的法制建设探索。1928年夏，毛泽东主持制定了《井冈山土地法》，把土地革命的目的、任务与原则等，通过苏维埃政权用法律条文的形式予以颁行，作为开展土地革命的法律依据。

1931年11月，在江西瑞金中华工农兵苏维埃第一次全国代表大会上，通过了《中华苏维埃共和国宪法大纲》，并于1934年1月进行了修改。《宪法大纲》对工农民主政权的政治制度、基本任务和施政方针、公民的权利义务、民族政策及外交方针等都作了全面的规定。这是第二次国内革命战争时期工农民主政权最主要的根本法和纲领性文献，也是我国历史上以确保劳动人民当家做主为目的的一部宪法性文献。

1934年1月，中华工农兵苏维埃颁布《中华苏维埃共和国宪法大纲》。不久，中国共产党颁布了《中华苏维埃共和国土地法》。

1941 年 5 月 1 日，中共中央制定了《陕甘宁边区施政纲领》，确立了抗日根据的各项方针政策。

1946 年 4 月 23 日，陕甘宁边区通过了《陕甘宁边区宪法原则》，随后颁布了《中共中央关于土地问题的指示》和《中国土地法大纲》。陕甘宁边区还颁布了没收官僚资本的法令、保护民族工商业的法令以及镇反政策、刑事法令、婚姻法令、民事法令和优待专家、奖励发明创造的法令等。

2. 新中国成立后的法制建设

1949 年 10 月 1 日，新中国成立，标志着中国人民在中国共产党的领导下取得了新民主主义革命的伟大胜利，中国人民的政治地位发生了根本变化。人民掌握政权后，废除了国民党的旧法统。同年 9 月，中国人民政治协商会议一致通过《中国人民政治协商会议共同纲领》。《共同纲领》在当时起到临时宪法的作用。

1950 年 4 月 13 日，中央人民政府委员会第七次会议通过《婚姻法》，自 1950 年 5 月 1 日公布施行，《婚姻法》是新中国成立后制定的第一部法律。

1953 年 3 月 1 日，《选举法》公布实施。《选举法》的颁布和实施，极大地调动了中国人民当家做主的热情，增强了广大人民群众的民主意识，把中国的民主政治生活向前推进了一大步。

1954 年 9 月 20 日，出席第一届全国人大第一次会议的 1197 名代表，对《中华人民共和国宪法（草案）》进行投票表决。新中国第一部宪法以全体代表全票赞成的结果诞生。

1954 年诞生的《宪法》，后来被称为“54 宪法”。《宪法》规定，中华人民共和国的一切权力属于人民。《宪法》还规定，中华人民共和国公民在法律上一律平等。

《婚姻法》、《土地改革法》、《工会法》、《选举法》……一系列维护广大人民权益的法律纷纷出台，到“文革”前，国家制定的法律、法令和法规有 1500 多件。这个时期的法制建设，为建设中国特色社会主义法律体系提供了宝贵经验。文化大革命期间，中国的民主法制建设遭到严重破坏，立法工作几乎陷于停顿。

在改革开放后中国共产党的法制建设

1. “有法可依，有法必依，执法必严，违法必究”法治原则的确立

1978 年 11 月，为十一届三中全会做准备的中央工作会议在北京召开。邓小平在这次为期 36 天的会议上，作了《解放思想，实事求是，团结一致向前看》的报告，明确表示要“加快立法”。1978 年 12 月，十一届三中全会胜利召开。党的十一届三中全会提出“为了保障人民民主，必须加强社会主义法制，使民主制度化、法律化，使这种制度和法律具有稳定性、连续性和极大的权威，做到有法可依、有法必依、执法必严、违法必究”。并提出检察机关和司法机关要保持应有的独立性：要忠实于法律和制度，忠实于人民利益，忠实于事实真相；要保证人民在自己的法律面前人人平等，不允许任何人有超于法律之上的特权。这次会议开启了中国改革开放和社会主义民主法制建设的历史新时期。

2. 三大诉讼法构建程序法框架

1979 年 3 月，根据五届全国人大常委会第五次会议的决定，全国人大常委会设立法制委员会，协助常委会加强法制工作，由彭真担任主任。法制委员会刚刚成立，彭真同志就亲自主抓 7 部法律的起草工作。

1979 年制定了《刑法》，为打击犯罪、保障人权提供了法律依据。与《刑法》一道，《刑事诉讼法》获得通过。1980 年 9 月，五届全国人大常委会举行第十六次会议，决定成立特别法庭，对林彪、江青反革命集团十名主犯进行公开审判。1982 年 3 月 8 日，全国人大常委会通过了《民事诉讼法》（试行）。1989 年 4 月 4 日，七届全国人大二次会议通过了《行政诉讼法》。三部诉讼法，构建了诉讼程序法律部门的框架，也为实践“国家尊重和保障人权”的宪法承诺

奠定了坚实的程序基础。

《中外合资经营企业法》颁布后，《外资企业法》、《中外合作经营企业法》陆续出台。1986 年4 月12 日，六届全国人大四次会议通过《中华人民共和国民法通则》。这对于当时正处于改革开放进程中的中国而言，无疑是一场革命。无论是1986 年的《民法通则》，还是先后出台的《经济合同法》、《涉外经济合同法》、《技术合同法》、《商标法》、《专利法》、《著作权法》、《继承法》、《收养法》、《企业破产法》（试行）、《海商法》等一批单行民商法律，都是中国法治进程的巨大进步。

据统计，第六届、第七届全国人大及其常委会共制定150 件法律和有关法律问题的决定，为法制建设奠定了重要的基础。

3. 民生领域立法步伐加快

1992 年邓小平南巡之后，在市场经济的转型中，一部部有关市场经济的法律密集出台。

1993 年12 月29 日，八届全国人大常委会第五次会议表决通过了《公司法》，标志着中国走上了建立现代企业制度的法制之路。1998 年12 月29 日，九届全国人大常委会第六次会议高票通过《证券法》，实现了中国向社会主义市场经济转轨的又一次重大突破。《经济合同法》开启了中国合同法律制度的大门。此后，《涉外经济合同法》、《技术合同法》相继出台。三大合同法的颁布对经济社会发展产生了深远影响。

随着社会的发展，建立和完善社会主义市场经济法律体系成为迫切要求。1993 年3 月，八届全国人大一次会议通过宪法修正案，确定了“建立和完善社会主义市场经济体制”在宪法中的地位，把以市场为取向的改革完全纳入以宪法为核心的法治体系中。进入改革开放新时期，虽然我国经济领域已有一些基本的法律，但是还不完备，还需要进一步制定一批重要的经济法律和对外经济合作方面的法律，以保障对外开放和经济体制改革的顺利进行。为了适应对外开放的需要，有利于引进外国资本和技术，还制定了《中外合资经营企业法》、《中外合资经营企业所得税法》、《外国企业所得税法》、《个人所得税法》、《商标法》和《专利法》等。

1997年党的十五大把“依法治国”确立为党领导人民治国理政的基本方略。党的十五大报告提出：“依法治国，建设社会主义法治国家。”这个时期，为了适应以经济建设为中心、推进改革开放的需要，制定了《民法通则》、《全民所有制工业企业法》、《中外合作经营企业法》、《外资企业法》、《专利法》、《商标法》、《著作权法》、《经济合同法》、《企业破产法》等法律；为了适应贯彻落实“一国两制”方针的需要，制定了《香港特别行政区基本法》、《澳门特别行政区基本法》；为了适应加强民族团结，发展社会主义民主，维护公民合法权益的需要，制定了《民族区域自治法》、《村民委员会组织法》；为了适应保护和改善生活环境与生态环境的需要，制定了《环境保护法》、《水污染防治法》、《大气污染防治法》等法律；为了适应促进教育和文化事业发展的需要，制定了《义务教育法》、《文物保护法》等法律。这个时期立法工作取得的突出成就，为中国特色社会主义法律体系的形成奠定了重要基础。

2004年，十届全国人大二次会议通过了《宪法修正案》，突出了“以人为本”的理念和保障人权的原则，对宪法所规定的许多重要的制度都作了修改和完善。2007年党的十七大指出，“中国特色社会主义法律体系基本形成，依法治国基本方略切实贯彻”，并对我国未来民主法治建设作出了“全面落实依法治国基本方略，加快建设社会主义法治国家的总任务”的战略部署。2005年，全国人大常委会首次举行立法听证会——《个人所得税法》修改听证会。2008年4月20日，全国人大常委会办公厅宣布，今后，全国人大常委会审议的法律草案一般都予以公开。这表明，国家立法机关审议的法律草案，将由过去的“公开是例外”，转向今后的“不公开是例外”。

4. 全面建设“小康社会”，进一步完善社会主义法制

进入新世纪，根据中国共产党第十六次、第十七次全国代表大会确定的在本世纪头二十年全面建设惠及十几亿人口的更高水平的

小康社会这一目标，为了使社会主义民主更加完善，社会主义法制更加完备，依法治国基本方略得到全面落实，更好地保障人民权益和社会公平正义，促进社会和谐，中国立法机关进一步加强立法工作，不断提高立法质量。为维护国家主权和领土完整，促进国家和平统一，制定了《反分裂国家法》；为发展社会主义民主政治，制定了《各级人民代表大会常务委员会监督法》、《行政许可法》、《行政强制法》等法律；为保护公民、法人和其他组织的合法权益，保障和促进社会主义市场经济的健康发展，制定了《物权法》、《侵权责任法》、《企业破产法》、《反垄断法》、《反洗钱法》、《企业所得税法》、《车船税法》、《企业国有资产法》、《银行业监督管理法》等法律；为完善社会保障制度，保障和改善民生，制定了《社会保险法》、《劳动合同法》、《就业促进法》、《人民调解法》、《劳动争议调解仲裁法》、《食品安全法》等法律；为节约资源，保护环境，建设资源节约型、环境友好型社会，制定了《可再生能源法》、《循环经济促进法》、《环境影响评价法》等法律。此外，还制定和修改了一批加强社会管理、维护社会秩序等方面的法律。

5. 建立了具有中国特色社会主义法律体系

2011 年 3 月 4 日，十一届全国人大四次会议举行首场新闻发布会。大会发言人李肇星向中外记者介绍，截至 2011 年 2 月，除现行宪法外，我国现行有效法律有 238 件、行政法规 690 多件、地方性法规 8600 多件。涵盖社会关系各个方面的法律部门已经齐全，各个法律部门中基本的、主要的法律已经制定，相应的行政法规和地方性法规比较完备，法律体系内部总体做到科学和谐统一，中国特色社会主义法律体系已经形成。

中国特色社会主义法律体系，体现了中国特色社会主义的本质要求，体现了改革开放和社会主义现代化建设的时代要求，体现了结构内在统一而又多层次的国情要求，体现了继承中国法制文化优秀传统和借鉴人类法制文明成果的文化要求，体现了动态、开放、与时俱进的发展要求。

随着经济社会的发展，法律体系需要不断丰富、完善、创新。中国处于并将长期处于社会主义初级阶段，整个国家还处于体制改革和社会转型时期，社会主义制度还需要不断自我完善和发展，这就决定了中国特色社会主义法律体系必然具有稳定性与变动性、阶段性与连续性、现实性与前瞻性相统一的特点，决定了中国特色社会主义法律体系必然是动态的、开放的、发展的，中国特色社会主义法律体系，必将伴随中国经济社会发展和法治国家建设的实践而不断发展完善。

邓小平改革思想与中国社会生活的变化

邓小平改革思想经历了以下三个阶段：孕育阶段、形成阶段和发展阶段。

孕育阶段：从1975年1月邓小平复出到1975年年底，是邓小平改革思想的孕育阶段。众所周知，文化大革命给党和国家带来了深重灾难，中国经济已经到了崩溃的边缘。为了改变这种局面，邓小平本着实事求是、为民谋利、敢于负责的精神，在中国进行了一次全面的整顿。整顿于1975年1月25日由军队展开，突破口选在铁路交通业，并迅速带动了整个工业的整顿，随后扩大到教育、科技、文艺等方面，国家事业出现了新的转机。事实上，这次整顿主要是纠正文化大革命的错误。后来邓小平自己曾经讲过，中国的改革早在1975年就做了初步的尝试，只是我们没有叫改革，而是用了整顿而已。

形成阶段：1978年至1979年，是邓小平改革思想的形成阶段。邓小平改革思想的形成主要是以他恢复党的实事求是思想路线为基础的。过去，由于极“左”思潮的影响，我们引进了苏联的计划模式，造成我国的经济体制、政治体制十分刻板僵化，严重地阻碍了中国社会的发展。

经过深思熟虑，邓小平在《解放思想，实事求是，团结一致向前看》一文中指出："只有思想解放了，我们才能正确地以马列主义、毛泽东思想为指导，解决过去遗留的问题，解决新出现的一系列问题，一个党，一个国家，一个民族，如果一切从本本出发，思想僵化，迷信盛行，那它就不能前进，它的生机就停止了，就要亡党亡国，如果现在再不实行改革，我们的现代化事业和社会主义事业就会被葬送。"

党的十一届三中全会把全党的工作重点转移到经济建设上来，并对经济体制进行全方位的改革。中国的改革由农村开始，逐步向城市转移，这是符合我国国情的，也体现了邓小平同志一贯主张的实事求是的观点。为了使经济体制改革顺利进行，随后邓小平提出了对党和国家领导制度进行改革的意向，标志着邓小平改革思想已基本形成。

发展阶段：20 世纪 80 年代以后，是邓小平改革思想的大发展阶段。在这个阶段，邓小平对中国的改革进行了全面系统的阐述。

首先，邓小平无数次地谈到中国改革的重要性。比如谈到改革从农村开始的重要性时，邓小平指出，如果中国的农民连温饱都没有保障，就不能体现社会主义的优越性，同时，农村的改革可以为以后城市的改革提供经验。小平还阐述了政治体制改革的重要性。1980 年他在《党和国家领导制度的改革》一文中指出："党和国家现行的一些具体制度中，还存在不少弊端，妨碍甚至严重妨碍社会主义优越性的发挥，如不改革，就很难适应现代化建设的迫切需要，我们就要严重地脱离人民群众。"

其次，邓小平明确地提出了中国改革的性质。他指出，改革是社会主义制度的自我完善。邓小平同志多次讲过，社会主义制度是个好制度，虽然存在着不少弊端，妨碍了社会主义优越性的发挥，但中国的改革要坚持社会主义基本制度毫不动摇。同时他也提出了"社会主义也可以搞市场经济"的思想。特别是 1992 年，邓小平在南巡谈话中提出："计划多一点还是市场多一点，不是资本主义的本质区别。计划经济不等于社会主义，资本主义也有计划；市场经济不等于资本主义，社会主义也有市场。计划和市场都是经济手段。”邓小平的这一论断，使中国人从此有了对计划与市场的关系问题的新思维，思想得到了一次新的解放。

再次，在经济体制改革的同时逐步推进政治体制改革，使邓小平改革思想进一步得到发展。1986 年 9 月至 11 月，邓小平先后四次讲话具体阐述了政治体制改革的内容、目标和任务。他指出政治体制改革的内容是：党政分开，改善和加强党的领导；权力下放，正确处理中央和地方的关系；精简机构，这要与权力下放相互配合。这标志着邓小平改革思想有了新的飞跃。

自党的十一届三中全会以来，邓小平在领导中国人民进行改革开放伟大事业的过程中，形成了一套比较系统的关于改革的重要思想，这些思想在具体的实践过程中，使中国社会发生了翻天覆地的变化，取得了举世瞩目的成就。

2011 年，我国 GDP 总量达到 39.8 万亿元，超过日本，成为世界第二大经济体；我国城镇居民人均可支配收入达到 19109 元，农村居民人均纯收入达到 5919 元，城乡居民人民币储蓄存款额达 30 万亿元，中国人开始过上了小康生活；国家财政收入达 8.9 万亿元，国家财政收入的迅速增加，政府对经济和社会发展的调控能力日益增强，社会主义集中力量办大事的优势得到充分发挥；我国粮食产量达到 5.4 亿吨，我国农产品供给不仅解决了占世界五分之一人口的吃饭问题，还为加快工业化进程提供了重要支持。2011 年 6 月我国外汇储备达到 3.2 万亿美元，目前我国已经成为世界第一外汇储备大国；我国的城镇化率从 10.6% 提高到 45.7%，农民的生活质量得到了极大的提高。

经过三十多年的改革开放，中国人在衣、食、住、行方面发生了实质性的变化。

在穿戴方面，由保暖向个性化发展。平常百姓人家，衣柜里的服装数量大幅度增加，质量显著提高，服装功能更多地体现出个性化的审美意识与塑造自我形象，而不单单是御寒。老百姓改变了扯布料缝制衣服的习俗，人们更多地走进高档商场、品牌专卖店选购国际名牌服装，中国人现在的服装可谓绮丽多彩。

在饮食方面，由吃得饱向吃得好转变。中国人已经由温饱向小康迈进，在粮食消费构成中，由玉米、高粱等粗粮消费为主，向大米、精面消费升级。主食消费比重下降，副食特别是动物性食品消费的比重明显提高。人们开始崇尚保健、绿色、原生态食品。

在居住方面，由拥挤不堪向宽敞舒适转变。《中国城市状况报告(2010–2011)》指出，2008 年全国城镇居民人均住房使用面积达 23 平方米，城镇居民的自有住房拥有率至 2011 年已达 87.8%。1978 年城镇居民人均居住面积仅 6.7 平方米，2011 年接近 30 平方米，住房的质量和配套性也不断提高。大多数家庭居室内有厕所和浴室，城市家庭近九成使用上了煤气或液化石油气，有约半数家庭有可取暖的空调或其他暖气设备。农村居民人均使用住房面积由 1978 年年末的 8 平方米增加到 2011 年年末的 33 平方米，砖木结构和钢筋混凝土结构住房面积占 80% 以上，住房质量不断提高。

在出行方面，由闭塞受限到舒适快捷。我国交通建设得到了很大的发展，基本形成以铁路为骨干，公路、水运、民用航空组成的综合运输网。各地的城市公共交通事业取得了长足的发展。《中国汽车社会发展报告》首份年度报告称，中国汽车业在近 10 年里呈现狂飙式发展，每百户家庭汽车拥有量达到 20 辆，跨进世界公认的“汽车社会”门槛。中国汽车销量从 2001 年占全球 4. 3%，到 2010 年攀升至 23. 5%，成为汽车第一产销大国。地铁通车里程不断延伸，出租车随叫随到。这些都极大地方便了居民的出行，使居民的生活比过去舒适和快捷。

随着社会主义市场经济建设步伐的加快，人们的消费理念及水平开始提升。过去所有的商品都要凭票供应，需要排着长队，现在商品琳琅满目，今非昔比。目前中国出现了以非耐用消费品为主向以耐用消费品为主的消费结构升级，消费热点转向新型电话、家用电脑、商品房、家用轿车，耐用消费品大量走入普通百姓家，成为城乡居民消费生活水平显著提高的一个重要标志。

在通讯方面，截至目前，中国固定电话用户已达2.93亿多，移动电话用户总数达到8.9亿，已成为全球移动电话用户规模最大的国家。2011年，电话普及率达92.6部/百人，城镇每百户家用电脑拥有量达90台。从日常生活、医疗保健、文化教育等其他指标来看，我国目前许多反映居民生活水平和生活质量的指标已经达到发展中国家的平均水平，有的已经达到和超过世界平均水平。

同时，人们的精神生活发生了极大的变化。人们享受的文艺作品变得丰富多彩起来，由“样板戏”时代，走到《东方红》、《社会主义好》时代，又走到如今多样化的艺术时代。人们同时经历了从舞厅和录像厅时代走进3D影院时代，感觉到了改革的力量。

改革开放使人们的生活水平有了很大提高，也使人们的生活观念和生活方式发生了变化。目前，我国有了双休日，实行了“十一”、春节两个7天长假，又增加清明节、端午节、中秋节等若干个小假期，中国人有了总共100多天的法定休息日，一年有三分之一的时间是法定休息日。人们拥有更多的休闲时间，享受改革开放带来的好生活。改革开放为我们的物质生活带来巨大变化的同时，也为我们的精神生活开拓了一片新家园。

改革开放，使中国经济蓬勃发展；改革开放，使人民生活安居乐业。展望未来，我们有理由相信，中国的明天会更好，我们的生活会越来越富足！

中国古代官制及其历史沿革

中国古代中央官制是指中国奴隶社会、封建社会历代政权的中枢机构及其职官制度，了解中国古代官职制度，对于研究中国政治、经济、文化和社会都有重要的意义。

中国古代官制萌芽于先秦时期，确立于秦汉，之后延续两千余年，在两千多年的封建社会中，中央官制的发展和演变大致经历了六个阶段。

秦汉中央官制：三公九卿制

秦汉时期为加强中央集权和君主专制统治，在中央实行三公九卿制，地方继续实行郡县制。皇帝之下设三公，三公为丞相、太尉、御史大夫。

丞相是人们最为熟悉的一个官职，具有百官之长的特殊地位。主要负责行政事务，但实际上具有多方面的实际权力。他既要负责日常的行政事务，又可以管理官员的任用和赏罚，甚至在特殊情况下可以对犯法的官员先斩后奏，有的时候还参与军事行动的指挥策划。在秦和西汉前中期，丞相的权力和地位是极重极尊的。虽说是“三公”，但在当时另“两公”和丞相还不在一个等量级上。到了西汉末年汉哀帝时期，丞相更名为大司徒，太尉为大司马，御史大夫为大司空，并且与大司马、大司空合称三公，才有了地位完全对等的“三公”。

太尉是中国秦汉时中央掌管军事的最高官员。太尉始于秦朝时期，但秦朝并没有设置太尉的具体人选，形同虚设。汉代的太尉是对最高级别武将的尊称，设太尉官多半和军事无关，带有虚位性质。而且太尉一职时制时废，即便设置太尉，军令及发兵权均由皇帝亲自掌握，军队的调动也是要凭皇帝的节符而行。所以，太尉只是皇帝的高级军事顾问而已。

御史大夫是管理图籍、奏章，监察文武百官的官职，在中国历史是个非常重要而特殊的职务。从行政管理的职能与作用而言，是仅次于丞相的高级长官。御史大夫的官秩、俸禄均低于丞相，但其地位非常特殊，是君主的亲近职官、耳目之臣。此外，从汉代的情况看，御史机构还负责为皇帝起草和颁布诏书，御史大夫实际上就相当于皇帝的“秘书长”，位置极为重要。因此，当时的御史大夫不仅是丞相的助手、监察系统的长官，而且在职权上还构成了对丞相的制约关系，既有帮助丞相之责，也有分丞相之权和监察丞相之职能。如果与丞相和太尉相比较，“三公”中虽然御史大夫排在第三位，可是从实际情况看，这“三公”里只有御史大夫一职最稳固，而且呈不断被强化的态势，其根本原因不是在于佐丞相理天下，而是在于皇帝的“近亲职官，耳目之臣”。

除三公外，汉朝设九卿。九卿名义在丞相之下，分掌皇室及全国的政治、经济、军事及教育等事务。但实际上在大多数情况下，这些卿独立行使职权，九卿可以不通过丞相，直接向皇帝奏报自己所负责的政务，并直接获取皇帝的诏旨。概括起来，九卿及其主要职责如下：(1）奉常，主要掌管宗庙、陵寝、祭祀、礼仪及文教。因宗庙是皇帝祭祖的处所，许多重大国事都是在宗庙进行，因此宗庙祭祀活动就成为至关重要的国事活动，而掌管这些活动的奉常，其地位就显得尊贵，有“九卿之首”之称。(2）郎中令，主要掌管皇室禁卫。(3）卫尉，为掌管宫门警卫之官。(4）太仆，主掌皇帝车马及全国马政。(5）廷尉，是主管刑法和监狱之官。(6）典客，掌管外交和民族事务。(7）宗正，主掌皇族外戚事务。(8）治粟内史，主掌租税钱谷和国家财政收支。(9）少府，掌管皇室经费，是皇室的财政官。秦汉九卿除卫尉、廷尉和治粟内史诸卿主要掌政府行政事务外，其余诸卿职能主要为皇帝及皇室内廷服务。国事与君主家事不分，政务与宫廷事务混杂，是秦汉中央官制的特点之一。

隋唐中央官制：三省六部制

三省六部制是隋唐时期推行的一种官制。所谓三省六部制，就是在中央设置中书、门下、尚书三省。三省为中央最高政府机构。中书省是决策机构，门下省是审议机构，尚书省是执行机构。因尚书省下设有六部，故将这一机构设立的制度称“三省六部制”。

中书省是秉承皇帝意旨掌管国家机要大事、发布政令的机构，其长官称中书令。门下省是审议机构，负责审核中书省起草的诏旨，其长官称侍中。尚书省是中央执行政务的总机构，其长官称尚书令。左、右仆射为尚书令的佐官。三省长官共议国政，执宰相之职，他们议政的场所叫政事堂。若他们之间的意见有分歧，则由皇帝作出最终裁决。这种三省分权制，目的是为防止宰相专权。但三省之中，尚书省长官既参与决策，又主持政务实施，权力较大。因三省长官地位显赫，朝廷不轻易授人，为弥补丞相的缺额或增加丞相的人数，皇帝往往指定自己信任的和品级较低的官员参加政事堂会议。这些官员要加以“参知政事”、“参预朝政”、“参议得失”等名号，执行相职。以后又出现“同中书门下三品”、“同中书门下平章事”等宰相名号。“同中书门下三品”、“同中书门下平章事”渐成宰相的专称。三省长官反被摒出宰相圈子。宰相议政的政事堂也由门下省迁到中书内省，后来，政事堂改称“中书门下”，三省制为中书门下体制所取代。

尚书省下设吏、户、礼、兵、刑、工六部。六部长官为尚书，副职称侍郎。吏部，掌管全国官吏的任免、考察、升降、调动等事务；户部，是中央政府管理财政及民政的行政机关，掌全国户口、田赋、仓储、婚姻等；礼部，是主管文教、外交、礼仪方面的政务机关；兵部，是隋唐时的军政领导机关。在六部中的地位仅次于吏部。其职掌主要有：军籍管理、军官选拔、训练讲武等；刑部，掌管法律、刑狱事务；工部，是全国工匠造作、屯田、山泽等政务的管理机关。

三省六部制的设立，使相权大大削弱，皇权进一步加强，行政效率大大提高。

宋朝中央官制：二府三司制

宋朝实行二府三司制。以掌管军事的枢密院和掌管政务的中书门下共同行使行政领导权，并称为“二府”，为当时最高国务机关。二府制的特点就是文武分权。“中书门下”掌握实权，是中央的行政机构，长官为宰相。枢密院，掌握全国军事，而且职掌并不限于军务。枢密院和宰相的政事堂并立“对掌大权”，号称“二府”，二者一文一武，互不通气，分别向皇帝奏事。

三司是宋的最高财政机关。度支、户部、盐铁掌管全国的财政，长官是三司使，亦称“计相”。宋朝中央行政管理机构的最大特点是出现了专司财政的三司，而且其地位很高，形成了二府三司并列的局面。

金元中央官制：一省六部制

一省六部制是金元时期的基本制度。一省六部制是由三省六部制改革演化而来。在金朝为尚书省六部制。废中书、门下二省，只保留尚书省作为宰相机构和行政中枢，设尚书令为全国最高行政长官。设左司负责吏、户、礼三部，右司负责兵、刑、工三部。元朝为中书省六部制，元朝以中书省为行政中枢机构，统领六部，中书省的最高长官为中书令，由太子充任，不常设。其下设左右丞相各一人，左右平章事、左右丞、参政、参议省事等主要官员，分管各种事务。中书省下设吏、户、礼、兵、刑、工六部，分掌政务。

一省六部制强化了宰相的行政职权，使其成为真正的行政首脑。这是有利于行使中央权力、提高行政效率的。但是也正因为此，宰相的权力突出了，使君权与相权的矛盾逐渐激化。这就引起了后来一系列关于核心权力的斗争。元朝采取以皇太子兼中书省长官以解决君相矛盾。而到了明朝，却因君相权之争而最终导致中书省被废除，也宣告了一省六部制行政体制的终结。

明朝中央官制：内阁六部制

明清时期中央官制实行“内阁六部制”。明初朱元璋为了加强中央集权，撤销中书省，亲自接管六部。六部成为直接对皇帝负责的最高行政机构。至此，在中国历史上存在了一千五百多年的丞相制正式被废除。这是君权相权斗争的产物，也是君权进一步强化的一个重要标志。废除丞相制度的同时，开始不设三省，其部分职权由内阁代替。内阁成员为大学士，开始是充当皇帝的顾问和秘书，后地位权力逐渐提高，成为事实上的宰相。大学士一般有六人。内阁大学士俗称阁老，雅称中堂，名列六部尚书之上，为一品大员。首席大学士称首辅，位高权重，成为不具宰相之名的真宰相，而六部也就在事实上变成了内阁的下属机构。

清朝中央官制：军机处制

雍正时期，设军机处，皇帝从内阁中选派几个重要亲信，担任机要工作，称军机大臣，初只管军事，后逐渐涉及政治大事。从此内阁形同虚设，内阁大学士虽仍为最高长官，但不兼军机大臣者就无实权，军机处几乎取代内阁地位，成了国家的中枢。但它不同于过去的“三省”、“二府”、“内阁”，仅是皇帝的私人工作班子，它无独立的衙署，无专职，无定员，军机大臣都是兼职。皇帝根据需要可以随时在亲王、大学士、尚书、侍郎中遴选。他们无权独立处理政务，国家的机密要务由皇帝面谕，军机大臣跪受笔录，交由内阁、六部和地方的总督、巡抚、将军、大臣等执行。明清六部直接对皇帝负责。军机处的设立是清统治者在中央行政制度方面的重大改革，是中国封建专制主义中央集权制度的最高发展，它结束了近两千年来皇权与相权的矛盾冲突，使皇权集中达到前所未有的程度。

纵观中国古代中央官制的发展变化，我们可以从中发现以下几个特点和规律：

第一，中国古代中央官制的发展变化是一个不断演进的过程。自秦朝设立三公九卿，经隋唐的三省六部，宋代的二府，明代的内阁，直至清朝的军机处，中央官制始终处于变化之中。这种变化主要缘于当时的政治经济和社会状况。三公九卿的设立符合以郡县制为基础的大一统封建国家的政治需要；三省六部制则是封建社会兴盛时期制度不断完善的产物；“二府”、“三司”的出现与北宋时期的特定历史条件紧密相连；而金元时期，尤其是元时的一省六部则是其国土庞大、国事繁杂的必然选择；内阁制是君权强化的产物；军机处更是西北用兵和绝对王权的结果。

第二，中国古代社会中央官制的变化，都是围绕着巩固封建专制统治进行的，核心是维护皇帝至高无上的权力，并最终以皇权的加强，相权的削弱以至取消而告终。

第三，中国古代权力的运行有其自己的规律，始终是围绕对行政权力进行制衡和保证效率两个问题进行的。所以制约行政权力的无限膨胀和保证权力的正常运行是治国理政中一对经常性的矛盾，处理好这对矛盾是体制构建的一个中心内容。

第四，中国古代社会中央官制是变与不变的辩证统一。而且这种制度的改变大多表现为渐进性过程，总是从补充性变革到替代性变革，再到框架性改变，体现的是在继承中创新和在改造中发展的态势。因而积极、慎重、稳妥是各个时代体制设计与改革中的共性特点。

中国古代主要的选官制度

中国古代的官吏制度延续了几千年，时间之长久，体系之严密，内容之丰富，形式之多样，发展之完备是人类历史上绝无仅有的，是人类文明史上的灿烂之花，是中国政治制度和传统文化的重要组成部分，对中国和西方官吏制度有着深刻影响。

中国古代的选官制度，大体经历了世袭、察举、征辟和九品中正等主要制度性阶段后，才进入了漫长的科举制。

禅让制

禅让制度产生于我国原始社会末期。那时，氏族的组织形成，已经演变成部落联盟形式。部落联盟首领的产生是由部落联盟会议选举决定，新老首领的交替是和平性、民主性的“禅让”形式。尧、舜、禹就是这个时期两个连续“禅让”产生的部落联盟首领。

从尧、舜、禹之间连续“禅让”的事实看，这一制度当时的好处是毋庸置疑的。一是通过选举产生首领；二是体现了选贤与任能原则；三是做到了能上能下，和平交替。不足是首领职务终身制，这对后来中国政治社会特别是官吏制度产生了深远的消极影响，可以说开了一个领导职务终身制的先河。

世袭制

世袭制度建立在我国夏商周时期，进入私有制的奴隶社会。著名的治水英雄大禹，就是在那时把王位传给了儿子启。夏朝是我国奴隶社会的开始，从夏启开端，破坏了禅让制，实行了父死子继、兄终弟及的“家天下”世袭制。

所谓世袭制，就是世世代代家族承袭为官。具体做法，就是必须把天子认为亲信可靠的人封出去，不论能力怎样，只按血统亲疏分封，按照当时的“公侯伯子男”五个等级，统统赐予爵位。有的留在京城中央政府做官，有的派到地方各诸侯国任职。比如当时的齐国比较大，算是鱼米之乡，就分给了开国元勋姜子牙，这位善于“钓鱼”的姜太公就是周武王的舅舅。

到了周朝，世袭制愈发不可收拾，据说从周武王到周成王，先后封出去800多个国，其中较大的国有71个。到了东周时期，奴隶制开始衰落，新兴地主阶级开始登上历史舞台，从此，中国开始进入封建社会。

东周时期，是中国历史上最“热闹”的时代，各诸侯国之间不断地征战吞并，先有“春秋五霸”，后有“战国七雄”。为了争雄，各国国君纷纷废除“世袭制”，采用“养士”用人制度，就是把有用的人才吸引到自己身边，给予优厚待遇，供养起来，以备用之。商鞅就是这时被秦孝公招到身边的，荆轲也是被燕国国王太子丹看中招到身边的。

由于世袭制主要是凭出身而不是凭能力选拔官员，导致官员整体素质低下。到了春秋之际，便再也不能适应统治阶级需要，开始逐渐走向衰亡。

春秋战国时期，由于战争的需要，开始打破周天子的一尊地位，各路诸侯为了自己的霸业，开启了不拘一格选拔人才的时代，涌现出大批仁人志士。管仲、苏秦、张仪、毛遂等都出在这个时期。

察举制和征辟制

这是汉代实行的选官制度。所谓“察举”就是由地方政府（侯国和州郡）的长官，在他们各自的管辖地区，随时考察，选拔所需要的人才，然后推荐给中央政府，这些人经过考核就可以做官。

汉朝实行的察举制度，推荐后要进行考核，考核的内容大致分四个方面：有的考察孝廉，即能尽孝道，正直廉洁；有的考察茂材异等，即才学出众，能力不凡的优秀人才（为了避开光武帝刘秀的讳，改称茂材）；有的考察贤良方正，即品德贤良，行为端正；有的则要考察孝悌力田，即孝父母、敬兄弟、勤恳种田，等等。考核后还要试用，试用好了，逐步提拔；试用不好，就逐回乡里。

汉代的察举制度对汉代发展起了很大作用，也有一定经验，它的长处在于：一是根据需要，在全国范围内公开举荐贤能，选拔官吏，收到了积极效果，这是中国历史公开选拔官员的第一次成功尝试；二是在察举制度实施过程中，明文规定了有关要求和保障措施，强调防止营私请托，提出罢黜“谬举”的官员，等等；三是对荐举的对象采取加试办法，从中选优任用；四是察举的名额按区域大小、人口多少分配、限定；五是对边远地区、少数民族聚居地适当放宽，予以照顾等。这些做法在当时社会都是难能可贵的，也是成功的。因此，实施了三百多年。

征辟制，是汉代的一种选官制度，所谓“征辟”就是直接聘任。中央政府中的高官和地方政府中的州郡长官，都可以自行征聘属员。但东汉时期，中央的等级官吏一般就不再从基层中较低级别的官员中选调了，而是直接征聘当时有名望的人。

九品中正制

这是魏晋南北朝时期最主要的选官制度。在魏晋以后直到南北朝时期，大部分官吏选拔，都由吏部尚书负责，九品中正制度就是帮助吏部尚书选拔人才的制度。它创自曹魏，兴盛于两晋南北朝，止于隋朝。在中国的历史上延续了367年。

历史走到三国时期，公元220年曹操之子曹丕建立了魏国，定都洛阳；221年刘备称帝，建立蜀国，定都成都；222年孙权称王，建立吴国，定都南京。至此，形成魏蜀吴三国鼎立之势。

九品中正制就是这时由魏国创立的。曹操的儿子曹丕采纳了吏部尚书陈群的建议，废除了察举制，决定实行九品中正制。

所谓九品中正制，有两层意思，一是九品，即九个职务档次，品即品行、人品；二是中正，就是选拔当地有名望的官员，担任中正官，负责考察本籍的人才，推荐给中央和地方任用，相当于今天的组工干部。中正分两个层次，州设大中正，郡设小中正。然后由中央派出这些中正官，把主管地的各类人才选出来，分为上、中、下三大类，九个等级。一类为上品，又分上上、上中、上下；二类为中品，又分中上、中中、中下；三类为下品，又分下上、下中、下下，共九品。一般来说，二品至三品为上品，一品因无人能达到，只是虚设；四品、五品为中品；六品至九品为下品三类。中正官按品级推荐到中央或地方政府中去任职，高品做大官，低品做小官。

实行九品中正制的初期，多数中正官能够认真执行选材标准，强调严格考察、评议并举，由下而上，由民而官，带有一定的公正性，为国家选取了大批有用之才。但是，到了晋朝中后期，制度执行就变了样。问题出在三个方面。一是权责分离。负责考察推荐的中正官没有任用权，而负责任用的吏部尚书，又不管考察推荐。二是对被推荐的人，越来越看中门第出身，评定真正人才的标准发生了根本改变，纲纪大乱，发展到了完全以门第家室定品级、以品级授官职的荒谬地步。三是中正官腐败了。由于中正官有荐人权，想得到提拔的都千方百计巴结、贿赂他们，坚持正义的人没了市场，不受重视，多被排挤出局。这使得中正官品评推荐人才的标准，就不是看品德和才能了，而是看和自己关系远近，结果出现了中国历史官场上的一种奇特现象："上品无寒门，下品无世族"，官场"纨绔居高位，贤君沉下僚"的局面，导致政治制度从核心的官制上烂掉。至此，九品中正制也走下了历史舞台。

科举制度

科举是隋唐时期的选官制度，在中国乃至西方世界都产生深远影响，他在中国持续了1300年的漫长时间。

隋唐时期（581–907）是中国历史上继秦汉之后又一个封建大一统时期，更是中国封建社会的繁荣期，在此基础上，政治制度日趋定型，选官制度逐步完善。

公元581年，杨坚建立隋朝。这个开国皇帝颇有改革之心，是个治国能手。他一上台就以“经济建设为中心”，努力发展生产，安定社会，国家很快出现繁荣景象，史称“开皇之治”。

隋文帝杨坚有两大创举，一是国家建制，二是科举制，创立了中央的三省六部。三省即中书省、尚书省和门下省。中书省出令，门下省封驳，尚书省执行，三省各自分职，各拥事权，三省合起来才能构成一个完整的政权，政权由此一分为三，相互制约，有利皇权的稳固。九品中正制没落了，如何找到一种更好的选官制度呢？于是就进行了一场“史无前例”的用人选士制度改革，这种制度就叫科举。

科举就是分科选考取士的意思。隋朝时的科举，初设明经、进士、秀才三科。其中秀才科既重门第出身，又要有真才实学，最难考；明经科侧重考经学；进士科重在考策论。开科取士，从此把读书、考试、做官三者连在了一起。

到了唐朝，又对科举制进行了改革发展，设置了常科和制科。常科，就是每年定期进行的统一考试，有两种途径：一是由各级学校组织的考生，经考试合格后，选送到尚书省参加考试，因在尚书省举行，故称“省试”；二是经过自学成才的人，则以书面形式向州县提出申请，经考试合格后，由州县报送到尚书省参加考试。制科，是由皇帝根据需要，为选拔特殊的专门人才开设的。制科属于非常设科目，是对常科的一种补充。凡制科登第者，不再经过吏部测试，直接授官。凡考生在京师参加省试被录取的，成为“及第”，第一名称“状元”，第二名叫“榜眼”，第三名为“探花郎”。同榜及第的进士称“同年”，主考官称为“座师”、“座主”，被录取的考生便是他们的“门生”。

武则天当政后，对科举进行了许多改革，采取了放宽仕途、扩大人选数量的政策，很得人心。她主张增加制科考试，补充常科遗漏，发现选拔特殊人才作为制度补充。她创立了武举，开设武科考试，亲自在洛阳城殿试考生，等于是当时的干部面试，开皇帝殿试的先河。武则天还在考试制度上，确立了糊名法，即在考试后将考卷上考生的姓名、籍贯等密封起来，以防评卷官徇私舞弊。

总之，统观古代选官制度，隋唐之前选官，以考察为主，考试为辅。隋唐以后则以考试为主，考察为辅。唐代重武轻文，宋代重文轻武，元代取消武举，明代又恢复，清代文武兼施。科举制自唐后，又经过宋元明清历代，至清末，虽做了很多改革发展，但总的趋势开始走下坡路，加之西方大的潮流冲击，逐渐走向消亡。

科举制对于巩固封建统治起了巨大作用，通过考试选人，提高了封建官僚的整体素质，体现了精英治国的目标，打开了下层人物进入上层的通道，缓和了一些矛盾，造就了大批人才，如唐代的陈子昂、王维、白居易、刘禹锡、李贺、李商隐等，都是进士出身。唐宋八大家中有七人是进士出身，宋朝的陆游、文天祥等人，都是通过科举考试步入仕途的，文天祥还是南宋末年的状元。科举倡导考试面前人人平等，一定程度上体现了公平、公正、择优的原则，有积极意义。

科举制总的来看是等级森严的中国封建社会中一项具有公平精神的制度，得到了各个朝代的推崇与接受，受到多数人的维护。因此，具有长久推行的社会基础和内在合理性，让学识渊博和有才能的人，通过科举考试做官，管理国家事务，是一种社会进步的表现。然而，科举考试内容狭窄，后来只考“四书”、“五经”，轻视自然科学和实用技能，由考诗赋演变成八股文，把人引入激烈的追求功名的欲望深渊，最终走入歧途，于光绪三十一年（1905）废止。

科举虽已废止，但考试竞争方式、择优录取原则今天并未停止。西方国家借鉴中国科举建立的文官制度，中国正在进行的高考选才和公务员考录制度，皆与科举制度有着文化上不可隔断的渊源。